그리스도의 심장으로 사랑하라

빌립보서 · 골로새서 강해집
그리스도의 심장으로 사랑하라

2012년 6월 30일 초판 2쇄 발행

지은이 | 김서택
펴낸이 | 박영호
펴낸곳 | 도서출판 솔로몬

주소 | 서울시 동작구 사당 3동 207-3 신주빌딩 1층
전화 | 599-1482
팩스 | 592-2104
직영서점 | 596-5225

등록일 | 1990년 7월 31일
등록번호 | 제 16-24호

ISBN 978-89-8255-478-0 03230

■ 빌립보서 · 골로새서 강해집 ■

그리스도의 심장으로 사랑하라

● 김서택 지음

| 하나님의 사랑으로 세워진 교회를 위한 편지 |

Philippians-Colossians

솔로몬

차/례/

Contents

Philippians-Colossians

머리말

사도 바울은 로마 감옥에 갇혀 있으면서도 편지로 교회를 가르치고 환란 중에 있는 교회들을 말씀으로 섬겼습니다.

빌립보서와 골로새서는 여러 가지 점에서 대조적인 편지라고 말할 수 있습니다. 우선 빌립보 교회는 사도 바울이 직접 세운 교회였고, 빌립보 교회도 사도 바울에 대한 애정이 남달랐습니다. 그래서인지 빌립보서에는 바울의 개인적인 심정이 잘 녹아 있는 매우 은혜로운 서신입니다.

빌립보는 유럽 마케도니아 지역에 위치해 있습니다. 골로새는 터키 중부 내륙지방에 있는 도시입니다. 바울은 골로새 교회에 직접 가보지 못했기에 그곳 성도들은 바울을 한 번도 만난 적이 없었습니다.

빌립보 교회는 사도 바울을 위해서 헌금을 보내주었고 그에 대한 감사를 표하기 위해 바울은 빌립보서를 쓰게 되었습니다. 이런 동기로 편지를 쓰기 시작했지만 그는 그리스도의 도성인신道成人身에 대해 교리적으로 가르쳐주고 형식적인 할례를 강조하는 손할례당에 대한 주의를 주고 있습니다. 뿐만 아니라 교회 안에서 다투는 자매들에게 겸손한 마음으로 연합할 것을 권면합니다.

골로새서는 골로새 지역에 활동하는 여러 이단들로부터 교회를 지키기 위해 쓰였기 때문에 문체가 딱딱하고 이론적인 것이 특징입니다.

빌립보서와 골로새서가 현재 한국 교회에서도 절실하게 필요한 이유가 있습니다. 한국 교회의 수많은 교인들이 교회로부터 상처를 입고 떠나기도 하고 교회 안에서도 다툼이 끊이지 않기 때문입니다. 게다가 다양한 이단들이 교회를 혼란에 빠뜨리고 있는 현실도 이 서신들이 한국 교회에 꼭 필요한 이유 중에 하나입니다. 이때 우리가 하나님의 진리로 든든히 무장하여 교회와 성도들을 잘 지켜야 합니다.

이 부족한 설교집을 기꺼이 출판해서 많은 목회자들과 성도들과 나눌 수 있도록 해주신 솔로몬 출판사의 박영호 사장님에게 다시 한 번 감사드리며 언제나 부족한 종의 설교를 위하여 기도하시고 함께 말씀의 감격에 동참하시는 대구 동부 교회 청년들과 성도님들에게 감사를 드립니다.

대구 수성교 옆에서

김서택 목사

Philippians-Colossians

빌립보서 1

성도간의 영적 교제

(빌 1:1-6)

현대인들은 행복한 삶의 조건으로 돈과 함께 육체의 건강을 꼽습니다. 그래서인지 요즘 일간 신문이나 텔레비전을 보면 유난히 건강 문제를 비중있게 다루는 것을 볼 수 있습니다. 이제는 일반인들도 건강에 대해서는 웬만한 의사 못지않은 지식을 갖게 되었습니다.

우리는 육체적으로만 튼튼한 사람을 건강하다고 말하지 않습니다. 육체의 건강 못지않게 중요한 것이 정신적인 건강이고, 이보다 더 중요한 것이 있다면 아마도 영적인(신앙적인) 건강일 것입니다.

우리나라에서는 매일 35명 정도의 사람들이 자살로 자기 인생을 포기한다고 합니다. 우리나라 사람들의 상당수가 정신적으로 건강하지 못하다는 증거입니다. 현대인들이 정신적으로 건강하지 못한 이유 중에 하나는 지나치게 개인화된 사회분위기입니다. 한때는 여성들의 수다가 정신 건강에 도움이 된다는 말들을 하기도 했습니다.

그리스도인들은 정신적인 건강에 덧붙여 세상 사람들이 이해하지 못하는 또 다른 차원의 건강을 유지해야 합니다. 그것은 바로 영적인 건강입니다. 언뜻 생각하기에 하나님의 백성들은 하나님의 은혜와 축복을 받는 그분의 자녀이기 때문에 어느 누구보다도 정신적으로 건강할 것 같습니다. 그러나 그리스도인들도 교회적으로나 개인적인 이유로 하나님의 은혜가 잘 공급이 되지 않아서 영적으로 아주 힘든 상태에서 신앙생활을 할 수 있습니다.

미국의 릭 워렌Rick Warren 목사는 전혀 새로운 목회 패러다임으로 새들백 교회를 개척했습니다. 그는 이 교회가 성공을 거두는 바람에 세계적으로 유명한 목회자가 되었습니다. 새들백 교회는 처음부터 기신자들이 자리를 잡고 시작한 교회가 아닙니다. 아무도 없는 상태에서 불신자들을 전도해서 오늘날의 새들백 교회가 세워졌습니다. 이 교회는 처음 교회에 오는 불신자들에게 거부감을 주지 않기 위해서 청바지차림으로 설교하거나 전통적인 찬송가를 부르는 대신 드라마나 영상을 사용해서 친근한 예배 분위기를 조성합니다. 이런 방법으로 믿지 않는 사람들이 기독교에 관심을 가지고 교회에 정착하게 하는 데 성공했습니다. 그리고 양육 프로그램을 활성화해서 사람들이 기독교 진리를 알도록 훈련시켰습니다.

워렌 목사에 따르면 교회는 '건강한 교회'를 지향해야 한다고 합니다. 물론 건강한 교회가 있으면 병든 교회도 있는 법입니다. 그런데 워렌 목사의 주장은 어떻게 생각하면 마치 기존 교회는 구조상 병들 수밖에 없고 이런 새로운 패러다임을 가지고 목회를 해야지만 건강한 교회가 될 것 같다는 인상을 받게 됩니다. 여기서 한 가지 궁금한 것이 있습니다. 워렌처럼 불신자를 전도해서 새로운 목회 원리로 교회를 운영하지 않는 전통 교회는 건강할 수 없느냐 하는 것입니다.

교회의 건강을 좌우하는 것은 단순히 목회 원리만이 아닙니다. 교회가 건강하기 위해서는 하나님으로부터 은혜가 부어지는 수직적인 관계와 교인들 사이에 서로 교제하는 수평적인 관계를 모두 염두에 두어야 합니다.

교회가 병드는 이유들이 많이 있지만 가장 중요한 것은 역시 하나님과의 관계입니다. 하나님은 말씀으로 은혜를 베푸시고 교회는 순종하는 수직적인 관계가 망가지면 교회의 건강은 보장할 수 없습니다. 교회 안에서 선명한 진리가 선포되지 않을 때 교회는 병들고 맙니다. 워렌이 말하는 '건강한 교회'는 수직적인 관계보다는 수평적인 관계에 비중을 두는 경향이 있습니다. 하지만 진정한 의미에서 건강한 교회는 하나님과의 은혜의 통로가 막히지 않는 교회를 말합니다. 그래서 교회가 건강해지기 위해서는 무엇보다 하나님의 말씀이 강같이 쏟아져야 합니다. 더 나아가 이 말씀의 은혜를 성도 간에 나누어야 합니다. 교회 안에서 적응하지 못하는 지체나, 질병과 경제적인 문제로 어려움에 처한 성도들을 찾아가 진리를 공유해야 합니다. 때로는 기도함으로써, 혹은 이야기를 들어줌으로써, 필요하면 실제적인 도움으로 줌으로써 하늘의 은혜를 받은 공동체의 면모를 드러내야 합니다.

사도 바울에게 빌립보 교회는 결코 잊을 수 없는 교회였습니다. 바울이 유럽으로 건너가서 가장 먼저 하나님의 큰 능력을 체험한 도시가 바로 빌립보입니다. 그는 여기서 믿는 자들을 얻게 되었습니다. 그뿐만 아니라 빌립보 교회는 바울이 로마 감옥에 갇혀 있었을 때에 몇 번씩이나 헌금으로 그를 도왔습니다. 이처럼 빌립보 교회는 사도 바울의 은혜를 잊지 않았습니다. 바울이 어려울 때 어떻게 해서든지 도우려는 마음을 갖고 있었습니다.

사도 바울은 빌립보 교인들의 사랑의 교제를 기뻐했고, 이로써 그는 힘을 얻었습니다. 우리는 보통 하나님의 종들은 거의 하나님과 같아야 하고 전혀 가까이 할 수 없는 신성한 사람으로 생각하기 쉽습니다. 그러나 하나님의 종들도 이해와 도움과 격려가 필요한 사람입니다. 빌립보 교인들이 이런 사도 바울의 필요를 잘 돌보았기에 사도는 그들의 사랑에 감사했습니다. 그래서 이 빌립보서는 바울의 다른 편지들보다 논쟁적인 부분이 적고 개인적인 내용이 많습니다.

1. 그리스도인들의 인사

성경에 기록된 사도 바울의 서신들은 대부분 교인들과 직분자들을 향한 정중한 인사로 시작합니다. 우리나라 사람들은 처음 보는 사람에겐 인사를 잘 안 합니다. 우리나라를 방문한 외국인에게 한국 사람에 대한 인상을 물으면, 속은 따듯한 사람들 같은데, 표현은 무뚝뚝하다고 말하는 경우가 많습니다. 예수 믿는 사람들도 직장동료나 이웃과 서먹하게 지낼 때가 많고 심지어는 교인들끼리도 인사를 잘 나누지 않을 때가 많습니다. 하나님께 집중해야 한다는 이유로 다른 사람들에게 신경 쓸 겨를이 없어서 그럴까요?

우리가 하나님께 은혜를 받을 때엔 다른 사람들을 무신경하게 대하게 되는 것을 주의해야 합니다. 은혜를 사모한다는 핑계로 지나치게 자기의 내면에만 집중하면 주변 사람들에게 무시 당한다는 느낌을 줄 수 있습니다. 오히려 우리가 성령의 은혜를 받으면 받을수록 다른 사람에 대하여 더 정중해지고 예의를 갖추게 되는 것이 사실입니다.

한때 미국에서 한창 부흥이 일어나다가 그 열기가 잦아들 때가 있었습니다. 완전히 부흥의 불이 꺼진 것 같은 때도 있었습니다. 그 이유를 살펴보니까 은혜를 받은 사람들 중에 열광주의자들이 있었는데 예배를 드리고 난 후에 거리에서 소리를 지르면서 돌아다니고 예의도 지키지 않으니까 사람들이 은혜 받는 것을 혐오하게 된 것이었습니다.

사도 바울은 빌립보서를 시작하면서 정중한 인사를 잊지 않습니다.

1-2절, "그리스도 예수의 종 바울과 디모데는 그리스도 예수 안에서 빌립보에 사는 모든 성도와 또한 감독들과 집사들에게 편지하노니 하나님 우리 아버지와 주 예수 그리스도로부터 은혜와 평강이 너희에게 있을지어다."

인사는 옷과 같습니다. 인간이 알몸으로 다녀도 생명에는 지장이 없지만 벌거벗은 사람을 예의 바르다고 할 수는 없습니다. 이처럼 우리는 인사를 통해 상대에 대한 예를 표합니다.

오래 전에 서울에 있는 한 고등학교에서 설교를 한 일이 있습니다. 아침 일찍 강당 가득 학생들이 모였습니다. 학생 대부분이 예수님을 믿지 않는 자들이었습니다. 그냥 선생님이 모이라고 하니까 아무 생각 없이 모인 학생들이 많았습니다. 설교를 시작하자 떠드는 애들에 잠자는 애들까지, 분위기는 엉망진창이었습니다. 물론 준비한 설교도 제대로 전하지 못했습니다. 학생들이 전혀 받아들일 준비가 돼 있지 않았기에 아무리 훌륭한 설교도 소용이 없는 상태였습니다.

그래서 그 다음 시간에 저는 아이들에게 이렇게 인사했습니다. "그동

안 공부하느라 얼마나 힘들었니? 공부에 신경 쓰느라 머리에 쥐가 날 것 같지? 나도 잘 안단다. 내 생각엔 이 시간에 설교하는 것보다는 차라리 간식 먹고 자는 게 너희에게 더 유익할 것 같다. 하지만 오늘 내가 너희에게 하는 말을 잘 들어보면 맛있는 간식보다 더 위로가 될 거야." 이 말이 끝나자 아이들은 말씀에 흥미를 보였습니다. 두 번째 설교는 대성공이었습니다.

사람은 너무 연약한 존재이기에 아무리 좋은 하나님의 말씀이 있어도 조금이라도 기분이 언짢거나 신경이 예민해지면 귀에 들어오지 않습니다. 몸은 교회에 나와 있다지만 세상의 여러 가지 염려와 걱정으로 하나님의 말씀에 마음이 열리지 않을 때도 있습니다. 이때 설교자가 아무리 좋은 하나님의 말씀을 쏟아 붓는다 해도 듣는 사람의 마음이 닫혀 있으면 아무 소용이 없습니다. 그러나 설교자가 교인들을 재촉하지 않고 사랑과 예의로 설교를 이끌어 나가면 조금씩 마음이 열리게 됩니다.

하나님의 말씀은 거대한 은혜의 바다입니다. 그에 비해 인간의 믿음은 그 분량이 지극히 한정돼 있습니다. 게다가 세상의 잡다한 것들이 인간의 마음을 차지할 때도 많습니다. 그러므로 설교자는 성급하게 설교를 시작할 것이 아니라 천천히 말씀의 세계로 교인들을 이끄는 지혜를 발휘해야 합니다. 엄청난 진리를 공유하기 위해서는 진리의 무게에 버금가는 지혜가 필요한 것입니다.

노련한 의사는 환자를 치료할 때 처음부터 겁을 주거나 본격적인 치료에 들어가기보다는 환자를 충분히 문진하면서 조금씩 치료의 강도를 높여갑니다. 그러면 환자가 거부반응 없이 자기도 모르게 의사를 신뢰하게 되면서 지시도 잘 따르게 됩니다.

사도 바울도 먼저 자신의 신분을 밝히고 편지의 수신자가 누구인지 소개하며 운을 띄웁니다. 바울은 자신을 '그리스도 예수의 종 바울과 디모데'로 소개합니다. 당시 로마 시대에 '종'이라는 말은 전혀 자유가 없는 노예를 말합니다. 사도가 바로 그 인간취급을 받지 못했던 노예와 자신을 동일시하고 있습니다. 하지만 그는 제국의 노예가 아니라 그리스도 예수의 노예입니다. 이것이 사도의 자기 인식이었습니다.[1)]

사도 바울과 함께 갇혀 있는 죄수들의 죄목은 정말 다양했을 것입니다. 그들과 함께 옥에 갇혀 있는 한, 사도도 똑같은 취급을 당할 수밖에 없었을 것입니다. 하지만 사도 바울은 자기의 정체성을 잃지 않았습니다. 그는 죄를 지어서 감옥에 갇힌 것이 아닙니다. 그리스도의 남은 고난을 채우기 위해 스스로 붙잡힌 자가 되었습니다.

여러분은 자유인입니까? 아니면 종입니까? 자유인이라면 무엇으로부터 자유로운 자들입니까? 매여 있다면 무엇에 매여 있습니까? 사도 바울은 자유인이었지만 스스로 노예를 자처했습니다. 돈의 노예도, 정욕의 노예도 아닌 예수 그리스도의 노예였습니다. 그래서 그는 예수님이 말씀하시면 어떤 일이든지 할 수 있었으며 어느 곳이든지 갈 각오가 되어 있

---

1) 사도이 세상에 많은 노예들이 있지만 그 노예들이 다 같은 것이 아닙니다. 그 중에는 돈의 노예가 있는가 하면, 정욕의 노예도 있고 그리스도의 노예도 있습니다. 또 로마 감옥 안에도 여러 종류의 죄수가 있었지만 모두 다 같은 죄수가 아니었습니다. 그 중에는 살인강도도 있고, 도둑질을 한 사람도 있고, 강간을 한 사람도 있었을 것입니다. 그러나 사도 바울은 예수님의 일을 하다가 감옥에 갇히게 되었습니다. 이것은 결코 같은 죄수가 아니었습니다. 사람들은 다른 사람들을 볼 때 겉으로 나타난 것만 가지고 판단을 합니다. 즉 그가 노예냐 아니냐, 죄수냐 아니냐, 실업자냐 아니냐 하는 것을 가지고 판단을 합니다. 그러나 하나님께서는 무엇 때문에 그가 그렇게 되었느냐 하는 것을 더 중요하게 보십니다.
예를 들어, 같은 병실에 두 환자가 누워 있을 수 있습니다. 그러나 한 사람은 그냥 몸에 병이 생겨서 입원해 있다면, 다른 한 사람은 하나님이 연단을 주셔서 병으로 누워 있을 수 있는 것입니다. 그들은 결코 같은 환자가 아닌 것입니다.

었고 또 실제로 그렇게 했습니다. '너 나 대신 감옥에 들어가라' 고 하시니까 기꺼이 순종했습니다.

솜씨 좋은 공예가에게는 자기 손에 딱 맞는 도구가 있기 마련입니다. 우리도 하나님이 맘껏 쓰시기에 불편함이 없는 도구가 되어야 합니다. 하나님은 모세를 당신의 도구로 만드시기 위해 무려 40년을 연단하셨습니다. 하나님의 손에 붙들리려면 하나님 앞에서 자기를 완전히 부인하기 위한 연단의 시간이 필요합니다. 그 시간을 통해 자기 자신이 그분 앞에서 완전히 물거품처럼 사라지는 체험이 없으면 진정으로 예수 그리스도의 노예가 될 수 없습니다.

사도는 이 편지를 빌립보에 있는 모든 성도들과 감독들과 집사들을 위해 썼습니다. 이것을 보면 빌립보 안에 조직을 갖춘 교회가 있었다는 것을 알게 됩니다. 감독은 교회에 말씀을 가르치면서 영적인 모든 부분을 책임지는 사람을 말합니다. 지금의 목회자와 같은 직분입니다. 그 당시에는 감독, 혹은 장로들이 일정한 지역에 있는 여러 교회들을 다니며 말씀을 전했습니다.

사도 바울은 모든 성도들에게 편지를 쓰면서 교회에서 책임을 맡고 있는 감독이나 집사들을 특별히 언급합니다. 하나님의 일을 열심히 하다보면 기쁨을 잃거나 소진할 때가 있는 것을 잘 알기 때문에 그들을 격려하는 것입니다. 우리는 하나님의 일만 하면 되는 전임 사역자들을 보면서 얼마나 좋을까, 신날까 생각하기가 십상입니다. 하지만 교회도 인간이 모이는 곳이기에 복잡다단한 잡음과 문제가 있기 마련입니다. 특히 책임자의 위치에 있으면 문제는 더 심각해집니다. 수많은 자기주장과 그로 인한 오해들이 시끌시끌한 곳이 교회입니다. 완성된 천상의 교회가 아니라 이 땅 위의 교회이기에 어쩔 수 없는 부분입니다. 하지만 사람들은 이 땅의 교회를 보며 완전함을 기대합니다. 그래서 서로에게 실망하고 상처를 주고받게 됩니다. 누구도 예수님처럼 흠없는 사람이 없는데 말입니다. 그래서 교회는 사람의 열심과 생각으로 세워지는 것이 아닙니다. 하나님의 은혜로 지어져 가는 곳이 교회입니다.

그런 의미에서 사도 바울의 인사는 참으로 의미심장합니다. "하나님 아버지와 주 예수 그리스도에게로서 은혜와 평강이 너희에게 있을지어다." 여기서 은혜라고 하는 것은 하나님께서 죄인인 우리들을 아무 공로 없이 사랑해주시는 것입니다.

우리에게 가장 필요한 것은 사람들 앞에 용납되기 이전에 하나님 앞에서 용납이 되는 것입니다. 하나님이 우리의 모든 부족한 것과 허물을 덮으시고 용납하셨기 때문에 우리는 죄인이지만 교회에 모여서 서로 사랑하고 섬길 수 있습니다. 이럴 때 우리에게 평강이 있습니다. 다툼이 없는 평강이 우리 안에 머물 수 있는 건 우리가 변화되었기 때문입니다.

옛날에는 우리에게도 맹수의 습성이 있어서 서로 물어뜯고 싸웠습니다. 그러나 하나님의 말씀을 듣고 나니까 순한 양으로 변해서 싸울 이유가 없게 되었습니다. 거기에서 한 걸음 더 나가서 우리는 자신이 그리스도 안에서 존귀하고 자랑스러운 존재인 것을 압니다. 하나님께서 우리 한 사람 한 사람을 보석으로 만들어주셨기 때문입니다.

교회는 이 세상에 있는 하나님의 보석 상자입니다. 하나님의 은혜로 변화된 교인은 이 세상 최고의 보석입니다. 그 비싼 다이아몬드, 진주, 사파이어와도 비교할 수 없는 보석입니다. 자신의 가치를 모르고 자신에게 실망한 분들은 더욱 이 사실을 굳게 믿으시기 바랍니다.

2. 늘 기도하게 되는 교회

::

사도 바울은 빌립보 교인들을 생각하기만 하면 하나님께 감사하게 되며 그들을 생각할 때마다 기도하게 된다고 말합니다.

3-4절, "내가 너희를 생각할 때마다 나의 하나님께 감사하며 간구할 때마다 너희 무리를 위하여 기쁨으로 항상 간구함은"

여러분은 늘 생각하는 사람이 있습니까? 있다면 누구입니까? 아마 가족이나 애인, 혹은 친한 친구일 것입니다. 하지만 생각난다고 해서 그들을 위해서 기도하는 건 아닙니다.

예수 믿는 사람들에게는 특별한 경험이 있습니다. 세상 사람들이 알지 못하는 행복한 체험, 바로 하나님의 뜨거운 부흥을 체험했던 순간들입니다. 그때만 생각하면 행복하고 그 은혜의 자리에 함께했던 사람들은 아름다운 기억으로 마음속에 남아 있습니다. 그들이 생각날 때마다 그리움과 함께 그들을 위해 기도하고 싶은 마음이 생겨납니다.[2)]

사도 바울에게 있어서 빌립보 지역은 꿈에도 잊을 수 없는 곳이었습니다. 그는 처음부터 빌립보로 갈 생각이 없었습니다. 소아시아, 지금 터키

2) 저는 그런 많은 경험들을 가지고 있습니다. 한번은 교회를 개척하기 전이었는데 청년들을 데리고 서울 인근에 있는 유스 호스텔에서 청년들 수련회를 했습니다. 저는 그때 의욕도 없었고 자신감도 없었을 때였습니다. 그런데 수련회 중에 성령이 임하기 시작했습니다. 그때 한 사람 한 사람이 너무나도 기뻐하기 시작했고 얼굴이 빛나기 시작했습니다. 그리고 그들 모두가 성령의 충만함을 받았습니다. 어떤 때에는 많은 청년들이 어느 신학교에서 수련회를 하는데 성령이 임하기 시작했습니다. 청년들은 모두 그 자리에서 무릎을 꿇고 기도하기 시작했습니다.

북부에 집착하고 있었습니다. 그런데 환상 가운데 어떤 사람이 와서 우리를 도와달라고 손짓하는 것을 보게 됩니다. 그는 그리스에서 복음을 전하는 것이 하나님의 뜻인 줄 알고 처음 보스포러스 해협을 건너 마게도니아로 넘어 갔는데 거기서 그가 처음 들어 간 도시가 빌립보였습니다.

사도 바울은 빌립보에서 유대인들의 회당을 찾았지만 회당은 없고 기도하는 곳만 있었습니다. 거기서 자주 장사 루디아를 만나게 됩니다. 루디아는 아주 적극적인 사람이었습니다. 하나님께서는 루디아의 마음을 열어서 복음을 듣게 하셨습니다. 그리고 루디아의 온 집이 예수를 믿었습니다. 그리고 그는 루디아가 강권하는 바람에 그녀의 집에 유하게 되었습니다.

며칠 후 바울은 기도 처소로 가다가 귀신들린 한 여자 아이를 만나게 되었는데 그 아이는 소리 지르면서 바울을 따라오며 그를 괴롭혔습니다. 빌립보에서 사탄의 직접적인 방해와 공격이 나타난 것입니다.

특히 이 아이가 점을 잘 쳤기 때문에 '주인' 이란 작자는 아이를 돈벌이에 이용했습니다. 사도 바울은 주 예수 그리스도의 이름으로 그 여자 아이 속에 있는 귀신을 쫓아냈습니다. 아이에게서 귀신이 떠나니까 주인은 더 이상 점으로 돈을 벌수가 없었습니다. 그래서 주인은 바울과 실라를 엉터리 죄목으로 고소했고 경찰은 그들을 끌고 가서 매로 때리고 감

어떤 교회에서는 청년들이 수련회를 하는데 다른 청년들과 전혀 다른 데가 없이 장난도 잘 치고 웃기도 잘 하는 젊은이들이었습니다. 그런데 설교 중에 거의 대부분이 하염없는 눈물을 흘리면서 말씀을 듣고 있는 것이었습니다. 그것은 거의 돌발적인 것이었습니다. 그들의 마음속에 엄청난 감격과 기쁨이 임하는 것을 보았습니다. 그 후 그들을 생각하면 그렇게 기쁠 수가 없었고 하나님께 감사할 수가 없었습니다. 그런데 이런 감정은 그들에게도 마찬가지였습니다.

옥에 가두었습니다. 바울과 실라는 처음 발 딛은 빌립보에서 감옥에 갇히고 말았습니다. 그러나 그들은 조금도 위축되거나 두려워하지 않고 하나님께 맘껏 기도하고 찬양했습니다. 그때 갑자기 성령의 역사가 나타났습니다. 실제로 눈에 보이는 기적이 일어났습니다. 바울과 실라를 매었던 착고가 풀어지고 감옥 문도 열려졌습니다. 그때 간수는 죄수들이 모두 도망간 줄 알고 자살하려고 하는데 바울과 실라가 말렸습니다. 간수는 너무 놀라서 등불을 들고 감옥 안에 뛰어들어 바울과 실라 앞에 부복하고 "내가 어떻게 해야 구원을 얻으리이까?"라고 물었습니다. 그때 바울과 실라는 "주 예수를 믿으라. 그리하면 너와 네 집이 구원을 얻으리라"는 주님의 말씀을 전했고 그 집이 모두 예수를 믿게 되었습니다.

빌립보 교회는 이렇게 해서 세워졌습니다. 아주 짧은 기간이었지만 루디아 같은 동역자가 있었고, 핍박과 함께 강한 성령의 역사가 있었습니다. 사도 바울은 빌립보에서 부흥을 경험했고 하나님의 능력을 체험했습니다. 그러니까 바울에게 빌립보는 잊히지 않는 추억의 장소입니다. 그러니 빌립보 교인들 한 사람 한 사람이 바울의 심령에 사무칠 수밖에 없었을 것입니다. 그래서 바울은 이들을 생각할 때마다 그 감동이 되살아났고 그 귀한 만남을 주신 하나님께 감사드리고 또 이들을 위해서는 기쁨으로 기도할 수가 있었습니다.

우리가 교회에 대한 추억을 꺼내볼 때마다 행복을 느끼기 위해서는 교회에 부흥이 일어나야 합니다. 부흥은 교인들을 아름답게 합니다. 부흥의 때에는 모든 허물을 다 덮고도 남을 강력한 은혜의 작용이 있기 때문입니다. 이 은혜로운 교회에서 아름다운 이들과 나누는 교제는 말할 수 없는 행복을 가져다줍니다.

3. 복음 안에서 교제함

::

사실 바울이 감옥 안에서도 이토록 기뻐하는 이유는 다른데 있는 것이 아닙니다. 그것은 이 감옥 안으로 전달된 빌립보 교인들의 사랑의 선물 때문이었습니다. 바울은 빌립보 교인들이 보낸 헌금을 대하면서 금전적인 가치를 훨씬 뛰어 넘는 엄청난 하나님의 은혜를 맛보았습니다.

5절, "첫날부터 이제까지 복음에서 너희가 교제함을 인함이라"

사도 바울은 감옥이라는 열악한 환경에서 고난을 당하고 있었습니다. 보통 사람들은 바울쯤 되면 거의 예수님과 비슷한 수준일 거라 생각해서 평범한 신자와는 거리가 있을 거라 생각하기 쉽습니다. 하지만 그도 인간입니다. 감옥에 있으면 힘들고 답답합니다. 배고프고 외롭습니다. 그리스도의 위로가 넘치지만 성도의 교제와 격려가 그립기도 합니다. 이런 바울에게 빌립보 교인들은 마케도니아에서 로마까지 인편으로 헌금을 보냈습니다. 이것은 바울에게 엄청난 위로와 격려가 되었습니다.

빌립보 교인들이 보낸 헌금은 바울에게 두 가지 의미로 다가왔습니다. 첫 번째로 그는 결코 혼자가 아니라는 위로입니다. 위대한 사도에게도 감옥은 지옥 같은 곳입니다. 고난을 자처하긴 했어도 아픈 건 아픈 겁니다. 이런 고통을 혼자 감당한다고 생각하면 감옥 생활을 어떻게 견딜 수 있겠습니까? 어쩌면 고통이 더할수록 영적인 침체에 빠져들고 있을지도 모를 일이었습니다. 이때에 에바브로디도 편에 작은 선물이 도착한 것입니다. 나 홀로 고난을 당하는 것이 아니요 빌립보 교인들도 함께 감당한다는 생각을 하며 정말이지 맘이 든든했을 것입니다.

또한 사도 바울은 이 헌금을 전달받고 하나님의 위로를 경험했습니다.

6절, "너희 속에 착한 일을 시작하신 이가 그리스도 예수의 날까지 이루실 줄을 우리가 확신하노라"

사도 바울은 빌립보 교인들의 작은 성의를 보면서 이것은 하나님께서 그들을 통하여 역사하신다는 증거임을 깨달았습니다. 그들 뒤에 하나님의 어마어마한 능력이 역사하심을 알게 되었습니다.

우리들을 힘들게 하는 일들은 셀 수 없이 많습니다. 이 세상에서 먹고 사는 일은 생각만큼 녹록치 않습니다. 직장에서 만나는 사람들은 우리들을 언제나 피곤하게 만듭니다. 그리고 때로는 위로와 쉼이 있어야 할 가정에서도 서로를 상처 내는 일들이 수없이 일어납니다. 이 다양한 어려움 중에서 무엇으로 위로받고 기쁨을 회복할 수 있을까요? 이럴 때일수록 성도들과의 교제가 위로를 줍니다. 서로 힘든 사람을 찾아가 보십시오. 서로 만나서 수다를 떨거나 세상 정보를 교환하는 데 그치지 말고, 위로하시는 하나님의 말씀을 서로를 통해 듣고 그분의 공급하시는 능력을 체험할 것을 기대하십시오.

각 사람의 형편과 처지가 다르지만 모두 위로가 필요한 사람들입니다. 성도의 교제는 서로를 위하여 기도할 마음을 불러일으킵니다. 그리고 자신의 이야기를 정직하게 털어놓고 서로 공감하면서 우리의 정신이 정화되는 경험도 하게 됩니다.

마귀는 엘리야로 하여금 이스라엘 안에서 바른 신앙을 지키고 있는 사람은 자기 혼자라는 생각을 하게 만들었습니다. 그는 너무 고독했고 지쳐 있었습니다. 그때 하나님께서는 이스라엘 안에 바알에게 무릎을 꿇지 아니한 자 7,000명이 남아 있다고 알려 주셨습니다.

오늘날에는 정신적으로 자폐증에 걸린 그리스도인들이 많습니다. 다른 사람들과 교제하지 않고 자기 안에 갇혀서 한없이 자기를 연민하고 스스로 통제할 수 없는 감정의 수렁으로 빠져듭니다. 이럴 때일수록 성도의 교제에 열심을 내야 합니다. 서로 돕는 손길과 따듯한 말을 통해 친근히 다가오시는 하나님을 발견할 수 있습니다. 다시 말해, 나를 위해 일하시는 하나님의 임재를 경험하게 됩니다. 때론 하나님께서 지체를 통해 일하기 시작하십니다. 우리는 이런 하나님의 역사를 보며, 이 선한 일을 중단하지 않으시는 하나님을 의지할 힘을 얻습니다. 이것은 엄청난 약속입니다.

사도 바울이 빌립보 교인들에게 '예수 그리스도의 날까지 이루실 줄로 확신한다' 고 했습니다. 이 말은 빌립보 교인들이 바울을 길이길이 도와야 한다는 뜻이 아닙니다. 사도 바울은 빌립보 교인들의 손길을 통해서 하나님의 큰 손을 보았고, 하나님은 누구를 통해서라도 도우실 거란 믿음을 갖게 되었습니다. 이것은 믿음에 입각한 논리적 추론입니다.

예수님께서는 제자들에게도 동일한 믿음을 심어주셨습니다. '하나님께서 공중에 나는 새도 먹이시는데 하물며 사랑하는 자녀인 나를 굶기시겠는가' 하는 믿음입니다.

하나님을 모르는 자는 아마도 전혀 다른 결론을 내릴 것입니다. '공중에 나는 새는 새니까 이것저것을 잡아먹고 살 수 있다. 하지만 나는 새가 아니기 때문에 어디서 돈을 빌려야 할지 걱정해야만 한다.' 이것은 불신앙적 유추입니다.

'어떤 과부는 악한 재판장도 설득해서 자신이 원하는 것을 얻어 내었다. 우리 하나님은 얼마나 선하신 하나님이신가. 그런데 나는 너무나도 쉽게 포기했다. 이제는 중요한 문제가 있을 때 너무 쉽게 포기하지 말고 좀 더 끈질기게 하나님께 매달려 보자.' 얼마나 놀라운 논리적 유추입니까?

우리가 하나님의 말씀을 듣는 것은 단순한 성경 해석을 듣기 위해서가 아닙니다. 특별히 나에게, 지금 내 상황에 대해 무슨 말씀을 하시는가를 듣고자 하는 것입니다. 우리는 설교 말씀을 들으면서 스스로에게 적극적으로 적용해보아야 합니다. 말씀이 내게 적용될 때 내 마음의 어둠이 걷히고 기쁨에 겨워 뛰게 될 것입니다.

사도 바울은 인생에서 가장 우울하고 미래를 예측할 수 없는 때에 모든 시름을 물리치고 기뻐할 수 있는 방법을 가르쳐 주고 있습니다. 그것이 무엇입니까? 작은 것을 통해서 하나님의 큰 뜻을 발견하는 것입니다. 이것은 그야말로 금광을 찾는 것과 같습니다. 사도 바울은 빌립보 교인들이 보낸 작은 선물을 통해서 하나님의 큰 도움의 손길을 발견했습니다. 믿음의 유추, 이것이 고난 중에 기뻐할 수 있는 힘입니다. 성도와의 교제를 통한 기쁨은 바울만의 것일 수 없습니다. 우리에게도 허락된 은혜입니다.

주위를 돌아보십시오. 어려움에 빠진 성도들이 있습니까? 그들을 위로하고 격려할 때 우리의 신앙은 더 건강해집니다. 가만히 웅크리고 앉아 누군가 나를 찾아오기만을 기다리지는 않습니까? 빌립보 교인들처럼 어려움에 처한 자들을 찾아갑시다. 여러분은 전화 한 통이나 아주 적은 물질로 찾아가지만 그들은 무한한 하나님의 능력을 경험할 수 있을 것입니다. 그들을 위해 착한 일을 시작하신 하나님을 발견할 것입니다.

빌립보서 2

그리스도의 심장

(빌 1:7-11)

여러분이 등산을 하다가 산 중턱에서 조난을 당했다고 생각해보십시오. 게다가 해가 기울어 날도 어두워지고 기온도 뚝 떨어지고 물과 음식은 거의 다 떨어졌습니다. 그야말로 막막하고 절망스러울 것입니다. 그런데 이때 전혀 생각지 않게 다른 등산객들을 만난다면 얼마나 반갑겠습니까? 이제 물과 음식을 나눠먹고 부상당한 사람도 치료받을 수 있고 등반에 관한 정보도 교환합니다. 그러고 나서는 그곳에서 잘 지내는 게 아니라 모두 함께 안전하게 산을 내려오는 것이 가장 중요합니다. 그러려면 치밀한 계획을 세울 필요가 있습니다.

성도들과의 사랑의 교제가 그 동안 식어 있었던 열정을 되살리는 건 사실이지만 그저 심령이 따듯해진 것으로 만족해선 안 됩니다. 아직 싸워야 할 영적 전투가 남아 있기에 다시 한 번 나 자신의 부족함을 생각해 보면서 스스로 정비할 필요가 있습니다. 스스로 돌아본다는 건 나를 향하신 하나님의 뜻이 무엇인지 곰곰이 생각한다는 말입니다.

예수님은 십자가를 앞두고 높은 산에 올라가셔서 기도하실 때 영광된 하나님 나라를 체험하셨습니다. 그때 예수님의 얼굴도 변하시고 옷에서도 광채가 났습니다. 더욱이 그 현장에는 모세와 엘리야까지 나타나서 예수님과 대화를 나누었습니다. 제자들은 이 광경을 목격했습니다. 베드로는 그 영광스런 장면이 계속되길 바라는 마음에 초막 셋을 짓고 하나는 주님을 위하여 하나는 모세와 엘리야를 위하여 짓겠다고 나섰습니다. 예수님과 모세와 엘리야가 나눈 대화를 전혀 알아듣지 못한 것이 분명합니다. 예수님은 모세와 엘리야와 함께 하나님의 뜻에 대해 얘기했습니다. 예수님께서 곧 십자가를 지시고 이 세상을 떠날 것이라는 이야기였습니다. 우리 번역에는 '별세'로 되어 있지만 원문에는 예수님의 '엑소더스' 즉, 떠나심에 대한 것이었습니다. 제자들은 예수님의 영광을 보고 모세와 엘리야까지 만났으니까 산 위에서 계속 있는 것이 좋았겠지만 더 중요한 것은 하나님의 뜻이었습니다.

오늘을 사는 그리스도인들에게도 그대로 적용되는 말씀입니다. 우리는 이 세상을 너무도 치열하게 분투하며 살고 있습니다. 이런 험한 세상에서 다른 성도를 통해서 물직적 도움을 받는다든가 순풍에 돛단 듯 하는 일이 술술 풀리면 우리는 굉장한 힘을 얻습니다. 이때 우리가 '여기가 좋사오니' 하게 되면 하나님의 뜻을 향해 한 발짝도 전진할 수 없습니다. 베드로처럼 감정에 치우치고 하나님이 아닌 눈에 보이는 도움을 의지하게 됩니다.

우리가 다른 성도들을 통해서 힘을 얻고 은혜를 받았으면 우리 자신에 대한 하나님의 뜻을 새로운 각도에서 생각해야 합니다. 하나님께서 지금 내게 원하시는 것이 무엇인가, 모든 성도가 함께 힘을 모아 해야 할 일이 무엇인가 깊이 숙고할 필요가 있습니다. 바로 지금, 주께서 원하시는 것이 무엇인가 스스로에게 물어보아야 한다는 말입니다.

시도 바울은 빌립보 교인들의 격려를 통해서 큰 힘과 위로를 얻게 되었습니다. 그러나 사도는 기분이나 감정에 치우치지 않고 자신들에 대한 하나님의 뜻이 무엇인지 생각합니다.

1. 빌립보 교인들의 도움

7절, "내가 너희 무리를 위하여 이와 같이 생각하는 것이 마땅하니 이는 너희가 내 마음에 있음이며 나의 매임과 복음을 변명함과 확정함에 너희가 다 나와 함께 은혜에 참예한 자가 됨이라"

우리는 사도 바울이 복음을 전하면서 때론 외로움과 절망에 빠졌을 거란 생각을 미처 하지 못합니다. 사도 바울이야 말로 요즘 유명한 설교자들처럼 많은 사람들의 사랑과 지지를 받으면서 복음을 전했겠지 하며, 그의 인간적인 고뇌에 대해서는 크게 신경 쓰지 않습니다. 하지만 그의 형편은 우리가 생각하는 것과는 정반대였습니다.

사도 바울이 여러 지역을 다니면서 복음을 전할 때나 유대인들의 고발로 감옥에 갇혔을 때, 그는 참으로 외로웠습니다. 그의 가치를 알아주는 사람이 거의 없었고 같은 그리스도인 가운데서는 바울을 미워하고 시기하는 사람들이 많았습니다. 아마도 그가 예수님을 만나기 전에 교회를 핍박했던 전력이 있었고 예루살렘의 사도들과 달리 이방나라로 다니며 복음을 전했기 때문에 전폭적인 지지를 받지 못했을 수도 있습니다.

이젠 감옥에 갇혀 외로운 싸움을 하고 있는 바울을 빌립보 교인들이 찾아와주고 격려했습니다. 이것이 사도 바울에게 힘과 용기를 주었습니다. 누구에게나 다른 사람의 인정과 격려를 받고자 하는 욕구가 있습니다. 하지만 우리는 진심으로 남을 인정하고 위로하는 일에 인색할 때가 많습니다. 무한경쟁 사회에서 다른 사람을 인정하기란 참 쉽지 않은 일입니다. 남을 칭찬하는 건 곧 자기 자신이 못났다는 걸 인정하는 거란 인식이 우리 안에 자리하고 있는 것 같습니다.

반면 우리는 다른 사람의 잘못을 지적하고 꼬집고 비판하는 데는 민첩함을 보입니다. 그렇게 함으로써 자신이 더 똑똑하고 유능한 사람이 된 듯 느껴지는 모양입니다. 어쨌거나 이 세상의 모든 사람들은 다른 사람의 인정과 격려가 필요합니다. 이를 통해 열정이 생기기도 하고 절망 가운데서 일어날 힘을 얻기 때문입니다.

사도 바울이 빌립보 교인들을 통해 힘을 얻고 나서 그들을 생각하며 '너희가 내 마음에 있다' 고 말합니다. 그들이 바울의 마음을 완전히 차지해 버렸다는 말입니다. 다른 말로 표현하면, 마음속에 도저히 지워지지 않을 사랑의 도장을 찍어놓았다는 뜻입니다. 다른 사람의 마음을 얻는 가장 좋은 방법은 어렵고 힘들 때 믿어주고 지지해주는 것입니다.

빌립보 교인들의 도움은 옥중에 있는 바울의 복음 증거 사역에 결정적인 도움이 되었습니다. 당시 바울을 위해 가장 기본적인 의식주조차 챙겨주는 이가 없었습니다. 그런데 생각지도 않은 도움을 힘입어 법정에서 복음에 대해 훌륭하게 '변명' 할 수 있었습니다.

복음을 '변명한다' 는 것은 법정에서 자기의 주장을 진술하는 것을 말합니다. 그는 법정에 서서 자기가 왜 체포되어야만 했는지 진술해야 했습니다. 그리스도의 복음이 유대교와 다른 이유와 이방인들에 복음이 전해져야 하는 이유를 객관적으로 설명해야 했습니다.

불신자들에게 복음을 설교하는 것이 설교자에겐 가장 힘든 일입니다. 웬만한 설교자들도 진땀을 빼며 설교할 때가 많습니다. 전혀 들을 준비가 안 된 청중 앞에서 설교해야 하고, 예측할 수 없는 반응이 나올 수 있기 때문입니다. 그러나 복음을 전하는 가운데 갑자기 성령의 능력이 임하는 것을 느낄 때가 있습니다. 그것은 전도자가 힘들게 복음을 전하는데 갑자기 어느 순간 영적으로 그들을 이기고 사로잡기 시작하는 것입니다. 하나님의 성령이 강하게 역사하면서 복음을 모르는 자들의 마음이 굴복되고 그들이 말씀을 경청하게 되고 나중에는 부르짖으면서 회개하게 되는 것입니다.

사실 바울은 대단히 예민한 사람이었습니다. 쉽게 의기소침하거나 기죽을 수 있는 사람이었습니다. 더욱이 그가 감옥에 갇히게 되었을 때 바울은 너무나도 절망하고 좌절한 나머지 심한 영적 침체에 빠져 있었던 것 같습니다. 그런데 생각지도 않게 빌립보 교인들이 찾아와 먹을 것과 입을 것을 주고 재판정에 불려 갔을 때 함께 있어 기도해 주었습니다.

사도 바울은 이들이 저 뒷자리에 앉아서 자리를 지켜주며 기도하는 교인들을 보는 순간 한 마리의 사자로 돌변했습니다. 그 유명하고 학식 있는 판사들과 학자들 앞에서 자기가 생각하지 못했던 지식을 말하였고 예전에 미처 알지 못했던 말씀을 쏟아 부었습니다. 거기 모인 자들은 그 변증에 굴복할 수밖에 없었습니다.

사도 바울은 자기 편 한 사람도 없이 '적토마' 를 타고 적진을 향해 돌진하는 용사가 아니었습니다. 아주 섬세하고 예민한 사람이었으며 믿음의 형제들의 사랑과 지지가 필요한 연약한 사람이었습니다. 전도의 문이 열렸음에도 디도가 오지 않아 마음이 편치 않아 복음을 전하지 못했다는 성경의 기록에서 그의 인간적인 모습이 드러납니다. 사도 바울은 법정에서 지지자 한 명 없이 복음을 설명해야 했습니다. "내가 처음 변명할 때에 나와 함께 한 자가 하나도 없었고 다 나를 버렸으나 저희에게 허물을 돌리지 않기를 원하노라"(딤후 4:16).

빌립보 교회가 바울의 이러저러한 사정과 마음의 상태를 다 헤아려 그를 찾아온 건 아니었습니다. 단지 그들에게 복음을 전해준 은사니까 찾아 왔고 와보니 그가 감옥에 갇혀 있었습니다. 어쩌면 그들은 바울의 설교를 한 번이라도 더 들으려고 왔는지도 모릅니다. 하지만 결론적으로 바울은 그들을 통해 용기를 얻었습니다. 그의 복음 사역에 얼마나 큰 도움이 되었는지 모릅니다.

오늘날 전도자나 설교자들에게도 마찬가지입니다. 그들에겐 작은 관심이 필요합니다. 격려의 말이든, 물질적인 도움이든 진심어린 도움이 그들의 몸과 영혼을 북돋웁니다. 힘 있게 하는 것은 작은 관심과 격려와 물질적인 도움일 때가 많습니다.

2. 예수 그리스도의 심장

::

사랑하는 사람과 가까이 하고 싶은 것이 인간의 보편적인 마음입니다. 사랑하는 이가 있는 곳으로 향하는 열차나 고속버스만 보아도 마음이 두근거립니다. 서로 사랑의 교제를 나눔으로 사랑을 확인하고 싶은 욕망이 있기 때문입니다. 사도 바울도 그토록 사랑하는 이들이 있었습니다. 얼마나 보고 싶은지 예수 그리스도의 심장으로 사모한다고 말합니다. 그들은 바로 빌립보 교인들입니다.

신체의 장기는 모두 중요하지만 그 중에서도 심장은 정말 결정적인 장기입니다. 그래서인지 예부터 중요한 맹세를 할 때 심장 위에 손을 올려놓았고, 극심한 고통을 당하거나 고통당하는 사람을 보면 심장이 터질 것 같다는 표현을 사용했습니다. 사도 바울도 심장의 소중함을 알고 있었습니다. 아마도 그는 감옥 안에서 주님에 대하여 수없이 생각했을 것입니다.

그런데 어느 날 그의 모든 생각을 딱 멈출 정도로 놀라운 생각이 하나 떠올랐습니다. 예수님이 겟세마네 동산에서 십자가를 앞두고 기도하실 때와 십자가 위에서 고통 중에 죽어 가실 때를 묵상하게 되었습니다.

내과 의사 출신인 한 목사님은 예수님의 사인에 대하여 아주 자신만만하게 '심장 파열'이라고 주장합니다. 예수님은 정상인보다 훨씬 빨리 운명하셨습니다. 로마 군병들이 창으로 예수님의 옆구리를 찔렀을 때 물과 피가 쏟아졌습니다. 이것이 바로 심장 파열의 증거라고 보는 것입니다. 다시 말해 십자가 위에서 우리의 죄 때문에 너무 가슴이 아프신 나머지 그분의 심장이 견디지 못하고 터져 버렸다는 말입니다. 그뿐만 아니라 겟세마네 동산에서 십자가를 앞에 두고 기도할 때 얼마나 간절히 기도하셨던지 땀이 피처럼 되어 흘렀다고 했습니다. 이것은 그의 온 심장을 다 쥐어짜는 기도를 드렸기 때문입니다. 그래서 사도 바울은 이 세상에서 다른 사람을 사랑하는 사랑 중에서 가장 간절한 사랑이 무엇일까 생각하다가 바로 예수 그리스도의 심장으로 사랑하는 것이라는 깨달음을 얻었습니다. 그는 자기도 예수님의 심장으로 다른 사람들을 사랑하기로 작정한 것 같습니다. 이것은 자기 안에 있는 마지막 피 한 방울까지 다 바쳐서 다른 형제나 자매를 사랑하는 것입니다.

사도는 자기 심장도 아니고 예수님의 심장으로 빌립보 교인들을 보고 싶어 했습니다. 그러면서 혹시라도 이 말을 과장된 표현으로 생각할까 해서 '하나님이 내 증인이시라' 고 분명하게 못을 박고 있습니다. 이로써 사도 바울은 자신의 말이 절대 인사치레가 아님을 강조합니다. 바울에게 큰 격려가 되었던 것은 큰 교회의 유명한 사람들이 아니었습니다. 아주 작은 교회였고 힘도 없었지만 바울을 믿어주고 어려울 때 함께 해주었던 그들이 진정으로 사도 바울을 돕는 자들입니다.

사도 바울은 빌립보 교인들을 생각하면 가슴이 터질 것 같고 그들에게 어떤 감사의 표현을 해도 아깝지 않은 마음이 들었던 것입니다. 예를 들어서 어떤 교인을 생각하는데 생각하는 것 자체가 골치 아프고 기분 나쁘다면 서로에게 불행한 일입니다. 반면에 너무 보고 싶어서 심장이 터질 것 같은 사람이 있습니다. 그들을 위해서라면 그 어떤 것이라도 아끼고 싶지 않습니다. 얼마나 복된 관계입니까?

우리는 누군가에게 받은 사랑과 호의를 잊어서는 안 됩니다. 물론 그를 통하여 나를 도우신 분은 하나님이십니다. 그럼에도 그가 하나님께 사랑의 통로로 쓰임 받은 것은 매우 귀한 일입니다. 그래서 우리는 언제나 하나님께 감사할뿐더러 사랑의 메신저로 쓰인 사람에게 대한 감사도 잊지 않습니다.

사도는 여기서 그 동안 금기시하던 일들을 하고 있습니다. 그는 자기 심장도 아니고 예수님의 심장을 언급합니다. 그리고 예수님이 맹세하지 말라고 했는데도 하나님을 증인으로 내세워서 맹세합니다. 그 이유가 무엇입니까? 도움을 준 사랑하는 자들에게 그 사랑에 대한 감사를 표현하는 것이 얼마나 중요한지 깨닫기 때문입니다.

우리의 신앙이 어릴 때에는 너무나도 자기중심적이어서 다른 사람의 도움을 당연한 듯이 받아들입니다. 그러나 나중에 철이 좀 들고나면 나를 도와준 사람이 자기 것을 희생하면서 도왔다는 사실을 깨닫게 됩니다. 사람이 성숙하면 성숙할수록 감사의 표현을 많이 하게 됩니다.

그리스도인들이 진정으로 성숙해졌다면 이웃에 대한 예의도 간과하지 않을 것입니다. 우리가 신앙적으로 어릴 때에는 진리에만 집중한다는 핑계로 다른 사람에게 무관심하기가 쉽습니다. 그래서인지 자기를 위해 베풀어준 수고와 배려를 너무 쉽게 생각할 때가 많습니다. 하지만 시간이 지나 철이 좀 들고 보면 진리에 대한 집중 안에 교묘하게 숨은 아집과 독선을 보게 됩니다. 그리고 사소하게 생각했던 인간적인 사랑과 관심이 얼마나 우리의 신앙을 풍성하게 하는지 깨닫습니다. 아마 여러분도 많이 공감할 것입니다. 지난날의 미성숙했던 신앙을 생각하며 얼굴이 빨개지는 분들도 꽤 많을 거라 생각합니다.

3. 사랑하는 사람을 위하여 기도함

::

이제 우리는 다른 사람을 격려하고 위로하는 것이 얼마나 귀한 일인지 깨달았습니다. 그렇다면 어떤 것이 가장 큰 도움이요 위로가 될 수 있을까요? 물질적인 도움이나 직접 만나주는 것도 귀하지만 경건서적이나 말씀 테이프를 선물함으로써 진리의 말씀을 전해주거나 진심으로 기도해 주는 것이 더욱 귀한 격려와 섬김이 아닐까 생각합니다.

우리가 아무리 지혜로워도 사람의 속사정을 모두 헤아릴 수는 없기에 우리는 돕는다고 한 일이 오히려 상처를 줄 수도 있습니다. 하지만 그를 위해 기도하는 것은 언제나 그에게 필요하고 그런 부작용도 없습니다. 우리가 기도하면 하나님께서 그의 모든 필요를 채워주십니다. 그러므로 다른 사람을 위해 많이 기도하십시오. 그러면 정말 많이 사랑할 수 있습니다.

사도 바울도 빌립보 교인들을 위해서 기도했습니다. 본문에는 그들을 위한 기도 내용이 기록돼 있습니다.

사도는 빌립보 교회의 강점에 대해 감사하고, 약점은 격려하면서 기도문을 적어내려 갑니다.

9절, "내가 기도하노라. 너희 사랑을 지식과 모든 총명으로 점점 더 풍성하게 하사"

빌립보 교인들의 사랑과 열정은 대단했습니다. 이점에 있어서는 다른 어떤 교인들보다 더 뜨거웠습니다. 그런데 빌립보 교인들에게 부족한 것이 있었으니 바로 '지식과 총명' 이었습니다. 즉 그들에게는 성경의 지혜가 부족했던 것 같습니다. 아마도 사도 바울은 빌립보 교인들이 자기를 도우려고 로마에 왔을 때 그것을 느꼈던 것 같습니다.

빌립보 교인들은 어떤 일이든지 관심을 가지고 열심을 내었던 모양입니다. 그러나 그들의 신앙은 현저하게 전진하지 못했습니다. 하나님의 말씀을 잘 배워가지 못했기 때문입니다. 하나님의 말씀은 마치 선박의 엔진과 같습니다. 엔진이 약하면 배가 앞으로 나가지 못하고 계속 제자리를 맴돈다고 합니다. 빌립보 교인들은 진리 위에 더 든든히 설 필요가 있었습니다. 그래야 더 높은 성숙으로 나아가 수 있었습니다.

그렇습니다. 신앙에 있어서 균형은 아무리 강조해도 지나치지 않습니다. 그렇다고 균형을 위해서 열심을 자제하라는 말이 아닙니다. 모든 부분에 열정을 가져야 한다는 말입니다. 여러분이 하나님의 말씀을 많이 알고 있습니까? 그러면 이제 사랑하기 위해 힘써야 합니다. 하나님을 아는 지식과 함께 다른 사람을 용납하고 인정하는 것을 배워야 제대로 자라고 있는 것입니다. 교회 안에서 열심히 봉사하고 있습니까? 이제는 사회로 눈을 돌려 이 세상의 빛과 소금이 되기 위해 나아가야 합니다.

한 분야에만 몰두하면서 치우치는 것은 정말 위험한 것입니다. 그래서 매사에 총명이 필요합니다.

바울은 여기서 '총명'이 무엇을 의미하는지 자세하게 설명합니다.

10절, "너희로 지극히 선한 것을 분별하며 또 진실하여 허물없이 그리스도의 날까지 이르고"

그가 말하는 총명은 단순한 처세술이 아니라 '하나님의 뜻을 아는 능력'입니다. 사람은 모든 것을 다 잘 할 수 없습니다. 밖에서 유능한 사람은 집안일에 소홀할 수 있습니다. 그리고 이것을 잘 하면 저것은 못 할 수도 있습니다. 그러면 어떻게 해야 총명하게 행하는 것입니까? 우선순위를 정해놓고 열심을 내야 합니다.

'지극히 선한 것을 분별한다'는 것은 더 중요하고 근본적인 가치가 무엇인지 생각하라는 말입니다. 우리가 하나님의 뜻을 알고 있는 것 같지만 모든 뜻을 아는 것이 아닙니다. 때론 내 수준으로 그분의 뜻을 끌어내릴 때도 있습니다. 예를 들어, 누군가를 돕는 것이 정말 하나님의 뜻인 것 같은데 자기가 그를 도울 아무런 힘이 없다면 그것으로 좌절할 것이 아니라 정부나 구호 단체를 통해 전략적으로 도울 수도 있을 것입니다. 이것이 총명입니다.

바울은 빌립보 교인들에 대하여 '진실하여 허물없이 그리스도의 날까지 이르고' 라고 했습니다. 이 또한 빌립보 교인들에게 부족한 면모였습니다. 우리나라 교인들도 열심은 있는데 진실하지 못할 때가 많습니다.

그리고 사도 바울은 빌립보 교인들이 진실하고 허물없이 예수 그리스도의 날까지 이를 것을 확신합니다. 다시 말해서 우리의 신앙은 하루아침에 끝나는 것이 아닙니다. 한번 시작하면 주님 오실 때까지 지속해야 합니다.

오래도록 하나님께 붙들려 사용되는 비결이 무엇일까요? 그것은 처음부터 바른 동기로 시작하는 것입니다. 그러면 무리 없이 오래 오래 쓰임받을 수 있습니다. 백년 넘게 존속하는 선교 단체들은 철저하게 믿음으로 일합니다. 그리고 그들은 믿음의 원칙에 충실합니다. 먼저 시간이 많이 걸려고 하나님의 부르심을 철저히 검증합니다. 그 후에도 상당한 기간 진실성과 허물없는 생활이 배이도록 훈련합니다.

진실하지 않으면 열매가 오래 가지 않기 때문입니다. 진실하지 않은 사람이 하는 일은 얼마가지 않아 부패한 열매를 낼 것입니다. 신앙은 한쪽으로 치우치기 쉽습니다. 지혜가 있는 사람은 사랑이 부족하거나 진실하지 못합니다. 기도에 열심이 있는 사람은 말씀에 관심이 없습니다. 또 전도에 치우쳐 있는 사람은 교회로서 자라는 공동체성이 부족하기 쉽습니다. 사도 바울은 골고루 균형이 있게 자라야 큰 능력이 나타난다고 말합니다.

만약 여러분의 신앙이 수년 동안 침체 상태에 있습니까? 그렇다면 반드시 이유가 있을 것입니다. 아이들이 자랄 때 아무리 많이 먹여도 주요 영양소 중 하나라도 결핍되면 발육부진에 빠집니다. 한쪽으로 치우친 성장은 당장엔 좋은 것 같지만 어느 정도 시간이 지난 후에는 아무리 몸부림을 쳐도 자라지 않습니다. 하나님께 우리 신앙에서 부족한 부분을 채워달라고 기도합시다.

우리는 지극히 선한 것을 분별할 수 있어야 합니다. 그냥 선한 것이 아닙니다. 나의 수준에 선한 것이 아닙니다. 내가 좋다고 생각하는 것 이상의 뜻이 있습니다. 우리의 분별력이 거기까지 미쳐야 합니다. 우리 모두 자기 수준에 좋은 대로 하기 때문에 그리스도의 날까지 지속되지 못하고 중도 하차할 때가 많은 것입니다. 막연히 좋은 게 좋다는 식으로 밀어 붙여서는 안 됩니다.

열정을 가질 뿐만 아니라 하나님의 총명으로 시대를 분별하여 그리스도께서 오실 그날까지 우리 안에 부흥의 불을 지키고 온 세상에 선교의 불을 밝히는 교회가 되기를 바랍니다.

Philippians-Colossians

빌립보서 3

복음의 진보

(빌 1:12-18)

얼마 전에

어느 고속도로에서, 도로 한가운데 방치해둔 고장 난 차량을 다른 차가 들이받는 바람에 많은 사람들이 죽거나 다치는 사고가 있었습니다. 참으로 어처구니없는 사고였습니다.

우리의 인생은 장거리 운전에 비유할 수 있습니다. 떠나기 전에 자동차를 정비도 좀 해놓고, 고장이 났을 때 응급으로 처치하는 법도 배워놓았다면 간단한 고장은 큰 문제가 되지 않을 것입니다. 하지만 전혀 무방비 상태에서 출발하면 언제 어떤 일을 졸지에 당하게 될까 불안하기도 하고 더 많은 위험에 노출되는 것입니다.

현대인들의 특징 중에 하나는 자기를 돌아보거나 생각할 여유가 없이 무조건 달리기만 한다는 것입니다. 운동선수들 같은 경우에는 한번 프로 선수로 나가게 되면 정신없이 경기장에서 뛰기만 했지 자기라는 존재에 대해 깊이 생각하지 않습니다. 그러다가 큰 부상을 당해서 경기를 쉬게 되거나 슬럼프에 빠져 주전에서 탈락하면 그제야 자신을 돌아보게 됩니다. 입시생들은 어떻습니까? 그들은 아예 생각 자체를 끊고 삽니다. 생각하기 시작하면 입시공부에 충실할 수 없기 때문입니다. 그들에겐 원하는 대학에 들어가는 것이 전부입니다. 그렇게 애를 써서 대학에 들어간 학생 중에는 정작 자기가 왜 대학에 들어왔는지 모르는 학생들이 대부분입니다. 또 사업하는 사람들이나 정치인들의 경우에도 아무 생각 없이 무조건 성공을 향하여 달려갑니다. 그러다가 건강을 잃거나 사업에 실패하면 많은 생각을 하게 됩니다. 하지만 중요한 사실은 사람들이 이런 저런 과정을 거쳐 생각하기 시작한다 해도 크게 달라지는 게 없다는 점입니다. 하나님의 말씀을 재료로 생각을 해야 자신의 문제가 보이지 무조건 생각만 하면 허무한 망상과 끝없는 회의에 빠지게 되기 때문입니다.

그러므로 그리스도인들은 하나님의 말씀을 깨달으면서 자신의 본질에 대하여 정리하고 말씀의 빛에서 자신을 냉철하게 비춰보아야 합니다. 그저 감정적으로 반응하면서 뭔가를 충동적으로 행하는 것은 위험합니다. 하나님께서 주신 이성으로 생각에 생각을 하는 일은 신앙에 있어 매우 중요한 작용입니다.

특별히 한국 사회는 매우 동적인 것이 특징입니다. 우리나라 사람들은 쉬지 않고 무슨 일이라도 해야만 살아 있다고 느끼는 것 같습니다. 그래서 우리는 아무 것도 하지 않는 시간을 못 견딥니다. 하지만 그리스도인들에게는 때때로 아무 것도 하지 않으면서 하나님 앞에서 자신을 생각하는 시간이 필요합니다.

여성들은 거울 앞에서 화장을 할 때 행복을 느낀다고 합니다. 하나님의 백성들이 하나님의 말씀 앞에서 자신을 생각하는 건 자신을 아름답게 가꾸는 것입니다.

때때로 하나님은 우리를 거의 강제적으로 생각하도록 이끄시기도 합니다. 하나님께서는 우리가 자신을 돌아보지 않고 일에 도취되어 있는 것을 원치 않으시기 때문입니다. 하나님은 당신의 백성들이 자기의 마음과 영혼을 가꾸기 원하십니다. 그래서 하나님께서는 때때로 우리로 입원하게도 하시고 직장을 잃고 집에 있게도 하시고 감옥에 갇혀 생각할 시간을 가지게도 하십니다. 보통 사람들은 아무 것도 하지 않고 쉬면 무기력해지고 정신적으로 자신감을 많이 잃게 될 것입니다. 그러나 하나님의 백성들은 이런 기간을 통해서 더 아름다운 모습으로 자기 자신을 단장하게 됩니다. 그 동안 하나님의 일을 한다고 바빠서 자신의 모습을 비춰볼 수 없었는데 쉬는 기간을 통해서 자신의 참된 모습을 찾고 생각하는 시간을 가지기 때문입니다.

빌립보서에서 우리는 사도 바울의 솔직한 모습을 보게 됩니다. 즉 바울이라고 해서 무조건 위대한 사람이 아니었다는 것입니다. 바울도 우리와 똑같은 인간이었습니다. 다른 면이 있다면 하나님의 말씀을 가지고 자신을 잘 정리했다는 점입니다.

1. 사도 바울의 신변의 변화

사람에게 있어서 신변의 변화라는 중요한 문제입니다. 예를 들어서 어떤 사람이 아주 중요한 자리를 맡거나 중요한 자리에서 물러나거나 하면 벌써 사람들 사이에 소문이 쫙 퍼지고 수군거리는 사람들도 생깁니다.

사도 바울에게도 이런 신변의 변화가 있었습니다.

12절, "형제들아 나의 당한 일이 도리어 복음의 진보가 된 줄을 너희가 알기를 원하노라"

사도 바울은 복음을 사랑하는 자들에게는 진리의 기둥이었고 영적인 아버지였으며 능력의 사자였습니다. 복음을 사랑하고 특히 이방인으로서 예수를 믿는 자들에게 바울은 그야말로 거의 예수님 같은 존재나 마찬가지였던 것입니다. 그런데 이 중요한 사람의 신상에 좋지 않은 변화가 생기게 되었습니다. 바울이 로마에서 가택 연금 상태에 있다가 수비대 감옥 안으로 옮겨지게 된 것이었습니다.

사실 사도 바울은 로마에 처음 올 때부터 자기가 생각한 것과는 다른 방향으로 오게 되었습니다. 그는 전도자로 로마에 오기를 바랐습니다. 그 동안 고린도나 에베소 같은 곳에서 복음 사역을 통해 대 부흥이 일어났던 것처럼 로마에서도 자신의 사역을 통해 하나님께서 대 부흥을 일으키실 거라 기대했습니다. 하지만 안타깝게도 사도 바울은 예루살렘에서 채포되어 재판을 받느라 가이사랴 빌립보에서 2년 정도를 보낸 후에 죄수의 신분으로 로마에 오게 되었습니다.

처음에는 로마 당국도 사도 바울에 대하여 엄격하지 않았습니다. 바울은 죄수라고 하지만 무슨 특별한 죄목이 있는 게 아니라 종교사범에 가까웠기 때문에 로마 당국은 가택연금 정도로만 처벌하고 있었습니다. 그래서 바울은 집에서 사람들을 만나 전도할 수 있었습니다. 갇혀 있는 집에서 로마에 있는 유대인 대표들도 만났고 거기서 성경을 가르치면서 많은 형제자매들을 양육했습니다. 그런데 어느 날 갑자기 로마 군인들이들이닥쳐 '상부에서 지시가 떨어졌다' 고 하면서 사도 바울을 정식으로 시위대 안에 있는 감옥에 투옥시켰습니다. 가택연금과 구속은 엄청난 차이가 있습니다.

바울의 위기는 자신뿐만 아니라 그를 존경하는 많은 성도들에게 큰 충격이었습니다. 사람이 졸지에 이런 일을 당하면 별의 별 생각을 다하게 되어 있습니다. 바울은 무슨 연유로 자기를 구속한 건지 몰라 답답했을 것입니다. 이런 궁금증을 넘어서서 로마 황제가 이제 본격적으로 기독교를 박해하는 건 아닌가 하는 생각까지 들었을 게 분명합니다. 그렇다면 그에게 남은 건 처형밖에 없다는 생각을 충분히 할 수 있는 상황입니다. 참으로 두려웠을 것입니다. 이런 상황 중에 사도는 우선 생각을 정리하고 교인들에게 자기 상황을 알립니다. 그리고 이 와중에도 교인들을 안심시키고 있습니다.

우선 사도 바울은 자기 자신에 대한 구속이 집행된 것에 대한 득실을 믿음의 눈으로 따져봤습니다. 이전 같으면 최대한 많은 곳을 다니며 복음을 전해야 한다고 안달했을 그가 이제는 잠잠히 자신에 대해 생각하기 시작했습니다.

먼저 잃은 것이 무엇인지 생각해봅니다. 어쨌거나 감옥에 갇힌 건 엄청난 손해요 고통입니다. 가택연금 상태와는 비교할 수 없는 불편함이 있습니다. 감옥 안에 구속이 되었다는 건, 사도 바울에 대한 특혜 조치가 모두 다 취소되고 다른 죄수들과 똑같은 취급을 당하게 된 것을 의미합니다. 바울은 지하 철장 안에 갇힌 신세가 되었고 24시간 간수들의 감시를 받아야만 했습니다. 그곳은 불결했고 모든 것이 불편했습니다. 아마도 간수들이나 죄수들 중에서 성질이 나쁜 자들이 바울을 괴롭히고 못되게 굴었을지도 모릅니다.

감옥을 가보신 분은 아시겠지만 감옥은 사람 살 곳이 못됩니다. 시설이 좋으면 얼마나 좋겠으며 그곳에서 인격적으로 존중받는 것을 기대할 수 있겠습니까? 사도 바울이 갇힌 감옥은 요즘과는 비교도 안 되는 감옥입니다. 죄수는 무조건 간수들이 시키는 대로 해야 하고 조금이라도 말을 듣지 않거나 엉뚱한 소리를 하면 가차 없이 채찍으로 두들겨 맞았을 것입니다. 그리고 감옥은 간수들만 문제인 것이 아니라 거기에 들어와 있는 죄수들도 결코 좋은 사람들이 아닐 것입니다. 그 중에는 강도죄를 저지른 사람도 있을 것이고 살인자도 있을 것이며 악당 중의 악당도 있었을 것입니다. 그런 사람들이 복음 전도자 바울을 보았을 때 마치 이리들이 어린양을 잡아먹듯이 달려들었을 것이 분명합니다. 거기에다가 바울을 더 고통스럽게 한 것은 교인들과의 만남의 단절이었습니다. 그 동안 바울을 지탱해주었던 힘은 교인들과의 만남이었습니다.

사도 바울은 비록 좁은 하숙집이지만 찾아오는 성도들에게 하나님의 말씀을 전해주면서 힘을 얻었습니다. 그러나 이제는 완전히 성도들과의 관계가 단절이 되어버렸습니다. 더욱이 바울의 구속이 집행되면서 성도들 중에서 걱정하는 사람도 많이 생겼고 오해를 하는 사람들도 생기게 되었습니다. 게다가 믿음이 약한 기독교인 중에는 사도라고 하는 사람이 구속되었으니 이제는 창피해서 예수를 믿지 못하겠다고 말하는 사람들도 있었습니다. 기독교 지도자라고 하는 사람이 죄를 지어서 감옥에 들어가면 어떻게 기독교를 믿을 수 있겠느냐고 비판하는 사람들도 있었습니다.

13절, "이러므로 나의 매임이 그리스도 안에서 온 시위대 안과 기타 모든 사람에게 나타났으니"

그러나 사도 바울이 시위대 감옥에 갇힘으로 하나님의 능력이 시위대 안에 나타났습니다. 우리가 자세한 내용은 알 수 없지만 그곳에서 바울은 늘 그래왔듯 그곳에 있는 사람들에게 복음을 전하고 병든 자를 고치는 사역을 이어갔을 것입니다. 감옥에 갇혀 인생의 막장에 다다른 자들이었기에 가난한 맘으로 하나님의 능력을 의지했을 것입니다. 그들에게 일어난 놀라운 역사를 보며 간수들도 예수님이 어떤 분이신지 알고 싶었을 것입니다. 이렇게 그리스도의 복음이 감옥에 전해지고 회개하고 예수를 믿는 사람들이 분명 생겨났을 것입니다.

정확한 배경이 기록되진 않았지만 사도는 분명히 말합니다. 자기가 시위대 감옥에 들어가게 된 것이 '도리어 복음의 진보가 된 줄을 너희가 알기를 원하노라' 고 말입니다. 그는 감옥이라는 열악한 환경에 짜증을 내거나 불평하지 않습니다. 자기가 석방되도록 손을 써달라고 요청하지도 않습니다. 오히려 여러 가지 상황을 검토해볼 때 이것은 분명히 복음의 진보였다고 결론을 내립니다. 자신의 불편이 다른 사람들에게 큰 유익이 되었고 복음이 증거 되는 좋은 기회가 되었다고 기쁘게 말합니다. 이 말씀은 우리로 하여금 자신을 보는 성경적인 시각을 제공합니다. 우리는 내가 얼마나 높아졌느냐 얼마나 유명해졌느냐 얼마나 돈을 벌었느냐는 것으로 자신의 가치를 평가합니다. 하지만 우리는 우리의 신앙과 복음 사역에 얼마나 진보가 있었는가를 중요한 가치 기준으로 두어야 합니다.

사도 바울은 그 시위대 안에서 한 두 사람의 크리스천만 얻은 것이 아닙니다. 바울은 자신이 시위대 감옥으로 옮겨짐으로 받은 육체적인 고통과 정신적인 상실감을 자기가 얻은 영혼들의 가치와 비교해보았습니다. 그러고는 자기의 고난이 오히려 '복음의 진보가 되었다' 고 결론을 내립니다. 이것이 바울이 자기 자신을 설득하는 방법이었습니다. 즉 복음에 유익이 되었으면 그것으로 충분하다는 것입니다. 사도 바울은 대단히 실제적인 사람이었고 경영학적인 두뇌를 가진 사람이었습니다. 그러나 그는 자기 개인의 편의가 아니라 복음의 진보에 비중을 둡니다. 모든 것이 명쾌하게 정리가 되었습니다. 결론적으로 그가 감옥에 갇힌 것은 남는 장사였습니다.

구약의 말 안 듣는 선지자 요나를 생각해봅시다. 요나는 바울과 정반대되는 고백을 했습니다. 요나는 니느웨가 구원받는 것이 싫어서 니느웨 반대 방향인 다시스로 가다가 태풍을 만나 도로 붙들려왔습니다. 그래서 겨우 니느웨 성에 다다라 그곳에 임할 하나님의 심판을 선포했을 때, 많은 사람들이 회개하는 역사가 일어났습니다. 요나는 니느웨가 회개하는 게 싫었습니다. 그래서 성 밖에서 작은 움막을 하나 세우고 니느웨가 망하기를 다렸습니다. 이때 하나님께서는 박 넝쿨을 통해 깨닫게 하셨습니다. 요나는 더위를 식혀주던 박 넝쿨 하나가 아까워서 넝쿨 줄기를 갉아먹은 벌레를 미워하고 저주했는데, 니느웨 성안에는 더 중요한 어린이들 십이만 명이 있고 어른들도 많았고 짐승들도 많았습니다. 요나는 자기 설교로 그 엄청난 생명을 건져놓고도 자기 취향을 포기하지 못해서 죽여달라고 어깃장을 놓았습니다.

이십만 명이 사망했던 아이티 지진을 기억하십니까? 얼마나 처참했습니까? 요나는 복음으로 그런 어마어마한 지진을 막은 사람이었습니다. 그런데 자기중심적으로 생각했기 때문에 니느웨가 망하지 않는 것을 보고 화를 낸 것입니다. 우리는 자신의 처지를 생각할 때 내가 편한가, 내가 잘 되는가 하는 기준으로 평가하지 말고 복음의 진보를 이루는가 하는 것으로 판단해야 합니다.

2. 사도 바울에게 고통을 주시는 이유

::

하나님은 그렇게 충성스런 바울에게 왜 점점 더 고통을 더하실까요? 그가 구속되면 교회적으로 시험을 당할 수도 있고 이방나라에 복음이 전해지는 일도 더딜 텐데 말입니다. 바울에게 일어난 일은 하나님께서 허락하신 일이지만 교회를 무너뜨리려는 사탄의 시험이기도 했습니다. 하나님나라를 위해 가장 중요한 사람의 손발을 묶어 부흥의 불을 꺼뜨리려는 사탄의 궤계입니다. 예루살렘에서 큰 부흥이 일어났을 때 사탄은 예루살렘 당국으로 하여금 야고보를 죽이고 베드로까지 죽게 했었습니다. 마찬가지로 지금 가장 강력한 복음 전도자가 로마에 왔으니 사탄은 바울을 감옥에 집어넣어서 아무 것도 하지 못하게 하려는 것입니다.

그러나 사도 바울은 이 문제를 다른 시각에서 보았습니다. 하나님께서 나를 한 번 더 겸손하게 하신다고 생각하게 되었습니다. 바울이 복음을 전할 때 수많은 사람들이 은혜 받고 회개하는 역사가 일어났기에 그의 마음은 충분히 높아질 수 있었습니다. 이럴 때 하나님께서 낮추셔서 마음을 지킬 수 있게 하신다고 생각한 것입니다. 이제 시위대 감옥 안에서 그가 할 일은 너무나 분명했습니다. 바로 철저하게 낮아지는 일이었습니다. 바울은 시위대 감옥에서 다른 사람들의 대접을 받으려 하거나 혹은 훈계하려고 하지 않았습니다. 오직 그는 감옥에서 철저히 한 사람의 죄수로 낮아졌습니다.

사도 바울은 이때 나이도 먹을 만큼 먹었고, 배울 만큼 배웠으며, 인격으로 말하자면 그런 인격자가 없었습니다. 이런 그가 자기보다 더 어린 간수나 다른 죄수들에게 야단맞고 책망받고 욕을 얻어먹었다고 생각해 보십시오. 얼마나 억울하고 수치스러웠겠습니까? 하지만 바울은 피할 수 없다면 철저하게 적응하리라 마음먹었습니다. 사도 바울은 시위대 감옥 안에 들어가면서 마지막 자존심까지 다 버리고 철저하게 한 명의 죄수로 낮아졌습니다. 이것이 사람들에게 감동을 주었습니다.

하나님께서 우리에게 시련을 주실 때는 어쩌면 한 번 더 낮아지라는 뜻이라고 생각하면 맘이 편해집니다. 인간의 마음은 쉽게 높아집니다. 마음이 높아지려 할 때 낮추시는 하나님의 역사는 오히려 더 큰 은혜입니다. 자신을 의지하려는 불신앙을 내려놓고 철저하게 하나님만 의지하기 때문입니다.

감옥은 그야말로 최악의 환경입니다. 아마도 로마 군인들 중에는 바울을 업신여겨서 발로 차거나 욕을 하는 자들도 있었을 것입니다. 그러나 낮추시는 하나님의 손길을 거부하지 않는 사도의 얼굴에는 언제자 여유와 평안이 어려 있었을 것입니다. 부활하신 그리스도를 만난 이후로 부단히 성화의 삶을 살아온 바울의 인격에는 예수님과 같은 따듯함이 배어 있었을 것입니다. 이런 사도의 삶은 죄수와 간수들을 매료시키기에 충분하지 않았을까요?

바울은 자신이 '그리스도 안에서 나타났다' 고 고백합니다. 이것은 복음 안에서 바울에 대한 좋은 소문이 퍼지게 되었다는 뜻입니다. 아름다운 인격을 가진 죄수의 소문은 온 시위대 안에 퍼지게 되었고 사람들의 관심을 끌었습니다.

우리가 그리스도인이라는 정체성을 분명히 한다면 어디에 가든지 적응하기가 쉽지 않습니다. 그리스도만이 길이요, 진리요, 생명이라는 신앙은 고집스러워 보이게 만듭니다. 그러나 오랜 시간 두고두고 그리스도의 향기를 발하면 사람들이 그에게 와서 안식합니다. 일단 그리스도인에 대한 편견과 불신의 벽을 넘기만 하면 그때에는 지금까지 가지고 있는 영적인 힘이 마음껏 발휘가 될 수 있습니다. 우리 안에 아무리 좋은 것이 있다 하더라도 다른 사람들이 알아주지 않으면 아무 소용이 없습니다. 또 내 안에 아무리 좋은 은사가 있다 하여도 다른 사람들과의 관계가 엉망이라면 덕을 세울 수 없습니다. 가장 현명한 사람은 처음에 사람을 얻기 위하여 자신을 완전히 낮춘 후에 그 영적인 능력으로 동료의 영혼을 얻는 사람입니다.

하나님은 특별히 말씀 사역자들에게 겸손의 연단을 주십니다. 말씀을 전하고 가르치는 위치에 있기 때문에 남을 판단하고 스스로를 의롭다고 여기기가 쉽기 때문입니다. 그러므로 강단에 오르는 자들에게 겸손의 연단은 자신이 여전히 연약한 인간에 불과한 것을 깨닫게 하는 좋은 방편입니다.

존 스토트 목사가 쓴 '제자도' 라는 책에 이런 내용이 있습니다. 그는 불과 얼마 전에 주일설교 직전에 회전의자에 걸려 넘어지는 바람에 대퇴부가 골절되는 사고를 당했습니다. 그래서 목사님은 응급실로 실려 가고 다른 목사님이 대신 원고를 읽고 설교했습니다.

그는 엘리트 교육을 받으면서 울지 않도록 훈련을 받았는데 대퇴부가 부서지면서 너무 아파서 울고, 또 자기는 꼼짝도 못하고 다른 사람의 도움을 받아야만 하는 신세를 한탄하며 울었다고 합니다.

스토트는 생전에 하나님을 위해서 세 가지를 버렸다고 했습니다. 결혼을 버렸고, 캠브리지 우등생으로 졸업했지만 교수직을 버렸고, 주교나 대주교 되는 것을 버리고 오히려 평범한 목회자로 헌신했습니다. 그럼에도 하나님은 다시 한 번 그를 낮추셔서 연약한 인간인 것을 다시금 깨닫게 하신 것입니다.

스펄전 목사는 그야말로 위대한 설교자였습니다. 얼마나 설교를 잘했던지 한번은 왕실에서 설교를 하기 전에 미리 설교 연습하는 소리를 듣고 회개한 사람이 있었답니다. 그는 19세 때 런던에서 목회를 시작했습니다. 수천 명의 사람들이 그의 설교를 듣기 위해 몰렸습니다. 그럼에도 스펄전에게는 고난이 끊이지 않았습니다. 그를 시기하는 세력들 중 한 명이 예배 중에 '불이야!' 하고 외치는 바람에 그 교회에서 열댓 명이 깔려죽는 사고가 일어났습니다. 그리고 그는 대학졸업장도 없는 사람이었습니다. 육체적으로도 평생 통풍으로 시달리다가 50대에 겨우 죽음을 통해 그 모든 괴롬에서 해방됩니다.

모세의 경우도 만만치 않습니다. 그는 지팡이 하나를 가지고 열 가지 재앙을 일으키고 홍해를 갈라 이스라엘 민족을 구원한 위대한 지도자였습니다. 그 누구보다 하나님을 가까이 하고 언약의 도구로 유능하게 쓰임받았지만 약속의 땅을 바라만 보다가 그곳에 들어가지 못하고 죽음을 맞이합니다. 이처럼 인간은 하나님 앞에서 마음을 높일 수가 없는 연약한 존재입니다.

3. 또 다른 형제들로 인한 유익

사도 바울은 감옥에서 뜻밖의 소식을 듣게 되었습니다. 하나는 사도 바울과 사랑의 교제를 나누던 형제들에 관한 것이고 다른 하나는 그를 시기하는 사람들에 관한 것이었습니다.

사도 바울이 시위대 감옥으로 가기 전에 그에게 말씀으로 양육받던 형제들이 있었습니다. 바울은 감옥에 들어가면서 이 사람들을 걱정했습니다. 이 사람들 중에서 바울의 구속으로 너무 낙심한 나머지 신앙을 버리는 자들은 없을까 혹은 이들 중에 정신적으로 방황하는 자가 없을까 하는 걱정을 했습니다. 그런데 나타난 결과는 정반대였습니다.

14절, "형제 중 다수가 나의 매임을 인하여 주 안에서 신뢰하므로 겁 없이 하나님의 말씀을 더욱 담대히 말하게 되었느니라"

아마 형제들 중에는 사도 바울의 구속으로 신앙이 흔들리는 자도 있었을 것입니다. 그러나 대다수는 그렇지 않았습니다. 대다수 형제들은 바울이 감옥에 갇히는 것을 보고 자신들이 더 주님을 신뢰함으로 복음을 담대히 말하기 시작했습니다. 이것은 바울이 전혀 예상치 못한 일이었습니다. 바울이 생각하기에는 아직 신앙이 어리기만 한 자들이었습니다. 바울은 그들을 홀로 두는 것이 불안했을 것입니다. 하지만 일단 바른 복음을 들은 자들은 언젠가 홀로서기를 하게 되어 있습니다.

바울은 뜻하게 않게 자식과도 같은 형제들을 그의 손에서 떠나보내고 하나님께 맡길 수밖에 없었습니다. 그는 염려했지만 자기가 붙들고 있을 때보다 더 좋은 결과가 나타났습니다.

바울도 이들이 흔들릴까 노심초사했겠지만 그 형제들도 마찬가지였을 것입니다. 어쩌면 복음을 전하는 일은 자신들의 몫이 아니라고 생각했을지도 모릅니다. 지금까지 이들은 바울만 믿고 아무 것도 하지 않았습니다. 그러나 바울이 감옥 안에서 외롭게 복음을 붙들고 믿음 생활하는 것을 보고 그들은 모두 자기 발로 일어서게 되었습니다.

바울은 자기가 가장 염려하던 형제들을 주님께 맡겼을 때 주님이 이들을 직접 양육하며 키우시는 것을 알게 되었고, 주님께 맡기는 것이 자기가 붙들고 있는 것보다 훨씬 더 효율적이라는 것을 알게 되었습니다. 우리는 내가 없으면 하나님이 아무 것도 하실 수 없는 것처럼 생각할 때가 많습니다. 그러나 모든 일은 하나님이 하시는 것입니다. 단지 하나님께서 우리를 사용하실 뿐입니다.

또한 사도 바울은 그를 시기하는 자들에 관한 소식을 들었습니다. 로마에는 바울과 무엇인가 경쟁적인 입장에 있던 사람들이 있었습니다. 이들은 아마도 예루살렘 사도들의 입장에 선 사람들이었던 것 같습니다. 같은 복음 전도자이지만 바울이 감옥에 갇힌 것이 자기들에게는 영역을 넓힐 수 있는 아주 좋은 기회라고 생각했던 모양입니다. 아마 이 사람들은 바울이 전도했던 사람들을 자기 사람으로 만들었던 것 같습니다. 그리고 바울에 대하여 안 좋은 말을 하고 다녔습니다. 이것이 처음에는 사도 바울의 마음을 아프게 했습니다. 그러나 사도 바울은 이 문제도 자기 기준으로 보지 않고 하나님 복음의 입장에서 생각하며 명쾌하게 정리했습니다.

15-17절, "어떤 이들은 투기와 분쟁으로, 어떤 이들은 착한 뜻으로 그리스도를 전파하나니 이들은 내가 복음을 변명하기 위하여 세우심을 받은 줄 알고 사랑으로 하나 저들은 나의 매임에 괴로움을 더하게 할 줄로 생각하여 순전치 못하게 다툼으로 그리스도를 전파하느니라"

여기서 '투기와 분쟁으로' 복음을 전하는 자들이 있었습니다. 이 사람들은 이단이 아니었습니다. 분명 복음 전도자들인데 사도 바울과는 다른 조직에 있는 자들이었고 바울을 자신의 경쟁자로 생각하고 있었습니다.

그런데 이 사람들은 바울의 마음속에 괴로움을 더하게 하려고 순전치 못한 마음으로 그리스도를 전파했습니다. 즉 이 사람들은 사도 바울이 감옥에 갇힌 틈을 타서 바울이 전도한 사람들을 자기편으로 만들어버렸고 자기 세력을 키우는 목적으로 열심을 내었습니다. 그리고 바울이 감옥에 갇힌 것에 대하여 좋지 않은 평가를 내리면서 사람들을 규합하고 세력을 넓히려고 했습니다. 이것을 인간적으로 생각하면 억울하고 분노가 치미는 일이 아닐 수 없습니다.

신앙이 어릴 때는 나보다 다른 사람이 더 유명해지고 잘 되면 배가 아프면서 시기심이 생기는 것이 사실입니다. 시기심이 심해지면 그들에 대한 험담을 하면서 그들을 깎아내리기도 합니다. 예수를 믿고도 아직 자기 중심성을 버리지 못해 이런 미숙함을 드러내는 것입니다. 우리가 충분히 성장하고 하나님의 사랑과 축복을 많이 받게 되면 이런 옹졸한 마음을 버리게 됩니다. 다른 사람이 더 잘되고 유명하게 되는 것을 진심으로 기뻐하게 됩니다. 왜냐하면 이렇게 훌륭한 사람들이 자꾸 나와야 하나님의 나라가 발전하기 때문입니다.

사도 바울은 철저히 하나님 나라를 중심으로 생각했습니다. 저 사람들이 어떤 의도로 전도를 하든지 전도를 많이 하는 것은 좋은 일이 아니냐는 것입니다. 이렇게 하나님 나라를 구할 때 바울의 마음은 평안을 유지했고, 오히려 기뻐할 수 있었습니다.

사도 바울도 인간이기 때문에 다른 사람이 자기를 시기하고 자기가 수고한 것들을 가져가니 화가 날 법도 합니다. 그러나 조금 더 넓은 마음으로 생각해 보니 모든 것이 복음 전도에 유익했습니다. 그래서 우리가 하나님의 은혜와 축복을 충분히 받게 되면 하나님이 나 외에 다른 사람을 유명하게 하시는 것이 진심으로 반갑고 다행스럽게 생각됩니다. 왜냐하면 그래야 하나님의 나라가 더 능력 있게 증거 되기 때문입니다. 결국 신앙이라는 것은 처음에는 나 중심이다가 나중에는 다른 사람을 인정하게 되고 결국 자기 자신을 버리게 되는 것입니다.

18절, "그러면 무엇이뇨 외모로 하나 참으로 하나 무슨 방도로 하든지 전파되는 것은 그리스도니 이로써 내가 기뻐하고 또한 기뻐하리라"

사실 바울은 영적으로 성숙한 사람이었습니다. 그러나 아무리 바울이라고 해도 마음속에 감정도 없고 미움도 없는 것은 아니었습니다. 그도 우리와 똑같은 마음과 감정을 가지고 있었습니다. 그는 오히려 보통사람보다 더 민감했고 어떤 문제에 깊이 몰입하는 성격이었습니다. 그러나 그가 어려운 가운데 승리할 수 있었던 이유는 철저하게 자기 자신을 믿지 않고 주님을 신뢰했기 때문입니다.

바울은 자기를 주인이라 생각하지 않았고 종으로 생각했습니다. 로마시대에 종은 정말 주인을 위해서 모든 희생을 아끼지 않았고 자기 것이라는 것이 없었습니다. 심지어 나중에 주인이 죽으면 같이 따라 죽기까지 했습니다. 바울은 자기를 종이라고 생각하니까 주인만 좋다면 문제될 것이 없었습니다. 주인은 나 외에 다른 종을 쓸 수도 있는 것입니다.

그리스도인들은 자기가 얼마나 좋은 대접을 받았는지, 얼마나 편리한 환경에 있는지에 집착해서는 안 됩니다. 내가 불편하고 고통스럽더라고 복음의 진보만 있을 수 있다면 모든 걸 감수할 수 있는 마음을 가져야 합니다.

그리고 앞서 언급했듯이 바울은 자기가 할 수 없는 것을 주님께 맡겼습니다. 자기가 직접 돌볼 수 없었던 형제들을 주님께 맡겼더니 더 좋은 결과가 나왔습니다. 우리가 주님께 맡기면 주님은 내가 붙들고 있던 때보다 더 좋은 결과를 나타내십니다.

주님이 꼭 나의 방식으로 나를 통해서만 일하셔야 하는 것은 아닙니다. 주님은 나와 다른 종들을 통해서 얼마든지 일하실 수 있고 만일 그렇게 해서라도 복음이 전해질 수 있다면 기뻐할 일입니다.

바울은 우리와 똑같은 성정을 가진 사람이었습니다. 신상의 어려움이 생길 때 우리처럼 걱정하고 염려하기도 했지만 결국엔 하나님의 말씀을 가지고 잘 정리하니까 모든 것이 합력하여 유익이 되었습니다. 여러분도 바다같이 넓은 마음으로 자신의 어려움이나 성도들과의 관계를 유익하게 정리하기를 바랍니다.

Philippians-Colossians

빌립보서 4

사는 것과 죽는 것

(빌 1:19-26)

때때로 이 세상에서

산자와 죽은 자가 한 순간에 갈라질 때가 있습니다. 예를 들어서 비행기가 추락하거나 버스가 충돌해서 대형 사고가 생기면 부서진 잔해 안에 산 사람과 죽은 사람이 뒤섞여 있게 됩니다. 이때 구조대원은 산 사람은 병원 응급실로 보내고 죽은 자는 영안실이나 시체 안치실로 보냅니다. 이렇게 사람들은 갑자기 한 순간에 삶과 죽음이 갈라지는 것을 보게 됩니다. 조금 전까지 같은 버스를 타고 있었고 함께 웃으면서 이야기를 나누고 있었는데 한 순간에 어떤 사람은 죽어 있고 어떤 사람은 살아 있는 것입니다.

인간은 죽음을 가장 두려워 합니다. 일단 사람이 죽으면 그 누구도 손을 쓸 수가 없습니다. 죽은 자의 모든 기록과 삶은 죽는 그 순간에 끝이

납니다. 그러나 모든 죽음이 같지 않습니다. 믿음으로 죽는 경우도 있고 병들어 죽는 경우도 있고 자살하는 경우도 있습니다.

세상살이는 결코 만만치 않습니다. 얼마를 살았냐보다 어떻게 사느냐가 더 중요합니다. 살아도 병원 중환자실에서 연명할 수도 있고 술에 찌들어 살 수도 있고 다른 사람에게 정신적으로나 육체적으로 피해만 주면서 사는 방법도 있고 다른 사람을 사랑하고 축복하면서 사는 방법이 있습니다.

운동경기 중간에는 휴식 시간이 있습니다. 이 휴식 시간을 통해서 선수들은 지친 몸을 재충전하고 감독이나 코치는 잘못된 전략을 바로 잡습니다. 마찬가지로 우리의 세상살이에도 때때로 쉬는 시간이 필요합니다. 그러나 우리 사회는 이미 죽도록 달려야 사는 구조이고 중간에 조금이라도 쉬면 완전히 사회에서 도태가 되기 때문에 도저히 쉴 수가 없게 되어 있습니다. 학생은 죽도록 공부를 해서 1등을 탈환해야 하고 직장인은 밤낮을 가리지 않고 일해서 인정을 받아야 합니다.

그런데 때때로 질병에 걸리든지 시험에 불합격해서 쉬게 될 때가 있습니다. 우리 인생에 쉬는 시간은 하나님께서 재충전하라고 주시는 시간이며 우리 인생의 방향을 다시 설정하라고 주시는 시간입니다. 우리가 조금이라도 여유를 가지고 객관적이고 종합적인 시각으로 자신을 볼 수 있다면, 무엇보다 하나님의 눈으로 모든 상황을 분별할 수 있다면 우리가 사는 방식은 완전히 달라집니다.

사도 바울은 시위대 감옥에서 다른 모든 활동이 중단되고 성도들과의 교제조차도 금지 되었을 때 자기 자신의 문제에 대하여 깊이 생각해 보았습니다. 지금 내 삶을 지탱하는 힘이 무엇이며 나에게 가장 중요한 것은 무엇인가, 과연 내가 죽으면 어떻게 되고 살면 어떻게 되는가 하는 문제들이었습니다. 우리도 사소한 것에 얽매이지 않으려면 이런 시각이 필요합니다.

1. 나의 삶을 지탱하는 것

::

우리는 때때로 지금 나의 삶을 지탱하는 힘이 어디에서 오는지 생각해 볼 필요가 있습니다. 많은 사람들이 성공하고자 하는 야망으로 자신의 삶을 불태웁니다. 사실 이 세상에서는 야망이 필요합니다. 사람들이 아무 의욕이 없다면 모두 알코올이나 도박 등의 중독에 빠지고 말 것입니다. 그러나 자신의 삶에 분명한 목표가 있는 사람은 절대로 그런 것에 빠지지 않습니다.

어떤 사람은 가족에 대한 책임 때문에 자신의 삶을 지탱해나가는 사람도 있습니다. 당장 일을 그만두면 가족들이 어려워지기 때문에 힘이 있는 한 가족들을 위해서 일하는 것입니다. 어떤 사람들은 다른 사람들의 인정과 칭찬을 받기 위해서 열심히 노력하는 사람도 있습니다.

사랑하는 여인이나 남자를 위해서 모든 어려움들을 참고 인내하면서 살아가는 사람도 있습니다. 여러분은 무엇을 위해서 살아가고 있습니까?

19절, "이것이 너희 간구와 예수 그리스도의 성령의 도우심으로 내 구원에 이르게 할 줄 아는고로"

사도 바울에겐 어떤 위기 가운데서도 자기를 지탱하는 안전벨트가 있었습니다. 그것은 바로 성도들의 기도와 예수 그리스도의 성령의 도우심이었습니다.

여기서 사도 바울이 말한 '구원'은 감옥에서 무사히 풀려나가는 것과 함께 당시의 정신적 두려움에서 승리하는 것을 의미합니다.

사도 바울도 인간이기 때문에 감옥이라는 분위기가 답답했고 재판의 결과가 두려웠습니다. 바울은 감옥에 얼마나 갇혀있을지, 재판 결과가 어떻게 나올지 굉장히 불안했을 것입니다. 그런데 사도 바울은 두 가지만 생각하면 안심이 되었습니다. 그 하나는 성도들의 기도였습니다. 성도들이 깨어서 기도하는 이상 사탄은 절대로 장난을 칠 수가 없습니다. 예루살렘에서 당국이 야고보를 죽이고 베드로까지 죽이려고 감옥에 가두었는데 성도들이 기도하는 가운데 천사가 와서 베드로를 깨워 감옥 밖으로 데리고 나가는 일이 있었습니다. 그러나 그때 수비하는 사람들은 두 사람이 나가는 것을 보면서도 알지 못했습니다. 참으로 성도들의 기도는 위력이 있습니다.

그리스도인이 위기에 처해 있을 때 가장 필요한 것은 형제들의 기도입니다. 어려운 위기에 빠진 성도를 위해서 교회가 합심해서 기도하면 이상하게 한창 불안해지다가도 금방 마음이 편해지면서 두려움이 없어지는 것을 경험합니다.

옛날에 교회의 한 자매가 일본 선교사와 결혼을 해서 일본에서 목회를 하고 있었습니다. 그런데 교회에 나오던 일본인의 한 아기가 갑자기 죽었습니다. 그때 사람들은 교회에 나가서 그 꼴을 당했다고 수군거리기 시작했습니다. 그래서 이 자매는 저에게 전화를 해서 기도를 부탁했습니다. 우리가 기도했을 때 무사히 은혜 가운데 장례를 치렀고 오히려 그것을 통해서 더 일본인들 가운데 전도가 이루어지게 되었습니다.

바울을 지탱해주는 또 하나의 힘은 바로 예수 그리스도의 성령의 인도하심이었습니다. "보혜사 곧 아버지께서 내 이름으로 보내실 성령 그가 너희에게 모든 것을 가르치시고 내가 너희에게 말한 모든 것을 생각나게 하시리라"(요 14:26).

예수님은 우리를 고아와 같이 버려두지 아니하시고 보혜사 성령을 보내시겠다고 하셨는데 성령님은 항상 우리와 함께 계셔서 우리가 해야 할 것을 가르쳐주십니다. 성령님은 지혜의 신이시며 능력의 신이십니다.

제아무리 뛰어난 사도라 해도 마음속에서 일고 있는 불안의 폭풍을 피해갈 수 없습니다. 지금까지 그렇게 많은 사람을 가르쳤지만 지금은 자기가 넘어지려고 하고 있습니다. 그런데 그를 붙들어 주는 것이 무엇입니까? 성령님이 주시는 확신이었습니다. 즉 내가 결코 너를 혼자 두지 않겠다는 세미한 음성이었습니다.

주님의 세미한 음성은 원자 폭탄보다 더 큰 능력을 가지고 있습니다. 하나님께서는 영적으로 침체된 엘리야에게 세미한 음성을 듣게 하시기 전에 태풍을 겪게 하시고 지진을 보게 하시고 큰 불을 경험하게 하셨습니다. 그 후에 하나님은 세미한 음성으로 엘리야를 위로하시고 가르쳐주셨습니다. 이것은 하나님의 세미한 음성이 그만큼 능력이 있다는 것을 보여주는 것입니다.

그런데 사도 바울은 위기의 순간 자기의 힘이 아닌 다른 힘이 자기를 붙들어 주는 것을 느꼈습니다. 그는 그것이 빌립보 교인들의 기도와 예수 그리스도의 성령의 도우심이라고 생각합니다.

그리고 사도 바울은 지금 자기에게 가장 중요한 것이 무엇인지 생각해 보았습니다. 그것은 자기감정이나 다른 사람들이 하는 말이 아니었습니다. 사느냐 죽느냐 하는 문제도 아니었습니다.

20절, “나의 간절한 기대와 소망에 따라 아무 일에든지 부끄럽지 아니하고 오직 전과 같이 이제도 온전히 담대하여 살든지 죽든지 내 몸에서 그리스도가 존귀히 되게 하려 하나니”

사도 바울에게 지금 가장 중요한 것은 부끄럽지 않는 것입니다. 그가 어떤 상황에 처하든지 비겁하지 않고 당당한 것입니다. 다른 하나는 그리스도를 자기 몸에서 존귀하게 하는 것입니다. 그는 자기보다 그리스도를 소중히 여겼습니다. 그는 정말 그리스도의 종으로 모든 것을 마치기를 원했습니다.

그리스도의 종으로 살기 위해서는 무엇보다 그리스도의 마음을 가져야 합니다. 사도 바울은 지금 주님이 여기 계신다면 나에게 무엇을 원하시고 명령하시겠는가를 생각했습니다. 그래서 주님의 뜻대로 끝까지 충성하기를 원했습니다.

여기서 사도 바울은 놀라운 신앙 고백을 남깁니다.

21절, “내게 사는 것이 그리스도니 죽는 것도 유익함이니라”

헬라어 성경을 보면 더 간단하게 기록돼 있습니다. “사는 것, 그리스도. 죽는 것, 유익!” 이 말이 무슨 뜻이겠습니까?

사도 바울은 지금까지 그리스도를 위해 살았습니다. 그렇다면 죽음 또한 주님을 나타내는 것이어야 한다는 뜻이 아닐까요? 또한 지금까지 살아온 것이 자기 자신의 힘이 아니고 주님의 힘이라면 죽는 순간에도 주님의 힘으로 죽어야 되겠다는 뜻이 아닐까요?

사도 바울은 지금까지 많은 고비 중에 자기를 살려주신 주님께서 만일

이번에 자기를 죽게 하신다면 그것은 주님의 능력이 부족한 것이 아니라 더 큰 뜻이 있기 때문이라고 생각했습니다. 이렇게 생각하고 믿는다면 굳이 죽는 것을 두려워 할 필요가 없습니다. 내가 산 것은 내 힘으로 산 것이 아니고 주님이 나를 살게 하셨다면 죽는 것도 주님의 손에 맡기겠다는 것입니다. "우리가 살아도 주를 위하여 살고 죽어도 주를 위하여 죽나니 그러므로 사나 죽으나 우리가 주의 것이로라"(롬 14:8).

예수를 구주로 믿는 순간부터 우리는 주님의 종입니다. 종은 자기 자신을 위해서 사는 것이 아니라 주인을 위해서 살다가 주인을 위해서 죽습니다. 물론 주님은 자비로우셔서 우리 한 사람 한 사람을 노예처럼 취급하시지 않으십니다. 하지만 우리는 주님의 종이 되고 노예가 되기로 자처해야 합니다.

우리는 자기가 인생의 운전대를 잡고 주님은 조수석에 태울 때가 많습니다. 그러면서 주님을 믿노라고 생각합니다. 주님을 믿는 건 그분의 종이 되는 것입니다. 그분을 조수석에 앉히는 건 종의 바른 자세가 아닙니다. 우리는 주님을 우리 인생의 운전석에 앉으시게 하고 모든 것을 그분의 뜻에 맡겨야 합니다.

바울이 그토록 능력 있는 삶을 살 수 있었던 것은 주님이 그의 삶을 운전하셨기 때문입니다. 부활하신 그리스도를 만난 이후 바울의 삶에는 신바람이 불었습니다. 자기 의로 하나님을 섬기려고 했을 때는 도저히 할 수 없었던 일을 십자가의 주님과 함께 할 때 시원하게 해낼 수 있었습니다.

감옥에 갇혀 오도 가도 못하는 바울, 여기서 나가지 못하면 이젠 죽음뿐인 것을 예감한 바울에게 두려움이 엄습해오는 것을 막을 수 없었습니다. 이런 두려움 중에도 그는 생각합니다. '주님이 나의 삶을 운전하신다. 주께서 죽음을 허락하신다면 그건 어떤 위대한 삶보다 더 영광스러운 죽음이 될 것이다.' 지금까지 주님은 사도 바울에게 나쁜 것을 주신 적이 없었기에 이런 믿음의 고백을 할 수 있었을 것입니다. 주님은 지금까지 단 한 번도 우리를 실망시키신 적이 없습니다. 주님은 절대로 자기를 의지하는 자를 부끄럽게 하지 않습니다. 우리에게 항상 가장 좋은 것을 주시기를 원하십니다. 그래서 우리는 좋은 일이 있어도 나쁜 일이 있어도 주님을 믿어야 합니다.

사람들이 보기에 순교는 너무나 어리석고 미련한 선택인 것 같습니다. 그러나 하나님 앞에서 가장 복되고 영광스러운 것은 주님을 위하여 죽임을 당하는 것입니다. 순교는 아무에게나 주어진 축복이 아니기 때문에 너무 염려할 필요는 없습니다. 하지만 하나님께서 그런 기회를 주신다면 엄청난 복으로 알고 감당해야 합니다.

2. 사도 바울의 살고 죽는 것

::

소비지향적인 사회에서 많은 것을 소유하고 누리는 것을 행복으로 여기는 사람이 많은 것이 현실입니다. 그래서 사람들은 할 수 있는 대로 돈을 많이 벌려고 하고 힘을 가지려고 안간힘을 씁니다.

누구보다 치열한 삶을 살았던 사도 바울은 삶에 대해 이렇게 말합니다.

22절, "그러나 만일 육신으로 사는 이것이 내 일의 열매일진대 무엇을 가릴는지 나는 알지 못하노라"

사도 바울은 그가 이 세상에 사는 것을 자기 일의 '열매'라고 말합니다. 과일 나무는 뿌리에서 수분을 빨아들이고 태양열을 광합성해서 상상할 수 없는 과실을 만들어 냅니다. 사람들이 과일 나무를 찾는 것은 바로 이 과실 때문입니다.

삶의 절정은 바로 열매를 맺는 것입니다. 사도 바울은 자기가 이 세상에 사는 이유가 아름다운 열매를 맺기 위함이라 말합니다. 바울은 이 세상에 하루하루 살면서 어느 누구도 흉내 낼 수 없는 아름답고 풍성한 삶을 만들어낼 것이라고 말합니다. 보통 사람들의 삶은 어떻습니까? 다른 사람들을 짓밟아야만 자기가 살기에 남을 물어뜯기에 여념이 없습니다. 이건 인간으로서 사는 것이 아니요 모든 사람에 본성에 내재한 동물적 야성으로 사는 것입니다. 이 세상은 남을 이기는 것을 성공이라 여깁니다. 이 탐욕과 욕심의 열매인 악을 거두며 더 심각한 악으로 치달아갑니다. 자기 본성대로 심고 그 악한 본성대로 거두다가 죄악 중에 죽는 것입니다.

사람들은 이 세상에 살면 살수록 더 많은 죄를 짓게 되어 있습니다. 인간 안에 선한 것이 조금도 없기 때문입니다. 죄 된 본성이 깊이 뿌리를 내리고 싹을 틔우면서 죄를 통해 광합성을 하며 자랍니다. 결국에는 인간의 인격 안에서 열매 맺어 인간 스스로 파멸에 이르게 합니다.

물론 사도 바울도 예수님을 만나기 전에는 죄의 열매를 맺는 사람이었습니다. 그는 죄를 지을 때도 담대하게 전면에 나서서 교회를 핍박했습니다. 예수 그리스도께서 그를 찾아오시지 않았다면 그는 상상할 수도 없는 악행을 저지르며 살았을 것입니다.

사울은 자기 열심에 빠져 다메섹으로 가다가 예수님을 만났습니다. 그 이후로 그의 뿌리가 바뀌게 되었습니다. 그는 과거의 자신을 예수 그리스도의 십자가와 함께 못 박았습니다. 그때부터 사울은 더 이상 사울이 아니라 새로운 이름을 얻었습니다. 바울이 된 것입니다. 이젠 그의 인격 안엔 새로운 성품이 자리를 잡고 자라기 시작합니다. 이제 그는 더 이상 돌무화과나무가 아닙니다. 참 포도나무이신 그리스도께 접붙여진 참 포도나무입니다. 그리스도와 더불어 살기만 하면 좋은 포도열매를 맺게 되어 있습니다. 어디서 무엇을 하든 의의 열매를 가득 맺을 수 있습니다. 이것이 바로 그리스도인들이 추구해야 할 삶의 정의입니다. 그리스도인들은 좋은 열매 맺는 나무이기에 의와 사랑의 열매를 주렁주렁 맺을 것입니다.

사도 바울은 '내 일의 열매'를 맺었습니다. 사도 바울 어디서 무엇을 하든지 전도의 열매가 있었고 부흥의 열매가 있었고 진리의 열매가 있었습니다.

하지만 열매 맺는 삶에서 그치지 않고 '무엇을 가릴는지 나는 알지 못하노라'라는 말에서 더 좋은 것을 발견합니다. 그것은 사는 것보다 더 좋은 것이 그의 눈앞에 나타났기 때문입니다. 그것은 바로 사도 바울 자신이 죽어서 주님과 같이 있는 것이었습니다. 바울은 지금 자기가 이 둘 사이에 꽉 끼어있다고 말하고 있습니다.

23절, "내가 그 두 사이에 끼였으니 떠나서 그리스도와 함께 있을 욕망을 가진 이것이 더욱 좋으나"

썩 괜찮은 두 남자가 한 자매에게 동시에 청혼을 했습니다. 두 사람 중 어느 한 사람도 포기할 수 없을 정도로 둘 다 아깝습니다. 그러나 그렇다고 해서 두 사람 모두 다 취할 수는 없습니다. 그때 바로 이런 표현을 쓸 것입니다. '지금 내가 두 남자 사이에 꽉 끼어 있다' 고 말입니다. 이럴 때 어떻게 해야 합니까? 결단을 내려야겠죠?

사도 바울은 죽음 이후에 그리스도와 함께 거할 것을 생각하니 너무 좋아서 삶과 죽음 사이에서 어떤 쪽을 택해야 할지 모르겠다고 말씀하고 있습니다. 바울이 죽음 예찬론자라서 이런 맘이 든 것이 아닙니다.

사실 그는 죽음을 두려워했습니다. 바울은 시위대 안에 있는 감옥에 이송되어 오면서 혹시 자신의 재판이 앞 당겨지는 것이 아닌지 두려워했습니다. 할 수만 있으면 죽음에 대해 생각하지 않으려고 애를 썼을 것입니다. 그러다가 어느 날 갑자기 바울의 마음속에 용기가 생기기 시작했습니다. 도대체 죽음이 무엇이기에 내가 이렇게 죽음을 두려워해야 하는가 하는 생각이 든 것입니다. 무조건 죽음을 피하려고만 할 것이 아니라 어차피 한 번 죽음을 거쳐야 한다면 죽음에 대하여 진지하게 생각해 보자는 것이었습니다.

여러분은 '죽음' 을 생각하면 가장 먼저 무엇이 생각납니까? 죽음의 고통이 떠오르지 않습니까? 그렇습니다. 죽음은 참으로 고통스럽습니다. 죽음의 고통이 이 세상에서 가장 큰 고통입니다. 어떻게 죽든지 죽는 것은 그 자체가 고통입니다. 죽음은 '나' 라는 존재가 더 이상 시간과 공간에 존재하는 않는 것입니다. 사람들의 기억에서 사라져가고 육체는 썩어서 이 땅의 거름이 될 것입니다.

사도 바울은 어느 날 자신의 죽음에 대하여 진지하게 추론하기 시작했습니다. 처음에 그도 죽음이 무섭고 두려웠습니다. 그런데 죽은 후를 생각해 보았습니다.

사도 바울이 죽고 난 후에는 어떻게 됩니까? 주님의 얼굴을 직접 눈으로 뵙게 될 것입니다. 죽음의 고통은 너무나도 잠깐이고 영원히 주님과 함께 있게 됩니다. 이것은 말할 수 없는 기쁨이고 영광이며 축복이었습니다. 이 세상의 어떤 행복이나 즐거움도 주님을 직접 만나는 것과는 비교할 수가 없었습니다.

여기서 사도 바울은 그것을 '욕망'이라고 표현합니다. 바울에게 주님을 만나는 것은 강력한 욕망이 되었습니다.

여러분은 죽음을 어떻게 생각합니까? 하나님을 모르는 사람들에게는 죽음은 모든 존재의 끝입니다. 모든 사람들에게는 죽음 자체가 고통스럽습니다. 그러나 죽음 이후에 더 말할 수 없는 고통이 있습니다. 바로 영원한 지옥의 심판입니다.

그러나 믿는 자에게 죽음은 주님을 만나는 것입니다. 우리는 천사들의 손에 이끌려서 지금 이 세상과는 비교할 수 없는 기쁨의 나라에 들어가게 됩니다. 우리는 영광으로 빨려 들어갈 것입니다. 거기서는 느끼는 기쁨은 여기서 맛보는 것과는 비교할 수 없고, 하나님을 향한 사랑과 신뢰도 끝이 없어서 여기서는 상상할 수도 없는 복을 누리게 됩니다.

우리가 죽는 것은 수영장에서 물미끄럼틀을 타는 것에 비유할 수 있습니다. 꼭대기에서 물미끄럼틀을 타고 내려가려고 하면 두렵고 떨리지만 미끄럼틀에 자신을 내맡기면 신나는 세상이 펼쳐지고 그 끝에는 먼저 간 성도들과의 감격적인 만남이 기다리고 있습니다.

사도 바울은 자신의 죽음을 진지하게 생각하면서 빌립보 교인들을 가장 많이 생각했습니다. 그들은 바울을 기다렸습니다. 바울이 자기들을 실망시키지 않을 것을 믿었습니다. 그렇게 힘없이 죽을 리가 없다고 확신했습니다. 반드시 살아서 그들을 만나러 올 것이라고 생각했습니다. 주님과 함께 있을 생각을 하며 죽음을 욕망하기도 했지만 빌립보 교인들의 사랑과 믿음을 생각하면 그렇게 기꺼이 죽을 수만은 없었습니다.

24절, "그러나 내가 육신에 거하는 것이 너희를 위하여 더 유익하리라"

그리스도의 얼굴을 마주할 생각에 죽음을 앞두고도 기쁨으로 충만했던 사도, 하지만 지상에 남은 성도들을 생각할 때 마냥 기쁘지가 않았습니다. 사도 바울은 빌립보 교인들을 생각하면서 이번에 죽지 않을지도 모른다는 확신을 가지게 된 것입니다.

25-26절, "내가 살 것과 너희 믿음의 진보와 기쁨을 인하여 너희가 무리와 함께 거할 이것을 확실히 아노니 내가 다시 너희와 같이 있음으로 그리스도 예수 안에서 너희 자랑이 나를 인하여 풍성하게 하려 함이라"

바울은 사는 것도 좋고 죽는 것도 멋지지만 빌립보 교인들을 생각하니까 이 세상에서 부흥을 일으키는 중요한 일이 남아있음을 알게 되었습니다. 빌립보 교회의 믿음의 진보와 기쁨을 위해서 할 일이 있다고 말하고 있습니다.

예수님은 이 세상에 천국을 가져오셨습니다. 그래서 우리는 죽지 않아도 천국을 경험할 수 있습니다. 이 땅에서 경험할 수 있는 최고의 천국은 부흥입니다. 사도 바울은 이 부흥을 위해서 자기가 이번에 살 것 같다고 확신하고 있습니다. 빌립보 교인들에게 다시 한 번 만나서 빌립보 교회의 부흥을 일으키자고 말하고 있는 것입니다. 이것이 죽는 것보다 더 큰 기쁨이기 때문입니다. 바울의 이 고백을 통해서 우리는 무엇에 힘쓰며 이 세상을 살아야 할지 분명히 알 수 있습니다.

우리는 그리스도 안에서 열매를 맺는 과일나무가 되었습니다. 이 세상에 사는 것을 두려워 할 필요가 없습니다. 살면 살수록 멋진 열매를 맺는 나무들이기 때문입니다. 우리는 죽음을 두려워 할 이유도 없습니다. 이 세상에 사는 것보다 더 멋진 것이 죽는 것입니다. 우리는 죽으면 영광의 나라에 들어가게 됩니다. 그래서 죽음을 욕망할 수 있지만 아직 살아 있는 한 우리가 꿈꿔야 할 것은 성도의 교제를 나누며 함께 부흥을 일으키는 것입니다. 살든지 죽든지 우리에게 주어진 시간을 낭비하지 맙시다. 서로 사랑하며 축복하며 하나님 나라의 부흥을 일으키는 데 남은 생애를 불사릅시다.

빌립보서 5

복음에 합당한 자세

(빌 1:27-30)

특정 직업에 종사하거나 어떤 지위에 있는 사람들에게는 특별한 옷을 입혀 그들의 신분을 구별하기도 합니다. 그 중에 가장 대표적인 사람이 의사입니다. 티셔츠에 청바지 차림으로 환자를 치료하는 의사는 생각하기 어렵습니다. 의사는 고유의 상징인 흰 가운을 입어야 환자도 믿고 자기 몸을 맡길 수 있습니다. 군인도 제복으로 자기의 신분과 계급을 나타냅니다. 군인은 아주 사적인 일을 볼 때만 빼고는 군복을 입습니다. 어디에 있든지 명령에 복종할 자세가 되어 있어야 하기 때문입니다. 그리고 몇몇 종교의 성직자들이 의복을 갖추는 경우도 있습니다. 예를 들어, 천주교에는 신부복과 수녀복이 있고, 불교에는 승복이 있습니다. 종종 기독교에서도 목사가 강단에 오를 때나 집례를 할 때 가운을 입기도 합니다. 이렇게 특별한 옷을 입은 사람들에게는 그 지위가 보장되는 만큼 특별한 책임이 요구됩니다.

의사는 환자의 생명을 책임감 있게 다루고 최선의 치료를 할 의무가 있습니다. 군인은 전시에 도망가지 않고 훈련한 대로 상부의 명령에 따라 싸워야 합니다. 성직자라면 자기가 따르는 종교적 규율을 잘 지키고 도덕적으로 모범을 보일 필요가 있습니다. 그리고 사회 구석구석 손이 미치지 않는 곳을 돌아볼 의무도 요구됩니다.

본문에서 사도 바울은 빌립보 교인들에게 복음에 합당한 생활을 하라고 권면합니다. 복음에 합당한 생활이라는 건 예수 믿는 사람으로서 합당한 삶이 있다는 뜻입니다.

그리스도인은 어떤 점에서 세상 사람들과 구별됩니까? 가장 눈에 띄는 모습은 아마도 식사할 때 기도하는 게 아닐까 합니다. 그리고 흔히 술, 담배를 안 하고 주일이면 교회에 나가는 것도 그리스도인이 다른 사람들과 구별되는 점입니다. 조상의 묘에서 절하지 않고 제상 앞에서도 절하지 않는 것도 다른 점입니다. 하지만 이런 모습을 보인다는 이유로 세상과 구별되는 건 아닙니다.

입으로는 예수를 믿는다고 하지만 실제로는 형식적으로 교회에 들락날락할 뿐인 사람들이 요즘에는 참 많습니다. 우리는 이렇게 이름뿐인 그리스도인들을 보며 개탄하기도 합니다. 어떤 사람은 교회에서의 모습과 직장에서의 생활이 전혀 딴판인 사람도 있습니다. 그래서 최근에 미국의 어떤 교회들은 교인들이 등록한다고 해서 무조건 교인으로 받아주는 것이 아니라 개별적으로 심층 면담을 해보고 진실한 신앙고백이 있을 때 교인으로 받아준다고 합니다. 물론 교회마다 진정으로 예수 믿는 표시로 학습이나 세례, 혹은 제자 훈련 과정 같은 것을 거치도록 하지만 이것조차도 형식적일 때가 많이 있습니다.

초대 교회 당시에는 예수 믿는 사람들끼리 서로 표시를 할 때 물고기 그림을 그렸습니다. 물고기는 헬라어로 '익투스' 라고 하는데 '예수 그리스도 하나님의 아들' 의 첫 머리 글자입니다. 그래서 한때는 교회 다니는 성도들이 자동차 뒤에 물고기 표시를 붙이고 다니는 것이 유행이었습니다.

예수 믿는 사람은 겉으로는 현저하게 표시가 나지 않을지라도 그 사람 안에 분명히 어떤 변화가 있는 사람입니다. 그래서 사도 바울이 '복음에 합당한 생활을 하라' 고 하는 것은 어떤 복장이나 십자가 같은 액세서리로 그리스도인이라는 것을 표시하라는 뜻이 아니라 내 속에 일어난 변화를 행동으로 나타내라는 뜻입니다. 예수 믿는 사람들에게는 반드시 신앙의 열매가 있어야 한다는 말입니다.

1. 복음에 합당한 것

::

사람들마다 그 사람에게 합당한 행동이나 처신이 있습니다. 부모님은 부모님에게 맞는 행동이 있고 선생님은 선생님으로서 마땅한 처신이 있을 것입니다. 예를 들어서 목회자가 전혀 목회자답지 못한 처신을 하고 다닌다면 사람들은 그를 불신하게 될 것입니다. 사도 바울은 그리스도인다운 행동이 있다고 말합니다.

27절, "오직 너희는 그리스도 복음에 합당하게 생활하라. 이는 내가 너희를 가보나 떠나 있으나 너희가 일심으로 서서 한 뜻으로 복음의 신앙을 위하여 협력하는 것과"

여기서 '그리스도 복음에 합당하게 생활하라' 에서 '합당하게 생활하다' 라는 말은 헬라어로 '폴리투에스테' 라는 단어인데 '시민다운 행동을 하다' 는 뜻을 가지고 있습니다. 옛날 로마 같은 도시에는 노예, 떠돌이 상인, 여행자, 시민들이 뒤섞여 살았습니다. 그 중에 로마 시민들은 대단한 자부심을 가지고 있었습니다. 그들은 자신들이 야만족이 아니며 또 노예가 아니라는 사실에 엄청난 자부심을 가지고 있었습니다.

사도 바울이 여기서 '너희는 그리스도 복음에 합당하게 생활하라' 는 말이 무슨 뜻입니까? 우리는 자기 자신이 그리스도인이라는 인식과 자부심을 가지고 또 그리스도인으로서 기대되는 행동 양식으로 생활을 하라는 뜻입니다. 여기서 바울은 '그리스도인의 인식' 을 강조합니다. '나는 그리스도인이다' 그리고 '내가 그리스도인이라는 사실은 세상의 그 어떤 것과도 바꿀 수 없는 축복이다' 라는 인식입니다.

사도 바울은 로마인들에게 편지를 쓰면서 '내가 복음을 부끄러워하지 않는다.' 라고 말했습니다. 로마인들은 자신이 세계 최강국인 로마 시민인 것을 너무도 자랑스럽게 생각했습니다. 바울조차도 자기가 로마 시민권을 가지고 있는 것을 나타냈을 정도입니다.

이 세상 제국의 시민인 것도 자랑거리가 되는데 하물며 천국 시민인 것이 얼마나 큰 자랑거리가 되겠습니까? 사도는 먼저 이런 인식을 전제로 하고 그리스도의 복음에 합당한 생활을 하라고 권하는 것입니다. 오늘날은 유감스럽게도 그리스도인들이 그리스도인으로서의 자부심이 높지 않습니다.

만약 세상에서 우리가 대기업을 다니고 의사나 판사나 변호사 같은 직업을 가지고 있다면 대단한 자부심을 가지고 있을 것입니다. 하지만 자신이 그리스도인이라는 것에 대해 자긍심을 가지지 못하는 것이 현실입니다. 심지어는 목사도 목사로서 자존감이 낮아질 대로 낮아진 것을 볼 수 있습니다.

구약의 이스라엘 백성들을 보십시오. 그들에게 있어서 '이스라엘' 이라는 이름은 야곱이 천사와 씨름을 해서 이기고 얻은 이름이었습니다. 특히 이 이스라엘이라는 이름은 하나님의 축복의 상속자라는 의미를 가지고 있었습니다. 이스라엘의 위대한 축복은 우리 신약 교회로 넘어오게 되었습니다. 과연 우리는 이 위대한 하나님의 백성으로서 얼마나 자부심을 가지고 있습니까?

여기서 '복음에 합당한 생활을 하라' 는 것은 겉으로 기독교인이라는 표시를 붙이고 다니라는 뜻이 아닙니다. 차에 물고기 표시를 붙인다든지 혹은 옷에 십자가 장식을 단다든지 아니면 예수 십자군처럼 등에 큰 십자가 표시를 붙이는 것을 의미하지 않습니다. 사도 바울이 말하는 것은 우리가 그리스도인이라면 반드시 우리 안에 변화가 있다는 것입니다. 바울은 그 열매를 겉으로 나타내라고 촉구합니다.

세례 요한은 겉으로는 하나님을 믿는 것처럼 하면서 실제로는 아무 신앙의 열매가 없는 유대인들을 향해서 '회개에 합당한 열매를 맺으라' 고 외쳤습니다. 당시 가장 신앙이 좋다고 자부심을 가지고 있었던 바리새인들을 향하여 '독사의 자식들아' 라고 하면서 '너희 자신을 아브라함의 자손이라고 하지 말라. 하나님은 이 돌들로도 능히 아브라함의 자손을 만들 수 있다' 고 말했습니다. 말하자면 그들이 발에 차이는 돌보다 더 가치가 없다는 뜻입니다.

예수님은 좋은 나무에 좋은 열매가 맺힌다고 말씀하셨습니다. 우리가 진정으로 속사람이 변화되었다면 그것이 열매로 나타나야 하는 것입니다. 그렇다면 우리 그리스도인에게 가장 중요한 변화는 무엇일까요?

일단 우리는 하나님의 살아계심을 믿습니다. 그래서 그리스도인들에게 우상과 미신 같은 영적인 거짓은 통하지 않습니다. 그리스도인들은 다른 것은 몰라도 하나님이 아닌데 하나님이라고 부를 수는 없습니다. 이것은 어린아이들에게 자기 엄마가 아닌 사람에게 아무리 엄마라고 부르라고 시켜도 엄마라고 안 하는 것과 같습니다. 그리스도인들은 아무리 황제나 제우스신상이라 하더라도 그것이 돌 조각에 불과하다는 것을 알기 때문에 그 앞에서 예를 표하지 않습니다.

그뿐만 아니라 그리스도인들은 자신들이 늘 하나님 앞에서 부족한 죄인이라는 것을 압니다. 그래서 그리스도인들은 겸손합니다. 그리고 그리스도인들은 하나님께서 모든 것을 보고 계신다는 것을 알기 때문에 함부로 거짓말을 하거나 음란한 짓을 하거나 다른 사람을 욕하거나 저주하지 않습니다.

그리스도인들은 예배를 드리거나 하나님의 말씀을 듣는 데 열정을 가집니다. 그것이 바로 내 영적인 양식이고 가장 행복한 시간이기 때문입니다. 예수 믿는 사람들은 하나님을 찬송하고 기도의 능력을 덧입습니다. 이것은 세상 사람들이 가장 두려워하는 것입니다.

사도 바울이 복음에 합당한 생활을 하라고 하는 것은 한 순간에 우리가 모두 성자가 되라는 말이 아닙니다. 이것은 하나님께서 우리에게 주신 축복을 자랑스럽게 생각하고 부끄러워하지 말라는 뜻입니다. 이렇게 하기만 해도 그리스도인들은 충분히 그리스도인 본연의 모습을 나타낼 수 있습니다.

하나님께서는 구약의 이스라엘 백성들에게 '율법'을 주시고 죄를 씻는 '성전'을 주셨습니다. 시간이 지나자 이스라엘 백성들은 이것을 부끄러워하고 우상을 더 좋아했습니다. 사실 하나님께서 이스라엘 백성들에게 주신 두 가지는 최고의 보물이었습니다. 그러나 그들은 이 보물들을 우상으로 바꾸고 세상의 자랑으로 바꾸었기 때문에 망하고 말았습니다. 하나님께서 우리에게 주신 '말씀'과 성전인 '교회'는 보물 중의 보물입니다. 우리는 이것을 내 생명보다 더 귀하게 생각해야 합니다.

2. 신앙을 위한 협력

::

세상 사람들은 우리가 예수를 믿기만 하면 인격적으로 완전한 성자가 된 줄로 생각하지만 우리는 여전히 부족한 사람들입니다. 아직은 생각하고 말하고 행동하는 것이 너무나 부족합니다. 어떤 때에는 신앙은 없지만 훌륭한 인격을 지닌 사람들보다 행동이나 마음가짐이 못할 때가 많습니다. 사실 우리는 성자이기 때문에 예수를 믿는 것이 아니라 죄인이기 때문에 믿는 것입니다.

어쩌면 다른 사람들보다 훨씬 더 고쳐져야 할 부분이 많기 때문에 예수를 믿는지도 모릅니다. 하지만 세상은 우리가 성자처럼 살 것을 기대합니다. 남을 위해 희생하는 삶을 살라고 요구합니다.

어떤 사람은 될 수 있으면 자기가 그리스도인인 것을 밝히지 않으려고 합니다. 괜히 밝혔다가 혹시라도 기대에 못 미치는 행동을 하거나 잘못을 저지르면 하나님의 영광을 가리면 어쩌나 하는 두려움 때문입니다. 우리는 모두 아직 빚어지는 중입니다. 예수님을 닮기에는 갈 길이 먼 사람들입니다. 그래서 우리는 아직 하나님보다는 마귀를 닮은 것 같을 때가 더 많습니다.

세상이 우리에게 거는 기대 때문에 주눅들 필요가 없습니다. 세상 사람들에게 솔직하게 고백하십시오. "우리를 보고 하나님을 생각하지 마세요. 조금씩 하나님을 닮아가는 중이랍니다."

그리스도인들 중에 다른 무엇보다 인간관계 때문에 고민하는 사람들이 많습니다. 신앙이 너무 내면화 되다보니까 사회에서 인간관계도 비사교적인 예가 많은 것이 사실입니다. 예수 믿기 전에는 세상 사람들과 잘 어울려 놀았는데, 주님을 알고 난 후에는 세상이 생소하게 느껴집니다. 방금 석방된 죄수처럼 사회에 적응이 잘 안 됩니다. 이런 현상은 아직 신앙이 어릴 때 이야기입니다. 우리가 신앙적으로 성숙해 간다면 인간관계에서도 그런 어려움을 상당부분 극복할 수 있을 것입니다.

하지만 갓 태어난 아이처럼 신앙이 어릴 때는 사실 자기 자신만을 추스르기도 힘든 처지입니다. 이때에는 마치 자폐증에 걸린 아이처럼 관계를 피하고 대화조차도 힘들어 할 때가 있습니다. 우리가 가진 신앙의 배타적인 성격 때문에 더더욱 그렇습니다.

하지만 일정 기간 이런 과정을 거치고 점점 신앙 안에서 인격이 자라면서 성숙한 그리스도인이 되어 갑니다. 더 많은 사람을 품을 수 있는 넓은 사람, 그 어떤 두려움이나 아픔도 담아둘 수 있는 깊은 사람으로 빚어집니다.

29절, "그리스도를 위하여 너희에게 은혜를 주신 것은 다만 그를 믿을 뿐 아니라 또한 그를 위하여 고난도 받게 하심이라"

예수 믿는 것 안에는 일단 지금까지 친숙했던 모든 사람들과 모든 환경에서 차단되는 과정이 포함되어 있습니다. 복음에는 은혜만 있는 것이 아닙니다. 복음에는 나를 사랑하던 모든 것과 분리되는 아픔이 있고 고통이 있습니다. 이런 아픔이 없으면 그는 아직 그리스도인이 아닙니다. 우리는 결코 다 된 사람들이 아닙니다. 그것을 내 자신도 인지하고 있어야 하고 때때로 다른 사람들도 알게 할 필요가 있습니다.

우리의 신앙이 온전해 지기 위해서 우리는 반드시 함께 모여야 합니다. 그래서 사도 바울은 빌립보 교인들이 다른 성도들과 마음을 같이 하는 것이 특히 중요하다고 말합니다.

27-28절, "이는 내가 너희를 가보나 떠나 있으나 너희가 일심으로 서서 한 뜻으로 복음의 신앙을 위하여 협력하는 것과 아무 일에든지 대적하는 자를 인하여 두려워하지 아니하는 이 일을 듣고자 함이라"

여기서 '일심으로' 라는 말은 원어 그대로 직역하면 '한 영으로' 라는 뜻이고 '한 뜻으로' 라는 말은 '한 혼으로' 로 번역할 수 있습니다. 결국 이것은 같은 뜻입니다. 축구 경기를 할 때 선수들은 모두 한 영으로 열심히 자신의 포지션을 지키고 최선을 다하여 상대방의 골문을 두드립니다. 모두 한 영이고 한 뜻입니다. 배구 시합을 봐도 여섯 명의 선수들이 완전히 한 덩어리가 되어서 수비도 하고 공격도 합니다.

이렇게 '일심으로' 그리고 '한 뜻으로' 서서 협력해야 하는 이유가 뭘까요? 그것은 우리가 이미 개인이 아니고 한 팀이 되었기 때문입니다. 그래서 그리스도인들은 어느 사람이 잘 하면 모두 칭찬을 듣고 어느 한 사람이 욕을 먹으면 모두 기가 죽게 되는 것입니다.

우리 그리스도인들이 함께 모이면 우리 가운데 예수님의 영이 임하십니다. 마치 예수님께서 갈릴리에서 제자들과 함께 계시면서 말씀을 가르치시고 병자도 고치시며 귀신도 좇아내셨던 것처럼 오늘 우리가 모일 때도 같은 능력을 주십니다. 단지 우리는 두 가지를 전제로 해야 합니다. 하나는 반드시 말씀 중심으로 모여야 합니다.

예수님은 너희가 내 안에 있고 내 말이 너희 안에 거하면 무엇이든지 구하라고 말씀하셨습니다. 우리가 주님 안에 있다는 것은 주님의 말씀이 우리 안에 있는 것을 말합니다. 그래서 우리는 반드시 말씀 중심으로 모여야 합니다. 그러면 우리는 우리 외에 다른 한 분이 우리 안에 계신 것을 체험하게 될 것입니다.

우리가 세상을 이길 수 있는 비결은 말씀과 교회입니다. 그리고 또 하나는 서로 겸손한 것입니다. 세상에서는 상대방을 꺾으면 내가 최고가 될 수 있습니다. 그래서 할 수 있으면 자기가 최고가 되려고 합니다. 교회는 그런 세상 이치로 다스려지는 곳이 아닙니다. 주님은 세상 이치로 교회를 다스리지 않습니다.

하나님은 가난하고 겸손한 자들과 함께 하십니다. 그래서 우리는 서로를 대할 때 이기려고 하거나 꺾으려고 해서는 안 됩니다. 우리는 서로를 볼 때 한 사람 한 사람 안에 있는 주님의 모습을 보고 예수님을 대하듯 해야 합니다. 나이가 드신 장로님을 나이가 드셨다고 무시하는 것이 아니라 예수님을 대하듯이 하고 나이 어린 자매를 볼 때에도 예수님을 대하듯이 하고 활동적인 성도님을 볼 때에도 예수님을 대하듯이 하면 벌써 분위가 달라집니다. 주의 이름으로 모인 곳에서는 마음이 뜨거워지고 상한 심령이 치료되는 성령의 감화가 있습니다.

제게도 같은 경험이 있습니다. 하나님으로부터 혹독하게 연단을 받으면서 마음이 굳어져 있었는데, 교회 성경공부 모임에서 마음이 열리는 경험을 했습니다. 저보다 나이가 많은 자매들과 함께 모임을 가졌는데, 그분들은 제게 완벽한 것을 요구하지 않고 있는 모습 그대로를 받아주었습니다. 거기서 저는 위선의 탈을 벗고 조금씩 자신감을 가지기 시작했습니다. 나중에는 많은 사람들 앞에 서도 떨리지 않게 되었습니다. 교회에서나 집에서 실수가 용납되는 분위기는 참으로 중요합니다. 누군가 한 사람이 작은 실수를 했을 때 벌떼처럼 덤벼들어서 공격을 한다면 그들은 교만한 자들이며 결코 하나님의 은혜를 받지 못할 것입니다.

3. 세상에서의 핍박

::

세상은 예수 믿는 사람들을 이상하게 싫어합니다. 아무리 겸손히 행하고 잘해주려고 해도 받아주지도 않고 오히려 공격할 때가 있습니다. 왜 그럴까요? 신자와 불신자 사이에는 근본적인 차이가 있기 때문입니다.

28절, "아무 일에든지 대적하는 자를 인하여 두려워하지 아니하는 이 일을 듣고자 함이라 이것이 저희에게는 멸망의 빙거요 너희에게는 구원의 빙거니 이는 하나님께로 난 것이니라"

가장 중요한 이유는 소속이 다르다는 점입니다. 세상 사람들은 그들이 하나님의 형상을 가지고 있기는 하지만 아직 마귀에게 매여 있고 죄에 매여 있어서 하나님 자체를 싫어합니다. 믿지 않는 사람들의 영은 하나님을 싫어하는 영입니다. 그러나 우리는 이미 죄에서 벗어나고 마귀에게 벗어나서 하나님의 자녀가 되었습니다. 이것을 세상 사람들이 자기도 모르게 느끼고 거부반응을 가지는 것입니다.

하나님을 믿지 않는 자들에게는 인간이 최고입니다. 그래서 모든 것을 인간을 위해서 하고 인간을 높이는 것이 최고로 가치 있다고 생각합니다. 그리스도인들은 하나님을 알기 때문에 하나님을 높이고 인간들이 하나님을 믿고 높이는 것이 더 인간적이라고 이야기 합니다. 그러나 세상 사람들은 하나님을 높이는 것은 인간을 깎아 내리는 것이며 신의 노예가 되게 한다고 생각합니다.

세상 사람들은 하나님의 진리와 능력을 믿지 않습니다. 그런데 예수 믿는 사람들은 세상 사람들이 인정할 수 없는 세계에 대해 확신합니다. 더욱이 세상 사람들이 이뤄놓은 것을 예수 믿는 사람들은 인정해주지 않습니다.

그래서 세상 사람들이 예수 믿는 사람들을 바보 같다고 생각할 때가 많습니다. 자기 자신에 대하여 변명도 안 하고 약삭빠르게 처세하지도 않기 때문에 세상 사람들은 예수 믿는 사람들을 우습게 여기는 경향이 있습니다. 세상 권세는 이 땅의 그리스도인들을 뒤흔들 수 있습니다. 하지만 그리스도인들이 세상을 두려워하지 않을 이유가 있습니다.

믿지 않는 자들을 충분히 이해할 수 있기 때문입니다. 예수를 믿지 않는 자들은 하나님을 믿을 수 없고 예수 믿는 사람들이 이상하게 보일 수밖에 없습니다. 심지어는 사도 바울 같은 사람도 예수님을 만나기 전에는 예수 믿는 사람들을 잡아 가두고 핍박을 했었습니다. 우리 자신들도 예수 믿기 전에는 예수 믿는 것이 이해가 되지 않았고 미친 사람들처럼 보였습니다. 우리는 예수 믿지 않는 사람들을 두려워 할 필요가 없습니다. 지금 그들의 모습이 과거 내 자신의 모습이기 때문입니다.

사도 바울은 이런 박해나 핍박이야말로 멸망과 구원의 빙거라고 말 하고 있습니다. 여기서 '빙거' 라고 하는 것은 확정적인 증거를 말하는 것입니다. 즉 우리가 이 세상에서 정상적으로 믿음 생활을 한다면 다른 사람들의 미움을 받을 수밖에 없고 또 핍박을 당할 수밖에 없다는 뜻입니다. 우리는 결코 이 세상 사람들이 아니기 때문입니다. 우리의 시민권은 하늘에 있습니다. 예를 들어서 우리가 다른 나라에 살고 있으면 그 나라 사람들과는 무엇인가 다르다는 것을 느낄 것입니다. 마찬가지로 우리는 결코 이 세상 사람들과 같을 수 없습니다.

그리스도인은 이 세상에서 나름대로 잘 적응해 보려고 노력을 함에도 불구하고 이 세상과 갈등관계에 빠질 수밖에 없습니다. 이럴 때 우리는 오히려 기뻐해야 합니다. 내가 구원받은 백성이며 나의 시민권이 하늘에 있는 증거이기 때문입니다.

특히 이들을 두려워하지 않아도 되는 것은 하나님께서 허락하시지 않으시면 나의 머리털 하나도 땅에 떨어지지 않기 때문입니다. 이 핍박도 하나님께서 허락하신 만큼만 내게 미치게 될 것이며 타협하거나 굴복한다고 해서 없어지지 않습니다.

30절, "너희에게도 같은 싸움이 있으니 너희가 내 안에서 본 바요 이제도 내 안에서 듣는 바니라"

사도 바울은 빌립보 교인들이 빌립보 안에서 황제 숭배 문제로 핍박받는다는 것을 알게 되었습니다. 그래서 실제로 바울 자신이 로마에서 당한 것도 결국은 바로 그 싸움이라는 것입니다. 원래 바울은 이방인들에게 복음을 전한다고 해서 유대인들의 고소를 당했습니다. 그런데 바울이 로마에 오면서 문제는 결국 기독교가 황제를 인정하느냐, 하지 않느냐 하는 문제로 발전이 되고 있었습니다. 결국 우리는 이 세상에서 누가 참 하나님이시냐 하는 문제로 판단을 받게 되는 것입니다.

우리 성도들은 이 세상에서 다양한 일을 하면서 살아가고 있습니다. 학생, 기업가, 교수, 주부 등등. 우리의 일이 이렇게 다양한 것은 그만큼 하나님의 나라가 광범위하다는 것을 보여줍니다. 그러나 우리는 다 같은 싸움을 싸우고 있습니다. 그것은 모두 하나님을 부정하는 불신앙과 죄악에 대한 싸움입니다.

최근 우리나라에는 사회적으로 반기독교적인 정서가 많이 팽배해졌습니다. 이것을 뒤에서 부추기는 것이 바로 사탄의 세력입니다. 우리는 나 혼자라는 생각을 버리고 복음을 위해서 협력해야 합니다. 그 중에서 최고로 강력한 것이 영적인 부흥을 일으키는 것입니다.

우리는 지금 모든 영적 싸움이 다 끝났다고 생각하면 안 됩니다. 사탄은 더 교묘한 방법으로 하나님의 영광을 깎아내리면서 인간을 높이려고 하고 있습니다.

우리가 사회를 교묘하게 선동하는 사탄의 세력을 이기려면 성령의 불바람이 불어야 합니다. 교회의 불덩어리 같은 기도의 힘은 돈이나 세상의 어떤 권력과도 환산할 수 없는 어마어마한 능력입니다. 우리는 부흥의 불을 꺼트려서는 안 됩니다. 우리가 함께 말씀으로 모여서 지금 있는 이 부흥을 열배나 더 뜨겁게 만들어서 다시는 사탄이 이 나라를 혼란시키지 못하도록 지킬 수 있기를 바랍니다.

빌립보서 6

그리스도의 마음

(빌 2:1-11)

축구나 야구 같은 단체 경기가 우승을 하기 위해서는 선수 한 사람 한 사람의 기량도 중요하지만 더 중요한 것이 팀 전체가 한 마음이 되는 것입니다. 그래서 감독에게 가장 어려운 문제는 선수들 중에 튀는 선수를 길들여서 팀과 하나 되게 하는 것이라고 합니다.

사람들은 모두 자기 나름의 개성이나 특성을 가지고 있습니다. 우리 사회가 이렇게 풍성하고 다양한 것은 사람들의 재능이나 생각이 그만큼 다양하기 때문입니다. 그러나 이렇게 다양한 재능이나 특성들이 아름답게 조화되려면 그것을 하나로 묶는 정신이 있어야 합니다. 예를 들면, 도덕심이라든지 시민의식이나 윤리 같은 것이 있어야 할 것입니다. 만일 사람들이 모두 다 자기 개성대로 옷을 입지 않고 다닌다든지 혹은 보는 사람들마다 때린다거나 욕을 한다면 그것은 도저히 아름다운 삶이 되지 못할 것입니다.

오케스트라는 현악기, 관악기, 타악기 등 아주 다양한 음색을 가진 악기들로 구성됩니다. 특히 베토벤 교향곡 9번 '합창' 같은 경우에는 사람의 목소리까지 합세를 합니다. 이렇게 다양한 악기와 사람의 목소리가 웅장한 교향곡이 될 수 있는 건 연주자들이 악보와 지휘자의 인도를 따라서 서로 음이 어우러지도록 소리를 내기 때문입니다.

어떤 조직이든 조직이 추구하는 하나의 가치와 사상을 따르도록 교육합니다. 특히나 군대 같은 경우에는 강한 훈련을 시켜서 군인들이 일사분란하게 움직이도록 합니다. 만약 군인들의 마음이 하나가 되지 않으면 막상 전쟁이 터졌을 때 그 군대는 전멸을 하게 될 것입니다.

사도 바울은 교회도 하나가 되어야 한다고 말합니다. 그런데 말이 쉽지 교회만큼 다양한 생각과 개성을 가진 사람들이 모이는 곳도 없습니다. 교회에는 공부를 많이 한 지식인들도 있고 그렇지 못한 사람들도 있습니다. 돈이 많은 사업가들도 있고 가난한 사람들도 있습니다. 예수를 믿게 된 배경도 제각각이요, 교회에 바라는 점도 다 다릅니다. 이렇게 생각하면 교인들의 생각이 하나 되는 것은 어려울 것 같습니다. 우리는 기억해야 합니다. 교회를 하나 되게 하는 건 우리 자신이 아니요 예수 그리스도시라는 사실입니다. 교인들이 진리로 하나가 될 때 같은 신앙을 고백하고 이로써 폭발적인 부흥이 일어나게 됩니다.

처음 교회를 개척했는데, 교인들의 생각이 어쩌면 그렇게 다양한지, 그리고 목사에게 바라는 것도 어쩌면 그렇게 제각각인지 참 난감했습니다. 교인들 중에는 자기가 원하는 대로 되지 않는다고 불평하고 교회를 떠나는 사람들도 있었습니다. 그러나 모든 것을 제쳐두고 계속 하나님의 말씀만 전했습니다. 처음에는 성도들의 마음이 모두 황무지의 모래와 같아서 아무리 말씀을 부어도 밑으로 다 새어 버리고 남는 것이 없었습니다. 그러나 꾸준히 몇 년간 하나님의 말씀을 전하니까 어느 순간 전 교인들이 마음이 하나가 되었습니다. 온 교인이 하나님의 말씀을 사모하는 마음으로 하나가 되었을 때 교회에 폭발적인 부흥의 역사가 나타나게 되었습니다.

1. 교회는 말씀으로 하나 된다

::

우리는 각자가 예수를 잘 믿으면 그만이지 굳이 교회라는 틀 속에서 하나 될 필요가 있느냐고 생각하기 쉽습니다. 사실 우리 한 사람 한 사람이 예수 믿고 구원받는 것보다 더 중요한 것은 없습니다. 이것은 틀림없는 사실입니다. 그러나 하나님께서는 우리 믿는 자들에게 상상할 수 없는 복을 주셨습니다. 믿는 자들이 말씀과 성령으로 하나가 될 때 하나님이 함께 하시는 성전이 되는 복입니다. 우리 한 사람 한 사람이 예수를 믿는 것이 질그릇을 빚는 흙 한 알갱이라면 우리가 함께 모여서 하나가 될 때 성령을 담는 그릇이 되는 것입니다. 이 안에 하나님은 성령을 채워주셔서 기도가 응답되게 하시고, 병이 치료되게 하시며, 모든 신령한 하늘의 복이 채워지게 하십니다. 죄의 불이 용광로 같이 들끓고 있는 이 세상에서 죄를 이기고 믿음으로 승리하려면 반드시 진리로 하나가 돼야 합니다.

그래서 하나님께서는 이스라엘 백성들이 출애굽해서 광야로 나왔을 때 성전을 짓게 하시고 성전 중심으로 하나 되게 하셨습니다. 바로 이것이 이스라엘 백성들이 무려 사십년 동안 광야에서 죽지 않고 살아남은 비결이었습니다. 더욱이 이스라엘 백성들은 광야에서 그냥 살아남기만 한 것이 아니라 핵실험보다 더 무서운 실험에 성공했습니다. 그것은 하나님을 자기들 안에 모시는 것이었습니다. 예수님께서는 자신의 육체 안에 하나님의 모든 능력을 담지하고 오셨습니다. 예수님이 십자가에 위에서 살이 찢기실 때 그의 신성과 능력이 우리에게 부어지게 되었습니다. 예수님은 우리에게 약속하시기를 '두세 사람이 내 이름으로 모인 곳에 나도 함께 있겠다' 고 하셨습니다. 그리고 우리가 말씀으로 하나 되기만 하면 우리가 구하는 모든 것을 다 이루어지게 하시며 성령을 부어주시겠다고 약속하셨습니다.

하나님께서는 아브라함에게 하늘의 복을 약속하셨습니다. 이 복은 이스라엘을 거쳐 교회로 넘어오게 되었습니다. 우리가 진리로 하나 되기만 하면 아브라함과 이스라엘이 약속받은 모든 복은 우리의 기업이 됩니다.

우리는 각자가 개성이 강해서 하나 되기가 참 힘든 존재입니다. 그런데 하나님의 백성들에게는 놀라운 비밀이 하나 있습니다. 하나님의 백성들이 말씀으로 하나가 될 때 주님이 우리 안에 계시며 하나님의 강력한 능력이 부어지게 된다는 것입니다. 하나님의 말씀으로 지속적으로 권면하고 가르치면 우리는 하나 될 수 있습니다.

1절, "그러므로 그리스도 안에서 무슨 권면이나 사랑에 무슨 위로나 성령의 무슨 교제나 긍휼이나 자비가 있거든"

신약 시대의 놀라운 특징 중 하나가 하나님의 말씀이 폭발적으로 임하는 것입니다. 말씀의 홍수 시대라고 해도 과언이 아닙니다. 말씀을 접할 수 있는 방법도 참으로 다양해서 맘만 먹으면 언제라도 말씀을 듣고 공부할 수 있습니다. 이런 방편을 사용해서 교회가 말씀을 받고 나눌 때 더욱 견고하게 하나가 될 수 있습니다.

바울이 말한 '그리스도 안에서 무슨 권면'은 설교를 가리킵니다. 교회를 하나 되게 하는 것은 인간적인 친분 관계가 아닙니다. 교회는 말씀으로 하나 됩니다. 교회가 하나님의 말씀을 지속적으로 듣게 될 때 교회는 같은 생각으로 하나가 됩니다.

특히 복음을 듣는 것이 중요합니다. 복음이라고 하는 것은 하나님께서 우리 같은 죄인을 위하여 하나님의 독생자를 십자가에 죽게 하셨다는 것입니다. 하나님의 말씀 중에서 가장 강력한 힘을 가지는 것이 바로 복음 설교입니다. 교회에서 복음을 설교할 때 이미 구원받은 성도들도 다시 한 번 감동하게 합니다. 그리고 아직 구원받지 못한 자는 예수를 구주로 영접합니다. 그 복음 앞에서 믿는 자들은 하나가 될 수밖에 없습니다. 이 복음으로 말미암아 교회는 계속 열정을 유지하며 새 생명을 얻는 영혼들도 계속해서 생기게 됩니다.

하지만 교회에서 분명한 복음과 진리가 선포되지 않으면 교회는 느슨해집니다. 말씀이 없는 상태에서 교회를 하나로 만들려고 할 때는 어쩔 수 없이 인간적인 권위를 사용하게 되는데 그때 교인들은 권위에 억눌려서 상처를 많이 받게 됩니다. 또는 교회를 더 결속시키기 위해서 인간적인 친분 관계나 사업을 벌이기도 하는데, 이는 인본주의가 교회에 들어오는 길을 내는 것입니다.

사탄은 교회 안에 말씀의 능력이 미약해진 틈을 타서 교회를 무너뜨리려고 합니다. 교회는 언제나 하나님의 말씀으로 하나가 되어야 합니다. 교회에 하나님의 말씀이 지속적으로 증거 되면 모두 하나님의 생각으로 충만해지게 되어 있습니다. 사탄은 말씀으로 하나 된 교회를 시기하고 이간질하려고 갖은 애를 다 쓰지만 소용이 없습니다. 이미 목회자나 교인들이 견고한 진리의 끈으로 묶여서 하나가 되어 있기 때문입니다. 교회가 말씀으로 든든히 서서 하나 될 때 부흥은 타오르기 시작합니다.

바울은 말씀과 함께 사랑의 위로를 언급합니다. 강단에서 선포되는 말씀과 함께 지체들 사이에서도 서로 진리의 권면과 위로가 오갈 수 있습니다. 특히 이런 개인적인 위로나 권면들은 구체적이고 인격적이기 때문에 연약한 지체들에게 도움이 됩니다.

성도에게는 언제나 하나님의 위로가 필요합니다. 하나님 나라 백성으로서 이 세상에 발 딛고 살아갈 때 사탄의 공격을 피할 수 없기 때문입니다. 우리는 예수를 믿으면서 과거의 혈기와 나쁜 본성들을 다 버렸고 시류를 따라 흘러가지 않기로 결정했습니다. 세상의 법칙을 따라 살지 않으니까 세상 권세에 괴롭힘과 위협을 당하면서 여기저기 찢기고 상한 상처들이 생기게 되었습니다. 이 상처를 가지고 교회에 나올 때 성도들이 함께 모여서 하나님의 말씀으로 위로하고 권면하면 우리는 하나님이 주시는 위로와 치료를 경험하게 됩니다. 이때 개인적으로 진리를 잘 깨닫지 못하거나 아직 진리에 대하여 확고하지 않던 사람들이 조금씩 진리에 뿌리를 내리기 시작합니다. 마치 어린 아이들이 자랄 때 부모의 개인적인 관심이나 돌봄이 아이들의 인격에 큰 도움이 되는 것과 같습니다. 교회 안에는 이런 개인적인 관심이나 돌봄이 필요한데 이것도 모두 하나님의 말씀으로 해야 하는 것입니다.

교회 안에는 특히 약한 자들이 있습니다. 약한 자들이라고 하는 것은 경제적으로 어렵거나 혹은 여러 가지 이유로 실수하거나 잘못을 저지른 사람들을 말합니다. 교회가 세상과 다른 점은 이런 약한 자들을 품고 사랑하는 것입니다.

본문에서 '성령의 교제' 라고 하는 것은 성령께서 주신 여러 가지 은사들을 서로 나누는 것을 말합니다. 예를 들어서 배가 바다를 항해하려고 하면 여러 가지 기술을 가진 사람들이 필요할 것입니다. 갑판에서 일하는 사람도 필요하고 기관실, 조타실, 식당 등에서 일하는 사람도 있어야 합니다. 마찬가지로 우리 믿는 자들은 단순히 이 세상에 정박한 자가 아닙니다. 우리는 험한 죄의 바다를 항해합니다. 그래서 교회 안에는 많은 은사들이 필요합니다. 우리는 그것을 믿음으로 지혜 있게 잘 나누어서 도움을 받아야 합니다. 특히 교회 안에는 물질적으로 어려운 자들을 위해서 서로 돕는 것이 필요합니다.

예수님께서는 들판에서 오천 명의 무리들이 굶주렸을 때 하늘에서 떡이 내려오게 하신 것이 아니라 한 소년이 바친 물고기 두 마리와 보리떡 다섯 개로 기적을 행하셨습니다.

우리 한 사람 한 사람이 자기 가진 것을 하나님의 것으로 알고 기쁨으로 내어놓을 때, 하나님께서 그 위에 물 붓듯이 복을 부어주십니다. 누구나 자기 소유를 내놓는 것을 아까워 합니다. 자기의 시간, 돈, 물건 모든 것이 아깝습니다. 하지만 하나님의 사랑에 미치면 전혀 아깝지 않게 됩니다. 우리가 내 것을 내어놓을 때 어려운 사람들이 도움을 받게 되고 그것이 수백, 수천 배의 열매를 맺게 됩니다.

그래서 중요한 것은 '긍휼과 자비의 마음' 으로 하는 것입니다. 우리는 교회에서 누군가를 도울 때 나의 부를 과시하거나 어떤 사업을 하듯이 해서는 안 됩니다. 성령이 주시는 감동에 따라서 선한 청지기의 심정으로 교회를 섬겨야 하는 것입니다.

2. 마음으로 하나가 되어야 한다

::

우리는 교회가 하나가 된다고 할 때 거대한 조직으로써 하나 되는 것을 생각하기 쉽습니다. 하지만 우리는 교회가 이 세상의 거대 조직처럼 이해관계와 정치적 알력을 바탕으로 하나가되었을 때 어떤 일이 일어나는지 교회의 역사를 통해 알고 있습니다. 하나님에게 도전할 정도로 강력한 권력을 생산하고 섬기기보다는 지배하는 조직으로 변질됩니다. 아무리 교회라는 이름으로 모였다지만 아직까지는 모두 죄성을 가진 인간들이 하는 일이기 때문입니다. 그래서 사도 바울은 우리가 제도적으로 하나 될 것이 아니라 마음으로 하나가 되라고 권면합니다.

인간의 몸은 다양한 지체와 기관으로 되어 있습니다. 그런데 우리 몸을 하나 되게 하는 것은 몸 전체를 돌고 있는 혈관이고 피입니다. 우리 몸에는 구석구석까지 혈관과 신경조직이 연결되어 있어 몸 구석구석까지 생명의 신호를 전달합니다. 교회에서 혈관과 신경의 역할을 하는 분이 바로 성령님이십니다.

모든 교회는 예수 그리스도의 진리를 믿는 믿음 위에 서 있습니다. 우리가 예수를 주로 믿을 때 우리는 모두 한 성령 안에서 하나가 됩니다. 기독교인들은 다양한 국적과 민족과 언어를 쓰면서도 만나면 서로 뭔가 소통이 되는 것을 느낍니다. 우리 안에 같은 성령님이 계시기 때문입니다. 우리 안에 같은 진리의 영이 계시고 같은 겸손의 영이 계시기 때문에 우리가 하나된 것을 알 수 있습니다. 그러나 서로 믿는 진리가 다르면 우리는 결코 하나 될 수 없습니다.

최근 우리나라에서는 천주교와 불교가 많이 가까워지고 있습니다. 그러나 천주교와 불교는 믿는 기초가 다릅니다. 믿는 것이 다르면 그 영도 다른 법입니다. 그리고 신앙고백이 다르면 영적으로 소통할 수 없습니다. 그럼에도 뭔가 통하는 것처럼 행동하는 것은 위선입니다.

복음주의는 성경을 하나님의 말씀으로 믿고, 예수님을 하나님의 아들로 믿습니다. 복음주의자들 안에는 같은 영이 있습니다. 물론 기독교 안에서도 교파마다 주장하는 것이 조금씩 다르지만 한 성령 안에서 우리는 형제요 자매입니다. 그래서 한 하나님을 함께 예배할 수 있습니다. 그러나 믿는 것이 다른 자들은 영이 다르고 함께 예배드릴 수도 없습니다.

2절, "마음을 같이하여 같은 사랑을 가지고 뜻을 합하며 한마음을 품어"

사도 바울은 빌립보 교회를 향하여 '마음을 같이 하라' 고 권면합니다. 그리고 덧붙여서 '같은 사랑을 가지고 뜻을 합하여 한 마음을 품으라' 고 말합니다. 이것은 아주 강조하는 표현입니다.

예수를 믿은 후에도 우리는 여전히 교만해서 쉽게 다른 사람들에게 내 자신을 굽히거나 맞추려고 하지 않습니다. 특히나 개인적인 신앙에만 치중한 사람들은 예수님만 믿으면 그만이라고 생각하기 때문에 다른 사람에게 내 자신을 복종시킬 필요를 느끼지 못할 때가 많습니다. 하지만 우리가 진정 예수 그리스도를 사랑한다면 서로 사랑하지 않을 수가 없을 것입니다.

아무리 뜨겁게 연애를 해도 결혼 전에는 각자의 삶을 삽니다. 하지만 결혼과 동시에 각자의 생활 패턴을 포기하고 서로 맞춰가면서 하나가 되어야 합니다. 때론 손해 보는 것 같고 상대를 이해할 수 없을 때도 있지만 서로 하나가 되어 가면서 위대한 사랑의 힘이 나타나게 됩니다.

그래서 '마음을 같이 하라' 는 말씀은 중요한 진리는 절대 양보하지 말고 사소한 부분은 믿음으로 맡기라는 뜻입니다. 우리가 다른 사람과 모든 부분에서 일치할 것을 요구받는다면 결코 하나 될 수 없을 것입니다. 하지만 그리스도를 믿는 믿음과 그분의 사랑으로 일치할 수 있습니다. 엄마의 사랑을 생각해보십시오. 엄마는 아이보다 훨씬 위대하지만 사랑으로 아이에게 모든 것을 맞춥니다. 그러니까 아이는 안심할 수 있는 것입니다. 예수님은 우리 한 사람 한 사람을 존중하셔서 우리에게 당신의 뜻을 억지로 강요하지 않으시고 우리가 깨닫기까지 인내하십니다.

성경은 우리에게 무조건 고개를 숙이라고 말하지 않습니다. 하나님의 뜻에 복종하라고 말합니다. 어떤 목소리가 큰 한 사람을 중심으로 맞추는 것은 진정한 의미에서의 하나 됨이 아닙니다. 우리는 예수님을 중심에 두어야 합니다. 예수님을 중심에 둔다는 건 결국 말씀 중심으로 하나가 되는 것을 뜻합니다.

제자들은 예수님이 살아계셨을 때에도 서로 높아지려고 많이 다투었습니다. 어느 날은 제자들이 너무 싸우니까 예수님께서 어린 아이 하나를 가운데 세우시고 이 어린아이같이 되지 않으면 천국에 들어가지 못한다고 말씀하기도 하셨습니다. 제자들 중에 요한이나 야고보는 성격이 급해서 별명이 우뢰의 아들이었습니다. 베드로도 성격이 급했고 말 실수가 많았습니다. 예수님의 제자들 중에는 운동가도 있었습니다. 그러나 그들은 다 하나가 되었습니다. 예수님의 사랑이 그들을 하나 되게 했기 때문입니다.

더 기쁜 소식은 하나님의 말씀이 인간을 변화시킨다는 사실입니다. 우리가 다른 사람을 억지로 바꿔보려고 애쓸 필요가 없습니다. 누구나 하나님의 말씀을 붙들고 순종하면 성령님께서 그를 가장 아름다운 모습으로 만들어주십니다. 그래서 우리는 다른 성도를 내 마음에 맞게 만들 필요가 없습니다. 오직 그를 말씀과 성령에 맡기면 되는 것입니다. 가장 가까이에 있는 자녀들조차도 부모의 의도대로 할 수 없습니다. 아이들을 내 뜻대로 만들려고 애쓰기보다는 하나님께서 그 아이들을 빚어 가시고 키우실 것을 믿고 맡기십시오. 정말 변해야 할 존재는 '나' 입니다. 다른 사람은 진리의 성령께 부탁하십시오.

우리가 무슨 공통점이 있어서 교회에 모였습니까? 우리는 전혀 닮은 꼴이 아닙니다. 예수님이 아니었다면 서로 서로 알 수도 없고 알 필요도 없는 사람들입니다. 그런데 우리는 예수님 때문에 하나가 되었습니다. 그 이유 하나만으로도 우리는 다른 모든 차이를 극복할 수 있습니다.

침몰하는 배안에 갇혔다가 온갖 고생을 다 한 후에 함께 구조된 두 사람이 있다고 합시다. 한 사람은 백인이고 다른 한 사람은 흑인입니다. 사실 그들은 서로 공통점이 전혀 없습니다. 하지만 죽음의 고비를 함께 넘겼기에 미묘한 동지의식이 생겼을 것입니다. 우리도 죽음의 고비를 함께 넘었습니다. 영원한 멸망에서 건짐을 받았습니다. 이 사실만으로도 우리는 얼마든지 하나가 될 수 있습니다. 다른 차이들은 아주 사소한 것에 불과합니다.

진정한 사랑은 상대를 있는 그대로 인정해줍니다. 그가 있는 모습 그대로 아름다울 수 있도록 도와주는 것이 사랑입니다. 내가 좀 손해를 볼 수 있습니다. 내가 준 만큼 돌려받지 못할 수 있습니다. 그러더라도 격려해주고 축복할 때 그리스도의 사랑이 우리 안에서 풍성하게 드러날 것입니다.

3절, "아무 일에든지 다툼이나 허영으로 하지 말고 오직 겸손한 마음으로 각각 자기보다 남을 낫게 여기고"

다툼이나 허영으로 일을 한다는 것은 자기 이름을 내기 위해서 잘난 체 한다는 말입니다. 그렇게 하면 어떻게 됩니까? 일은 잘해낼 수 있겠지만 영적으로는 아무 유익이 없습니다. 자기 자신에게도 유익이 없고 다른 사람에게도 유익이 없습니다. 오히려 소리만 요란할 뿐이지 어떤 열매도 맺을 수 없습니다. 하나님께서 함께 하시지 않기 때문입니다. 오히려 그 일을 하고 난 후에 더 마음이 답답하고 마음이 불편해집니다.

지금 내가 하고 있는 일에 주님이 함께 하시는 것을 어떻게 확인할 수 있습니까? 내 마음이 참으로 겸손하고 나의 부족을 인정하고 있다면 주님이 함께 하시는 것입니다.

마찬가지로 우리의 모임에 주님이 함께하신다면 우리는 서로 겸손하고 나보다 남을 낫게 여길 것입니다. 주님이 함께 하시는 모임에는 놀라운 감동이 있습니다. 주께서 모인 자들에게 기쁨을 주시고 그들을 치료하시고 위로하십니다.

4절, "각각 자기 일을 돌아 볼 뿐 더러 또한 각각 다른 사람의 일을 돌아보아 나의 기쁨을 충만케 하라"

교회 구성원들은 각자의 소임에 충실해야 합니다. 여기에 덧붙여 성도들은 다른 사람의 일도 돌아보아 전체적으로 교회가 균형을 유지하도록 하는 일도 잊지 말아야 합니다.

다른 사람의 일을 돌아보라는 말은 자기 위주로 생각하지 말고 전체적인 입장에서 한번 생각해 보라는 것입니다.

3.예수님의 낮아지심

::

사도 바울은 빌립보 교인을 향하여 우리가 세상적인 마음을 품어서는 안 되고 예수님의 마음으로 하나가 되어야 한다고 말합니다.

5절, "너희 안에 이 마음을 품으라. 곧 그리스도 예수의 마음이니"

예수님의 마음은 어떤 마음입니까? 예수님은 하나님의 아들이시며 영원히 영광 가운데 계시기에 합당한 분이신데 우리를 사랑해서 낮아지시고 죽기까지 하셨습니다. 예수님의 생애를 보면 정말 바보 같다는 생각을 하게 될 것입니다. 예수님은 얼마든지 높아지시고 유명해지실 수 있었는데 그렇게 하지 않으셨습니다. 예수님은 정말 바보처럼 사시고 바보처럼 죽으셨습니다. 예수님은 자기의 모든 권리와 지위를 포기하셨습니다. 우리를 사랑하신다는 이유 하나로 말입니다.

6절, "그는 근본 하나님의 본체시나 하나님과 동등됨을 취할 것으로 여기지 아니하시고"

예수님은 근본이 하나님이셨습니다. 여기에 보면 '하나님의 본체'라는 말이 나옵니다. 예수님의 본질이 하나님이라는 말입니다. 이 세상에 있는 모든 것은 다 하나님의 손에 의해서 만들어진 피조물입니다. 우주도 하나님의 피조물이요 위대한 영웅들도 피조물이요 심지어는 천사들도 피조물입니다. 그러나 오직 하나님의 아들만 피조물이 아니셨습니다. 이 세상에 있는 모든 것들, 그리고 천상에 있는 모든 것들이 전부 하나님의 피조물이지만 예수님만은 피조물이 아니라 하나님 자신이셨습니다. 예수님은 결코 하나님에 의해서 창조되지 않으셨습니다. 예수님은 모든 면에서 하나님과 똑같은 분이셨습니다.

여기서 '본체'라는 말은 헬라어로 '몰페'라고 하는데 7절에 나오는 '종의 형체'와 같은 단어입니다. 그래서 잘못 생각하면 예수님이 하나님의 본질을 버리고 사람의 본질을 취했다고 번역하기 쉽습니다. 그러나 예수님은 아무리 인간이 되셨어도 하나님의 본질을 버리신 것은 아닙니다. 예수님은 하나님이시면서 진정한 인간이 되신 것입니다.

여기서 '몰페'는 영어의 '패션'에 해당됩니다. 그런데 이 '패션'은 우리가 생각하는 패션과는 완전히 반대되는 개념입니다. 우리가 보통 '패션 쇼'를 하는 것을 보면 모델이 계속 다른 옷으로 갈아입고 나옵니다. 이것은 진정한 패션이 아닙니다. 진정한 패션은 어떤 사람이 자기의 신분에 맞는 복식을 갖춘 것을 말합니다. 여기서 성경은 예수 그리스도에 대하여 그는 근본 '하나님의 패션'을 하고 있었다고 소개하고 있습니다. 이것은 그의 자격과 신분을 의미합니다. 어쩌다가 하나님 역을 맡은 것이 아니라 그는 진정으로 하나님이셨고 하나님의 신분에 맞는 존재 양식으로 계셨습니다.

그런데 예수님은 '하나님과 동등됨을 취할 것으로' 여기지 아니하셨습니다. 여기서 중요한 단어가 '취한다'라는 단어입니다. 이것은 쉽게 번역하면 '탈취한다', 혹은 '움켜쥔다'는 말입니다. 여러 학자들이 이 단어의 의미에서 대해 고민했습니다. 그리스도가 하나님의 아들이시라면 하나님과 동등됨을 탈취하거나 움켜쥘 필요가 어디 있느냐 하는 것입니다.

그리스도는 그 영광된 지위를 빼앗길 이유가 전혀 없었습니다. 사탄처럼 무슨 죄를 지었거나 잘못을 해서 영광을 탈취당한 것이 아닙니다. 군대를 예로 설명한다면, 군대에서는 어떤 잘못을 하면 계급장을 다 떼고 이병 제대를 시킵니다. 그리스도가 그 영광의 신분과 지위를 버리신 것은 무엇인가 잘못이 있었기 때문이 아닙니다. 오히려 그는 당연히 그 지위와 신분을 영원히 누릴 수 있었습니다. 그는 얼마든지 고집스럽게 자신의 신분을 고수하실 수 있었습니다. 그런데 예수님이 그 영광의 신분과 지위를 버리셨습니다. 하나님 아버지께 대한 사랑 때문에, 우리를 향한 사랑 때문에 그렇게 하셨습니다.

예수님은 단지 아버지의 뜻을 기계적으로 이루어 드리기 위해 이 땅에 내려오신 것이 아닙니다. 만일 그리스도께서 우리를 사랑하시지 않았다면 그분의 본체적인 지위와 신분을 버리지 않으셨을 것입니다. 그리스도는 얼마든지 이 길을 피할 수 있었습니다. 그러나 예수님은 아버지의 뜻을 이루어드리기 위하여 그 높은 하나님의 아들이란 지위와 특권을 버리셨습니다. 예수님은 얼마든지 영원히 영광스러울 수 있었습니다. 그러나 예수님은 인생들이 살고 있는 밑바닥으로 굴러 떨어지셨습니다. 무슨 잘못을 저지른 것도 아니고 실수를 한 것도 아닙니다. 오직 예수님은 우리를 사랑하셨고 하나님의 뜻을 이루어드리고자 하셨습니다. 우리가 생각하기에 정말 바보 같은 짓을 한 것입니다.

7절, "자기를 비어 종의 형체를 가져 사람들과 같이 되었고"

여기서 중요한 것은 예수님이 비우셨다는 것입니다. 예수님은 어느 정도까지 자기를 비우셨습니까? 어떤 이단들은 그리스도가 자신의 신성까지 버리셨다고 주장합니다. 아무리 자신을 비운다고 하더라도 비울 수 없는 것이 있습니다. 그리스도가 사람의 모양으로 오셨다 하더라도 그는 하나님이십니다. 단지 자신이 누리던 영광과 능력과 지위에 스스로 제한을 두셨을 뿐입니다.

본문에서 '종의 형체'라 함은 예수님이 진정으로 인간이 되신 것을 의미합니다. 예수님은 일시적으로 인간처럼 흉내를 내신 것이 아니었습니다. 예수님은 정말 인간이 되시기 위해서 여인의 몸에 잉태되셨고 태어나셨고 인간처럼 성장기를 거치셨습니다. 시공에 매이실 수 없는 분께서 인간이 되셔서 인간과 똑같은 제약을 받으셨습니다. 먹고 배설하고 쉬어야 살 수 있는 인간의 생체리듬을 모두 경험하셨습니다. 인간의 욕망과 정욕을 고스란히 느끼셨고 모든 통증과 아픔을 겪으셨습니다. 태어 난지 하루 만에 어른이 되거나 혹은 이틀 만에 헬라어나 히브리어를 유창하게 하신 것이 아닙니다. 예수님은 지혜에 있어서도 성장과정을 거치셔야 했습니다. 진정으로 사람이 되신 것입니다.

8절, "사람의 모양으로 나타나셨으매 자기를 낮추시고 죽기까지 복종하셨으니 곧 십자가에 죽으심이라"

여기서 중요한 것은 그가 자기를 낮추셨다는 것입니다. 원어의 의미에 충실하게 해석하면 겸손하게 하셨다는 뜻입니다. 예수님은 겸손하게 순종하여 죽기까지 복종하셨습니다. 그리스도께서 죽으신 이유가 무엇입니까? 인간이 자기를 창조하신 하나님을 무시하고 자기 마음대로 산 죄의 값이 죽음이기 때문입니다. 합당한 자격을 가진 자가 죽음을 당하지 않으면 하나님의 손상된 의는 회복되지 않습니다.

인간들은 모두 죽을 죄에 빠져 있습니다. 아무도 하나님을 모릅니다. 어렴풋이 신의 존재를 감지하지만 그 짧은 지식도 온통 오류 투성이입니다.

그리스도께서는 죽음을 자처하셨습니다. 스스로 죽음을 택하셨습니다, 그것도 그냥 곱게 죽는 것이 아니라 가장 저주스러운 죽음을 택하셨습니다. 예수님은 죽으실 수가 없는 분이셨습니다. 하나님께서 어떻게 죽으실 수가 있습니까? 영원한 생명의 근원이신 그분이 어떻게 죽으실 수 있습니까?

예수님은 아무 잘못한 것도 없이 모든 죄의 누명을 다 뒤집어쓰시고 죽임을 당하셨습니다. 그 죽음은 너무나도 굴욕스러웠습니다. 너무나도 비참하고 고통스러웠습니다. 그러나 예수님의 그 죽으심이 우리를 죄에서 자유하게 하셨기에 우리는 하나님의 자녀가 되었습니다.

하나님께서는 애굽의 노예로 잡혀있던 이스라엘 백성들을 돈 한 푼 받지 않고 구원하셨습니다. 그러고 나서 요구하신 것이 서로를 형제자매처럼 생각하라고 하셨습니다. 서로 피붙이나 다름없으니 살인하지 말고, 간음하지 말고, 도적질하지 말고, 거짓말하지 말고, 남의 것을 탐내지 말라고 말씀하셨습니다. 이 모든 계명을 지키면 영원히 가나안의 복을 누릴 것이라고 하셨습니다.

우리도 마찬가지입니다. 하나님은 우리를 구원하시면서 어떤 것도 요구하지 않으셨습니다. 단 한 가지 계명을 주셨을 뿐입니다. “서로 사랑하라.” 이 계명을 지켜 행하면 우리는 영원한 하나님 나라의 복을 누릴 수 있습니다. 그러기 위해서는 한 가지 관문이 남아있습니다. 바로 자기를 죽이는 것입니다. 그래야 사랑할 수 있기 때문입니다.

사랑하는 여러분, 자기를 죽이는 이 시험을 잘 통과하십시오. 그리고 그리스도께서 당신을 내어주심으로 우리에게 보여주신 사랑을 서로 나누십시오. 그렇게 우리가 서로 사랑할 때 그리스도의 능력과 복이 우리와 함께할 것입니다.

Philippians-Colossians

빌립보서 7

그리스도의 위치

(빌 2:9-14)

미국 대통령

오바마는 케냐 국적의 흑인 유학생의 자녀로 태어나서 어려운 어린 시절을 보냈습니다. 그의 어머니가 인도네시아인과 재혼을 하는 바람에 인도네시아에 살기도 했습니다. 그는 외할머니 손에서 크면서 농구에 미치기도 했고 마리화나에 손을 대기도 했습니다. 그러나 그는 어느 순간 자기 인생을 이런 식으로 허비할 수 없다고 생각하면서 열심히 공부해서 로스쿨을 졸업합니다. 그리고 돈을 많이 벌 수 있는 변호사의 길을 포기하고 시카고의 빈민을 위해 일하다가 미국 최초의 흑인 대통령이 되었습니다. 방황하던 흑인 소년을 미국의 대통령까지 되게 한 힘은 무엇이었을까요? 물론 그의 의지도 대단했고 시대적인 요청이 있기도 했지만 가장 중요한 것은 하나님께서 그에게 기회를 주셨다는 것입니다.

하나님은 사람을 높이기도 하시고 낮추기도 하시며 사람을 살리기도 하시고 죽게도 하십니다. 때때로 하나님은 악한 자들을 들어서 쓰실 때도 있고 하나님을 믿지 않는 자들에게 큰 권력을 주실 때도 있습니다.

하지만 확실한 건, 하나님은 열정적으로 하나님을 사랑하며 목숨을 걸고 하나님을 뜻대로 사는 자에게 존귀와 영광을 주신다는 사실입니다. 그런데 전혀 그렇지 않은 것처럼 보이는 것이 현실입니다. 우리는 지금 이 세상에서 보이는 지위나 권력이 전부라고 생각해서는 안 됩니다. 우리 눈에 보이는 것보다 훨씬 더 높은 지위와 권력이 있기 때문입니다.

하나님께서는 하나님을 사랑하고 죽기까지 하나님의 말씀에 순종하신 하나님의 아들 그리스도에게 두 가지 놀라운 일을 행하셨습니다. 그리스도를 죽은 자 가운데서 다시 살리시고 지극히 높은 자리에 앉게 하신 것입니다.

우리가 알아야 할 것은 하나님의 행위는 단 한번 일어나지만 그 효과는 영구적이라는 사실입니다. 하나님께서는 온 세상을 단 한번에 창조하셨지만 그 효과는 영구적으로 지속되고 있습니다. 마찬가지로 예수님은 이 세상에 오셔서 단 한번 죽으셨지만 그 죽음의 효과는 영구적입니다.

우리 인간들에게 죽음은 모든 것의 끝을 의미합니다. 아무리 높은 지위에 있는 사람일지라도 그 어떤 영웅이나 지식인들도 한 번 죽으면 모든 것이 끝장나고 맙니다. 세익스피어의 햄릿에 이런 장면이 나옵니다. 혀 하나로 세상을 울리고 웃기던 입담꾼이 죽어 땅에 묻히게 됩니다. 그는 햄릿이 잘 아는 사람이었습니다. 햄릿은 그의 시신이 땅에 묻히는 것을 보며 이런 생각을 합니다. 이제 그가 가지고 있던 모든 재능은 사라지고 평생 배불리 먹어 찌운 살은 구더기가 파먹고 결국 구멍 뚫린 해골만 남게 되었더라는 것입니다.

그러나 하나님 앞에서는 이 세상과 다른 법칙이 있습니다. 하나는 사망을 이기는 법칙이고 다른 하나는 존귀의 법칙입니다. 하나님 앞에서 죄가 전혀 없는 사람이나 천사는 죽음을 이기게 되어 있습니다. 원래 사망이라고 하는 것은 죄 때문에 생긴 것이기 때문입니다. 그래서 전혀 죄가 없는 사람은 사망이 붙들어 둘 수가 없습니다.

예수님은 우리 모든 인간들의 죄를 짊어지고 십자가에 못 박혀 죽으셨습니다. 그렇지만 예수님은 전혀 죄가 없었기 때문에 죽음이 예수님을 붙들어 둘 수가 없었습니다. 예수님은 돌아가신 지 사흘 만에 영원히 죽지 않는 몸으로 살아나셨습니다. 그리고 다음으로 존귀의 법칙이 적용되었습니다.

하나님 앞에서 가장 높은 자는 하나님과 다른 사람을 위하여 자신의 것을 가장 많이 버린 사람입니다. 예수님께서는 우리 죄인들을 위해서 가장 많은 것을 버리셨습니다. 그래서 하나님께서는 예수님을 우주에서 가장 높은 지위에 올리셨습니다.

그래서 오늘 우리 믿는 자들이나 믿지 않는 자들에게 가장 중요한 것은 과연 예수님이 어떤 위치에 있느냐 하는 것입니다. 예수님이 갈보리 십자가 위에서 못에 박혀서 비참하게 죽으심으로 모든 것이 다 끝나버렸느냐, 아니면 지금 최고의 통치자로 살아계시느냐 하는 문제입니다. 여기에서 모든 사람들을 놀라게 하는 점은 예수님이 지금 최고의 통치자로 이 세상의 전권을 쥐고 계신다는 사실입니다. 단지 예수님은 상당한 권력을 각 나라의 통치자들에게 위임해서 행사하시기 때문에 사람들은 그 사실을 잘 느끼지 못할 뿐입니다.

1. 그리스도를 지극히 높이심

::

9절, "하나님이 그를 지극히 높여 모든 이름 위에 뛰어난 이름을 주사"

이 세상에는 지위가 높은 사람도 있고 낮은 사람도 있습니다. 이렇게 이 세상에 권력이 있는 것은 세상의 질서를 유지하기 위해서입니다.

한 나라의 국민은 그 나라의 법에 의해 다스림을 받습니다. 그런데 이 세상 전체를 다스리는 법이 있으니, 바로 '사망의 법' 입니다. 죽음 앞에서는 지위고하를 막론하고 모든 인간이 공평합니다. 누구든지 죽으면 자기가 가졌던 모든 지위와 소유를 내려놓고 땅에 묻혀야 합니다. 인간은 죽음 앞에서 무기력합니다. 모든 사람이 죄의 종이기 때문입니다.

예수님은 사망을 이기신 유일한 사람이셨습니다. 아무리 위대한 인물도 죽음 앞에서는 맥없이 스러졌습니다. 이 세상엔 무죄한 자가 없기 때문입니다. 그러나 예수님은 죄가 없으셨고 스스로 하나님의 말씀에 철저하게 복종하셨습니다. 그 결과 예수님은 죽음을 이기셨습니다.

하나님께서는 이런 예수님에게 높은 지위를 주셨는데 이 세상의 모든 권력자나 천사나 천사장보다 높은 최고의 지위에 오르게 하셨습니다. 사람들은 이 지위를 보지 못했습니다. 이 세상을 너머에서 일어난 일이기 때문입니다. 그러나 이것은 인류 역사상, 아니 우주의 역사상 가장 위대한 일이었습니다.

예수님이 죽으시고 부활하셔서 다시 하나님의 아들 자리에 오르실 때 그는 홀로 오르지 않으셨습니다. 모든 믿는 자들을 데리고 하나님 보좌 우편에 앉으셨습니다. 예수님은 혼자 영광의 자리로 복귀하신 것이 아니라 우리 믿는 자들의 대표로서 그 자리에 오르셨습니다. 그리고 예수 그리스도는 지금까지 하나님 아버지가 통치하시던 통치권을 물려받으시게 되셨고 장차 온 세상을 심판하실 권한까지 받으시게 되었습니다. 영권과 통치권과 재판권을 다 가지신 것입니다.

그래서 9절에 "하나님이 그를 지극히 높여 모든 이름 위에 뛰어난 이름을 주셨다"고 말씀하십니다. 예수 그리스도는 낮아지셨다가 다시 높아지시면서 새로운 이름을 얻게 되셨습니다. 바로 이 새로운 이름은 예수님의 지위를 나타내는 이름입니다.

예수님은 죽음에서 살아나심으로 우리들의 '주'가 되셨습니다. 여기서 '주'라는 이름은 단순히 높은 분이나 주인이라는 뜻이 아닙니다. 그리스도는 죽음에서 부활하심으로 하나님의 지위를 회복하심과 동시에 우리의 대표자가 되셨습니다.

예수 그리스도는 하나님의 아들로서 육체가 없는 영이셨습니다. 그래서 우리 인간들과는 직접적인 관계를 가질 수 없었습니다. 그러나 죽음에서 부활하시고 하늘에 올라가심으로 영원히 몸을 가지셨고 우리들의 머리가 되셨습니다.

그리스도는 원래 하나님이셨습니다. 지극히 높은 분이셨습니다. 그는 우리를 사랑하셨지만 우리는 그의 사랑을 받을 수 없었습니다. 결국 예수님은 우리에게 당신의 사랑을 보여주시기 위해 하나님의 아들이란 영광스런 지위를 버리고 인간이 되셨고 우리의 모든 죄를 대신하여 십자가 위에서 죽으심으로 우리로 새 사람이 되게 하셨습니다.

그리스도는 우리를 다시 낳으신 것입니다. 그래서 그리스도는 '주'라고 하는 위대한 이름을 얻으셨습니다. 가장 비참한 희생으로 가장 절망적이던 우리 인간들을 구원하셨기에 '주'의 이름은 가장 존귀한 이름입니다. 그래서 하나님 앞에서는 '주'라는 이름만 대면 무조건 통과하게 되어 있습니다. '주' 라는 이름 앞에는 천국문도 열리고 기도의 문도 열리고 축복의 문도 무한정으로 열리게 됩니다.

우리와 주님은 한 몸입니다. 주님은 우리의 고통을 한 몸으로 느끼고 계십니다. 그리고 주님의 모든 것은 우리의 것입니다. 우리가 행복하지 않으면 주님은 행복하실 수가 없습니다. 우리가 풍성해질 때 주님도 풍성해지십니다.

2. 온 세상을 다스리는 주가 되심

::

두 번째로 그리스도께서는 온 세상을 다스리는 통치권을 얻으셨습니다.

10절, "하늘에 있는 자들과 땅에 있는 자들과 땅 아래 있는 자들로 모든 무릎을 예수 이름에 꿇게 하시고 모든 입으로 예수 그리스도를 주라 시인하여 하나님 아버지께 영광을 돌리게 하셨느니라"

하나님께서 창조하신 세계는 지금 우리가 보는 것과 같은 무질서한 세계가 아니었습니다. 온 세계는 마치 오케스트라가 지휘자 중심으로 통일되어 있는 것처럼 그리스도 중심으로 통일되어 있었습니다. 모든 세계가 한 입으로 하나님을 찬양하고 그분께 영광을 돌렸습니다. 그 중심에 있는 지휘자는 그리스도였습니다. 그러나 인간이 죄를 지음으로 이 모든 조화와 질서가 깨트려지게 되었습니다. 이 세상은 무질서와 혼동으로 가득하게 되었습니다.

그러나 하나님께서는 온 세상을 다시 아들 중심으로 통일시키는 계획을 가지셨습니다. 이 계획에 걸림돌이 하나 있었는데, 바로 인간이었습니다. 다른 것들은 얼마든지 다시 만들 수 있습니다. 그러나 하나님께서는 우리 인간들을 그냥 멸망시키는 것을 원치 아니하셨습니다. 하나님께서는 사람들을 사랑하시고 아끼셨습니다. 그래서 하나님께서는 아들과 약속하셨습니다. 아들이 인간의 죄를 대신한다면 아들의 이름을 믿는 자는 누구든지 구원해주시며 이 세상을 아들의 손에 맡기겠다고 말입니다. 하나님께서는 죽기까지 순종한 아들에게 온 세상을 다스리고 심판하는 권세를 함께 주셨습니다.

예수 그리스도가 십자가위에서 죽으셨다가 부활하셨다는 소식은 온 우주에 가장 충격적인 소식이었습니다. 베드로 사도는 이 놀라운 소식이 지옥에 있는 영들에게도 전파되었다고 말합니다. 단지 이 세상 사람들만 모르고 있을 뿐입니다. 지옥에 있는 영들도 '드디어 그가 이 엄청난 일을 행하셨구나. 이제 우리는 확실히 멸망했다' 고 자인하지 않을 수 없게 되었습니다.

그러면 왜 그리스도께서는 이 세상의 모든 악한 세력들을 당장 심판하시지 않으십니까? 그것은 아직 하나님께 돌아올 자들이 있기 때문입니다. 만일 그리스도께서 하나님을 인정하지 않는 자들을 당장 심판해 버리면 아직 돌아오지 못한 자들이 다 망하게 될 것입니다. 우리 교회만 보더라도 그리스도께서 몇 년 전에 심판하셨더라면 멸망당했을 자들이 많이 있을 것입니다.

그래서 그리스도는 전 세계의 통치권을 지금 있는 통치자들에게 그대로 위임하시고 예수님은 교회에 말씀의 능력과 성령의 능력을 부으셔서 부흥을 일으키는 일을 중점적으로 하고 계십니다. 그래서 이 세상의 정권을 누가 잡고 누가 장관이 되고 총리가 되느냐 하는 것은 예수님에게는 별로 중요하지 않습니다. 예수님에게 중요한 것은 부흥이 일어나서 많은 사람들이 죄를 깨닫고 하나님께 영광 돌리는 삶으로 돌아오는 것입니다. 지금 복음에 복종하지 않는 자는 나중에 심판을 받음으로 하나님을 인정하게 될 것입니다. 하지만 때는 늦습니다.

11절, "모든 입들이 예수 그리스도를 주로 고백한다"

이것은 모든 악의 세력들도 다 예수를 믿는다는 뜻이 아닙니다. 결국 지금 믿지 않는 자들도 나중에는 그리스도의 권세에 복종하게 된다는 말입니다.

그러면 지금은 누가 이 세상을 다스리고 있습니까? 부활하신 주님이 다스리고 계십니다. 그가 통치하심으로 달라진 것이 무엇입니까? 악한 자는 더 악하게 내버려두시고 선한 자는 하나님께로 돌아오게 된 것입니다. 앞으로는 악이 더욱 성행할 것입니다. 그 가운데서 주님은 성령으로 자기 백성들을 지키시고 구원하십니다.

예수님은 멸망할 자는 더 멸망으로 가게 하시고 하나님께로 돌아 올 자는 돌아오게 하십니다. 지금 사람들은 자기들이 하고 싶은 데로 다 하면서 살고 있습니다. 인간이 욕망하면 모두 다 실현되는 세상입니다. 그래서 자신들의 심판을 더욱 더 무겁게 하고 있으며 자신들의 심판의 불을 더 뜨겁게 만들고 있습니다.

3. 그리스도인들의 자세

::

예수님께서 이렇게 높은 지위에 오르셨고 또 절대적인 권력을 가지게 되셨다면 예수를 믿는 우리들은 어떤 자세로 이 세상을 살아야 할까요? 어느 나라든지 대통령이 새로 당선되고 나면, 그와 함께했던 정치 동지들이 장관이나 요직을 차지하게 됩니다. 이런 인사 때문에 인재가 제대로 등용되지 못하는 것은 안타까운 현실입니다. 그러나 예수님은 아주 높은 자리에 오르시면서 우리 믿는 자들에게 좋은 자리를 주시지 않고 이 세상에서 가장 낮은 자리에서 섬기도록 하셨습니다.

12절, "그러므로 나의 사랑하는 자들아 너희가 나 있을 때 뿐 아니라 더욱 지금 나 없을 때에도 항상 복종하여 두렵고 떨림으로 너희 구원을 이루라"

오늘 예수 믿는 우리들은 예수님이 가장 높은 자리에 오르셨다고 해서 오만방자하게 살아서는 안 됩니다. 오히려 우리는 두렵고 떨리는 자세로 우리의 구원을 이루어나가야 합니다.

여기서 우리는 모순된 진리를 발견하게 됩니다. 예수님이 죽음에서 부활하심으로 구원을 이루셨음에도 우리는 마치 그 구원이 불완전한 구원인 것처럼 이루어나가야 한다는 진리입니다. 이처럼 구원에는 두 가지 측면이 있습니다. 구원은 하나님의 선물이며 이미 주어진 것이 맞습니다. 하지만 앞으로 이루어가야 하는 것이기도 합니다.

우리가 구원을 받았다는 말에는 우리가 멸망의 위기에 처해 있었다는 뜻입니다. 마치 조난을 당한 사람들이 구조대를 만난 것만으로 구조될 수 있는 게 아니라 구조대의 말에 절대 복종하고 서로 협력하면서 조심스럽게 산을 내려와야 완벽하게 구조를 받았다고 할 수 있는 것과 같습니다.

우리가 그리스도를 알고 믿었다는 것은 이미 구원을 받아 놓은 것이나 마찬가지입니다. 하지만 아직 우리는 이 세상에 살고 있기에 죄의 유혹과 정욕을 피할 수 없습니다. 이제부터 우리는 한 걸음 한 걸음을 주님의 말씀대로 움직여야 합니다.

그래서 구원 안에는 구원받은 백성으로 살아야 할 책임이 있습니다. 그것은 우리가 이 세상을 살면서 더 이상 내 욕심대로 살지 않고 하나님의 말씀대로 살아야 합니다.

본문을 보면 '두렵고 떨림으로' 구원을 이루라고 말씀합니다. 이것은 결코 우리가 구원을 쉽게 생각해서는 안 되고 함부로 행동해서도 안 된다는 뜻입니다. 우리는 전문가의 지시를 받아서 지뢰밭을 지나가듯이 신중하고 조심스럽게 한 걸음 한 걸음 옮겨야 합니다.

또한 주님은 서로에게 복종을 하라고 말씀하십니다. 왜 서로 복종해야 할까요? 우리가 서로 돕고 피차 복종할 때 하나님의 아름다움이 더 크게 나타나기 때문입니다.

하나님께서는 이스라엘 백성 전체를 아들로 입양하셨습니다. 사실 거기에는 이스라엘 백성들만 있는 것이 아니라 수많은 인종들이 섞여 있었습니다. 하나님께서는 그들에게도 한 가지만 요구하셨는데 그것은 서로 해치거나 미워하지 못하게 하셨습니다. 우리는 하나님께서 나를 사랑하셔서 나를 구원하셨다는 것을 믿습니다. 다른 사람들도 내게 베푸신 것과 똑같은 사랑으로 구원받았습니다. 그렇다면 우리는 다른 사람도 내 자신처럼 소중하게 생각해야 하지 않을까요?

13절, "너희 안에 행하시는 이는 하나님이시니 자기의 기쁘신 뜻을 위하여 너희로 소원을 두고 행하게 하시느니라"

빌립보 교인들 안에는 하나님이 계십니다. 하나님께서 그냥 계시기만 한 것이 아니라 무엇인가를 행하고 계십니다. 영어로는 'operating' 이라고 번역돼 있습니다. 어떤 일을 행하고 있다는 뜻입니다. 헬라어로는 '에네르곤' 입니다. 에너지를 공급하고 있다는 뜻입니다. 우리 한 사람 한 사람 안에 하나님께서 힘을 공급하셔서 어떤 일을 하게 하신다는 그런 뜻입니다.

제가 어렸을 때 방앗간에 떡을 하러 가면 그 안에 여러 가지 종류의 기계들이 있었습니다. 그런데 가끔 전기가 끊기면 아무 것도 할 수가 없었습니다. 그러다가 전기 기술자가 와서 수리하고 전기가 들어오면 온 방앗간이 환해지고 기계들이 돌아가면서 떡이 만들어지기 시작합니다. 이것이 바로 에네르곤입니다. 우리 인간들은 무한한 잠재력을 가진 피조물인데 에너지가 없어서 작동이 되지 않습니다. 그런데 우리가 함께 하나님의 말씀을 붙들고 기도하면 어마어마한 하나님의 능력이 공급되는데 그것이 바로 에네르곤입니다.

하나님께서 교회를 통하여 하시는 일이 무엇입니까? 하나님은 진리를 밝히시고 성도들을 영적으로 자라게 하십니다. 또 주님은 약한 지체들을 보살피고 어려움에 빠진 자들을 위로하고 격려하며 세상에 나가서 싸워 승리하도록 힘을 주십니다. 그런데 이 모든 것을 우리 믿는 자들을 통해서 하시는 것입니다.

본문을 보면 하나님께서 자기의 기쁘신 뜻을 위하여 소원을 두고 행하게 하신다고 말씀하십니다. 여기서 우리가 알아야 할 것은 하나님께서 우리 한 사람 한 사람에 대하여 구체적으로 선한 뜻을 가지고 계신다는 것입니다. 우리 중에 쓸모없는 사람은 없습니다. 하나님은 우리 한 사람 한 사람에 대한 선한 뜻이 있습니다. 우리가 함께 모이면 그 뜻이 더 분명해지고 더 강력해집니다. 하나님은 우리를 통하여 영적 부흥을 일으키시고 우리를 통해 다른 사람들을 존귀하게 만들기 원하십니다. 우리가 사랑의 사람이 되어서 다른 사람들의 존귀를 되찾게 해주기 바라신다는 말입니다.

하나님은 왜 믿는 자들을 한데 모아 교회를 세우셨습니까? 나를 희생시켜서 남을 행복하게 하는 선한 뜻을 이루기 위함입니다. 이것은 자기 은사를 가지고 남들 앞에서 우쭐대지 않고 철저하게 자기를 낮추고 버림으로 이루어지는 뜻입니다. 꼭 교회 안에 있는 믿음의 형제자매들에게만 그럴 것이 아닙니다. 교회의 문을 넘어 그 누구에게라도 사랑을 전할 수 있습니다.

주님께서 말씀하시기를 살고자 하는 자는 죽고 남을 위하여 죽고자 하는 자는 산다고 하셨습니다. 아마 자기 집만 위하여 사는 사람은 어느 순간 자기 집이 완전히 죽어 있는 것을 보게 될 것입니다. 그러나 남의 집을 돌아보는 자는 그 섬김이 자기 집으로 돌아와 열매맺는 것을 보게 될 것입니다.

우리는 하나님의 독점적인 사랑을 받은 사람입니다. 하지만 이 사랑이 우리 안에 머물러서는 안 됩니다. 이 사랑이 우리를 통해 흘러가는 것이 하나님의 선하신 뜻입니다. 주님은 이 뜻을 우리 안에 두고 이루길 원하시며 그 일을 행할 수 있도록 우리에게 힘을 주십니다. 이 힘을 의지하여 하나님의 선하신 뜻을 이루는 성도들이 되시기 바랍니다.

빌립보서 8

세상에서 성도의 자세

(빌 2:13-18)

고국을 떠나서

낯선 땅에 정착한다는 건 쉬운 일이 아닙니다. 아는 사람도 없고 말도 안 통하니, 하다못해 식당에 들어가 밥 한 끼 먹는 것도 자유롭게 할 수 없습니다. 이민은 고사하고 외국으로 여행만 가도 현지 사정에 익숙한 가이드 없이는 여간 불편한 게 아닙니다.

예수님을 믿는 순간, 우리는 마치 외국에 이민을 간 것과 같은 처지에 놓이게 됩니다. 전에는 아주 익숙하고 자연스러웠던 일들이 예수를 믿고 나서는 너무 낯설고 불편하게 됩니다. 가정이나 직장이나 학교에서 마치 이방인이 된 것 같은 느낌을 받습니다. 이럴 때 우리는 세상에 대해 어떤 태도를 취해야 할까요? 우리가 주로 보이는 반응이 몇 가지 있습니다.

첫 번째로 세상에 대하여 무관심한 것입니다. 나는 하나님의 백성이고 이 세상은 하나님을 믿지 않는 자들이기 때문에 철저하게 무관심해지자고 마음먹는 것입니다. 두 번째로는 익숙한 세상을 포기하는 게 아까워서 세상 사람들과 똑같이 성공 지향적으로 살고 세상의 좋은 것을 정복하자는 것입니다. 두 가지 모두 극단적인 반응입니다. 그렇다면 믿는 자는 자들은 어떻게 해야 할까요?

1. 영적인 훈련

::

우리가 처음 외국으로 이민이나 여행을 가면 혼자 힘으로 아무 것도 할 수 없는 것처럼 처음 예수를 믿고 나서도 마찬가지입니다.

처음 입대한 군인은 신분이 군인이지만 능숙하게 명령을 수행할 수 없습니다. 군 생활에 적응해야 하고, 열 맞추는 것부터 걸음걸이, 식사 자세, 경례까지 군인에 걸맞은 자세를 갖춰야 합니다. 그렇게 신병 훈련을 마쳐도 금방 전쟁에 투입되지 않습니다. 상당 기간 군대에서 단체 생활을 하면서 군대의 기강에 익숙해지고 그 와중에 군인으로서 필요한 기술들을 익히면서 전투에 능한 진정한 군사가 됩니다.

우리도 처음 예수를 믿으면 세상에서 그리스도인으로서 당장 할 수 있는 일이 별로 없습니다. 그럼에도 우리는 마음이 급한 나머지 성경의 위대한 인물들과 같이 능력 있는 삶을 살지 못해 실망하는 예가 많습니다.

하나님께서는 이스라엘 백성들을 애굽에서 나오게 하신 후에 바로 가나안 땅으로 가서 전쟁을 하게 하시지 않으셨습니다. 이스라엘 백성들은 전혀 훈련이 되어 있지 않아서 전쟁을 할 수 없었기 때문입니다.

이스라엘 백성들은 40일 만에 가나안 땅 입구에 가서 가나안 땅을 정탐한 후에 크게 낙심합니다. 가나안 사람들은 거인들이고 자기들은 그 앞에서 메뚜기와 같다는 것입니다. 이렇게 나약한 모습으로는 가나안과 전쟁을 할 수 없었습니다. 그래서 하나님께서는 40년 동안 이스라엘 백성들을 말씀으로 훈련하셨습니다. 이스라엘 백성들은 광야 40년 동안 하나님의 구름이 떠오르면 움직이고 하나님의 구름이 내려오면 머무는 훈련을 했습니다.

아말렉과의 전투에서는 모세가 손을 올리면 이스라엘이 이기고 모세의 손이 내려가면 지는 체험을 통해 하나님을 붙잡아주실 때 싸움에서 이길 수 있음을 철저하게 깨닫기도 했습니다. 이스라엘은 40년 광야 생활 동안 하나님의 명령에 순종할 때 가나안을 정복할 수 있음을 뼈저리게 깨닫고 체험하게 됩니다.

우리가 처음 예수를 믿고 나서도 바로 그리스도인으로서 세상을 향해 포효할 수는 없습니다. 오히려 우리는 오랫동안 세상에서 무슨 큰일을 해내거나 엄청난 영향을 미치지 못하더라도 세상의 공격으로부터 보호받으면서 하나님의 말씀으로 훈련받고 준비되는 과정을 거쳐야 합니다.

사도 바울은 본문 14절에 "모든 일을 원망과 시비가 없이 하라"고 했습니다. 우리가 얼핏 이 말씀을 들으면 하나님의 일을 하면서 원망을 듣지 않고 시비에 휘말리지 말라는 뜻으로 생각하기 쉽습니다.

여기서 '원망과 시비'라는 말은 아주 오랜 역사를 지니고 있습니다. 이스라엘 백성들은 출애굽한 후에 광야에서 끊임없이 원망하고 시비를 걸었습니다. 하나님의 인도하심을 온전히 신뢰하지 못하는 이스라엘의 불신앙이 바로 원망과 시비로 나타난 것입니다.

이스라엘 백성들은 물이 없다고 먹을 게 없다고 모세를 지독히도 못살게 굴었습니다. 우리는 이런 이스라엘 백성들을 보며 한심하게 여길지 모르지만 그들의 반응도 충분히 이해가 됩니다. 모세야 하나님께 직접 소명을 받고 그들을 이끌어 내고 있지만 그들이 생각할 때는 2백만 명이나 되는 사람들에게 '나를 따르라' 하면서 양식과 물도 준비하지 않았다는 건 이해할 수 없는 일이었습니다. 이렇게 불평하는 이스라엘에게 모세는 하나님의 말씀을 대언합니다. "하나님의 백성들은 떡으로만 사는 것이 아니라 하나님의 말씀으로 사는 것이다."

얼마나 비현실적인 대안입니까? 풀 한포기 보이지 않는 황무지에서 모세 하나 믿고 나왔는데 당장 최소한의 생존이 보장되지 않으니 위기 때마다 모세를 원망하고 하나님을 불신했던 것입니다. 인간적으로는 십분 이해가 됩니다. 그래서 출애굽기에 보면 이스라엘 백성들이 '하나님을 시험했다' 는 말이 많이 나옵니다. 여기서 하나님을 시험했다는 것은 이스라엘 백성들이 하나님의 인도하심을 의심하고 자기 생각대로 하려고 모세와 논쟁을 벌이고 다툰 것을 말합니다.

하나님께서는 이스라엘 백성들의 원망과 시비를 결국 하나님에 대한 불신앙으로 생각하셨습니다. 이스라엘 백성들은 일단 모세와 함께 홍해를 건넌 후에는 더 이상 세상으로 돌아갈 길이 없었습니다. 이제부터 이스라엘 백성들은 살든지 죽든지 하나님만 믿어야 하는 것입니다. 그러나 이스라엘 백성들은 기회만 있으면 하나님을 원망하고 모세와 다투었는데 이스라엘 백성들이 훈련 되는 데는 40년이라는 세월이 걸렸습니다.

그러면 왜 하나님께서는 굳이 이스라엘 백성들을 이렇게 물도 없고 양식도 없는 광야에서 40년 동안이나 훈련을 받게 하셨을까요? 하나님은 이스라엘이 자기 힘으로 살지 않고 하나님의 힘으로 살기를 원하셨기 때문입니다. 우리가 하나님의 힘으로 이 세상을 살아갈 수 있으려면 먼저 우리 안에 하나님의 말씀이 채워져야 합니다. 그래야 우리의 언어나 표정이나 행동을 통하여 하나님의 능력이 나타날 수 있습니다. 그리고 인간은 고난을 받을 때 속사람이 정금으로 변하게 됩니다. 하나님은 단순히 우리로 하여금 하나님의 일만 하게 하시는 것이 아니라 우리 자신을 가치 있는 존재로 변화시키기를 원하시는 것입니다. 하나님은 우리가 이 세상에 영향을 미치거나 유명한 사람이 되기 이전에 우리 자신이 가치 있는 사람이 되기를 원하십니다.

그래서 여기에 '원망과 시비가 없이 하라' 는 것은 다른 사람에 대한 원망과 시비가 아니라 하나님께 대하여 원망과 시비가 없어지는 것을 말합니다. 하나님께서 나의 삶을 인도하시는 것을 믿고 불안해하거나 두려워하지 않고 믿음으로 걸어가는 것입니다. 이스라엘 백성들이 광야의 훈련을 받고 난 후에는 믿음으로 요단강을 건넜습니다. 그리고 요단강을 건넌 후에는 가장 먼저 할례를 받았습니다. 이때 할례를 받는다는 것은 가나안 사람들이 다 죽을 수도 있는 위험한 일이었습니다. 그러나 이스라엘 백성들은 아무리 위험한 일이라 할지라도 하나님이 하라고 하시면 했습니다. 그리고 하나님께서는 이스라엘 백성들로 하여금 여리고성을 하루에 한 바퀴씩 침묵으로 돌라고 하셨습니다.

이스라엘 백성들은 단 한 사람도 하나님께 이의를 제기하거나 불만을 토로하지 아니하고 묵묵히 하나님의 말씀대로 여리고성을 돌았습니다. 이스라엘 백성들이 하나님의 말씀에 전적으로 순종했을 때 여리고성은 손도 대지도 않고 무너졌습니다.

하나님은 우리를 사랑하신다면서 왜 우리에게 세상의 좋은 자리를 선뜻 맡기시지 않으실까요? 왜 재능이 있는데도 발휘할 기회를 주시지 않으실까요? 때로 우리는 이런 하나님을 이해할 수 없습니다. 그리고 우리의 위치와 신분에 대해 불만을 가지게 됩니다. 바로 이런 자세가 하나님의 인도하심을 믿지 못하는 증거입니다. 하나님에 대해 원망과 시비가 있는 것입니다.

예를 들어서 두 남여가 결혼을 했는데 서로 믿지 못한다면 모든 일에 서로 충돌할 것입니다. 집을 구하든 놀러가든 물건을 사든 무얼 해도 다투게 됩니다. 하지만 부부가 서로가 믿고 헌신하면 모든 일을 원망과 시비 없이 함께 할 것입니다.

예수를 믿고 난 후에 더 이상 나는 존재하지 않습니다. 오직 우리는 하나님의 사람으로만 존재합니다. 그래서 나의 모든 것은 하나님을 통해서 하고 하나님은 모든 것을 나를 통해서 하시는 것입니다. 이렇게 된 후에야 세상에 영향을 미칠 수 있습니다. 그러므로 여러분, 세상에서 큰일을 하지 못한다고 낙심하지 마시기 바랍니다. 지금 우리는 하나님 앞에서 가장 중요한 일을 하고 있기 때문입니다. 바로 하나님의 사람으로 훈련되고 있는 중입니다.

2. 세상에 미치는 영향

하나님께서는 이스라엘 백성들이 광야에서 무려 40년간 훈련을 받고 난 후에 가나안을 정복하게 하셨습니다. 이스라엘 백성들이 가나안 땅을 정복했던 무기는 오직 하나님의 언약궤를 앞세우고 믿음으로 전진하는 것이었습니다.

우리가 이 세상에 영향을 미칠 수 있는 수단은 성공이나 높은 자리가 결코 아닙니다. 이 세상에서 순전하고 흠이 없는 자의 모습으로 살고 존재하는 것이 세상에 지대한 영향을 미치는 것입니다.

> 15절, "이는 너희가 흠 없고 순전하여 어그러지고 거스르는 세대 가운데서 하나님의 흠 없는 자녀로 세상에서 그들 가운데 빛들로 나타나며"

먼저 우리는 이 세상의 성격을 바로 알 필요가 있습니다. 우리가 사는 이 세상은 어떤 세상입니까? 성경은 이 세상이 '어그러지고 거스르는 세대' 라고 말합니다. 여기서 '어그러지다' 라는 말은 뒤틀어져 있다는 뜻입니다. 구체적으로 말하면 기둥 같은 것이 똑바르지 않고 비틀어져 있다는 뜻입니다.

옛날에 제가 어렸을 때 집에서 도끼를 가지고 나무를 패는 일을 해 보면 결이 바르게 되어 있는 나무는 결을 따라 한두 번 도끼로 치면 바로 쩍쩍 갈라집니다. 그러나 나뭇결이 비틀어져 있는 나무는 아무리 도끼질을 해도 잘 쪼개지지 않고 오히려 도끼가 튀어 위험했습니다.

다시 말해서 이 세상은 기준 자체가 뒤틀어져 있습니다. 무엇에 대하여 이 세상이 뒤틀어져 있습니까? 이 세상은 모든 것에 있어서 뒤틀어져 있는데 그 중에서 특히 하나님께 대하여 심사가 뒤틀어져 있습니다. 그래서 이 세상은 절대로 하나님의 진리를 바로 받아들이지 않습니다. 그래서 사람들은 바른 진리보다는 거짓된 진리를 더 잘 받아들입니다. 직장에서나 교회에서 누군가가 잘됐다는 소리를 들으면 배가 살살 아프다가도 누군가가 나쁜 짓을 했다는 소문을 들으면 사람들의 눈이 빛을 내면서 관심을 가지지 않습니까? 남 잘되는 것을 시기하는 게 보통 사람들의 마음입니다. 그래서 사람들은 아무리 옳고 바른 것도 한 번 가르쳐서는 결코 받아들이려고 하지 않는 것입니다.

그 뿐만 아니라 사람들은 '거스르는' 본성을 가지고 있습니다. 여기서 거스른다는 것은 반항적인 것을 말합니다. 누군가가 권위를 가지고 자기에게 지시를 하려고 하거나 가르치는 것을 너무나 싫어하고 반항심을 갖는 것입니다. 그래서 일반인들이 쉽게 하나님의 말씀을 받아들이거나 순종하는 것은 불가능한 일입니다.

그러나 하나님의 아들 예수님이 십자가에 못 박혀 죽으심으로 우리 안에 있는 이 두 가지 가시를 없애주셨습니다. 예수님은 우리로 하여금 하나님의 사랑을 받아들이게 했습니다. 그리고 하나님께 대하여 반항하지 않고 하나님의 말씀에 순종하도록 만드셨습니다. 그런데 이것이 그냥 쉽게 된 것이 아니라 하나님의 아들의 죽음으로 이루어진 일입니다.

이 세상에서 하나님이 행하신 가장 위대한 일은 우리로 하여금 하나님의 사랑을 믿게 하신 것입니다. 더 이상 하나님께 대하여 반항적이지 않게 하신 것입니다.

세상은 얼마나 반항적인지 모릅니다. 사람들은 자신들의 이익이나 주장을 위해서 끝까지 투쟁합니다. 또 누군가가 나와서 바른 이야기를 하면 야유하고 폭언을 하고 억지를 부리며 비난합니다. 옛날에는 학생들이 선생님 말씀을 거역한다는 것을 상상할 수 없었습니다. 하지만 이제는 아이들이 선생님에게 대들기도 하고 욕설을 퍼붓고 폭력을 행사하는 일이 흔하게 되었습니다. 사람들은 자기가 살기 위해 이런 짓을 서슴지 않고 합니다.

성경은 우리가 이렇게 어그러지고 거스르는 세대 가운데서 '흠 없고 순전하게 행하라' 고 말씀합니다. 이 말씀은 반항적이고 공격적인 세상에서 전혀 죄도 없이 깨끗한 삶을 살라는 뜻은 아닐 것입니다. 우리는 아직 죄인이기 때문에 완전히 죄를 짓지 않을 수는 없습니다.

그래서 여기서 '흠이 없고 순전한' 삶을 살라고 하는 것은 우리가 이 공격적인 세상에서 전혀 다른 성품으로 살아가는 것을 의미합니다. 즉 이 세상에 사는 예수 믿지 않는 사람들의 성향이 공격적이고 반항적인 성향이라면 우리는 순종적이고 믿음이 충만한 자세로 살아야 한다는 말입니다. 어떤 의미에서 우리가 이렇게 살면 세상에서 대단히 불리한 입장에 있게 될 것입니다.

하나님의 말씀은 우리 안에 있는 공격적인 특성이 순화되었습니다. 이 세상을 살아가는데 대단히 불리한 입장에 서게 되었다는 의미입니다. 세상 사람들은 모두 맹수의 습성을 그대로 지니고 있습니다. 초식동물을 한 순간에 덮쳐서 숨통을 끊어버리고 통째로 잡아먹는 맹수처럼 사납습니다. 그래서 이 세상에서 성공하려면 순발력이 있어야 하고 상대의 숨통을 끊어놓을 수 있는 잔인성이 있어야 합니다.

하나님이 우리에게 하신 가장 위대한 일은 그처럼 이리 같았던 우리들을 양으로 만드신 것입니다. 이 새로운 성품으로 어떻게 험한 세상을 살아갈 수 있을까요? 하나님은 우리를 지켜주셔서 망하지 않게 해주십니다. 맹수의 습성은 잃었지만 우리는 하나님의 과일나무가 되었습니다. 이제 우리는 다른 사람이 가진 것을 빼앗아서 행복하게 사는 것이 아니라 하나님이 주시는 말씀과 성령의 능력으로 하나님의 복을 광합성 해야 합니다.

'흠이 없고 순전하다'는 말은 세상 욕심을 가지고는 일체 일하지 않는 것입니다. 즉 우리의 모든 복은 하나님으로부터 오는 것을 믿고 열심히 영적인 광합성을 하는 것입니다. 그렇게 하다보면 손에 잡히는 복을 얻는 것이 아니라 먼저 영적인 뜨거움을 경험합니다. 예배드리는 가운데 말씀과 기도와 찬송으로 뜨거워지는 것입니다. 그러면서 조금 조금씩 우리가 먹고 살 수 있도록 세상적인 일도 열리게 됩니다. 이것이 우리가 이 세상에서 믿음으로 승리하는 길입니다. 이때 예수 믿는 사람들은 이 세상에 대하여 자신감을 가지게 됩니다. 전에는 아무리 공격적으로 살아도 더 강한 사람이 살아남는 이 세상에서 무얼 해도 자신이 없었습니다. 더럽고 치사한 방법으로 세상에 맞서보려 했지만 더 악독한 사람들이 모든 기회를 앗아갔습니다. 그러나 이제는 하나님의 과일나무가 되어 영적 열매를 맺게 되었습니다. 세상의 그 어떤 성공을 목도하여도 전혀 기죽지 않는 자신감을 갖게 되었습니다. 이 영적 자신감을 가질 때, 우리는 세상에 대하여 적극적으로 영향력을 발휘할 수 있습니다. 이것이 바로 부흥의 열매입니다.

일단 우리가 영적인 부흥의 열매를 맺으면 세상도 우리를 만만하게 대하지 않습니다. 우리와 그들의 세계가 다르다는 것을 알게 되기 때문입니다.

'순전하다'는 말은 포도주나 금에 불순물이 전혀 섞이지 않은 것을 의미합니다. 우리의 신앙에는 세상의 불순물이 섞이지 않아야 합니다. 그래야 하나님의 복이 조금도 막히지 않고 콸콸 쏟아지게 됩니다.

그런데 세상 사람들은 끝까지 어그러지고 거스르는 자세로 공격적으로 이 세상을 살아갑니다. 그러면서 많은 성공을 거두기도 하겠지만 자기보다 더 나쁜 야생동물을 만나면 결국 자기 자신이 한 것과 똑같은 방법으로 망하게 됩니다. 그러나 하나님의 백성들은 복의 뿌리가 하나님께 닿아 있기 때문에 세상을 두려워 할 필요가 없는 것입니다.

3. 생명의 빛을 밝히는 사명

::

이 세상에서 자기 신앙만 잘 지켜도 대단한 일입니다. 그러나 우리는 그것만으로는 만족할 수가 없습니다. 그리스도인들은 언제나 이 세상 전체를 바로 잡으려고 하고 이 세상 전체를 이기려고 하는 마음을 가지고 있습니다. 우리가 과연 이 세상 전체를 정복하거나 이 세상 전체를 복음화 할 수 있을까요? 그것은 사실상 불가능하다고 봐야 합니다. 예를 들어서 우리가 아무리 열심히 전도한다고 해도 이 도시에서 한 사람도 빼놓지 않고 모두 다 예수 믿게 한다는 것은 불가능할 것입니다. 그렇다면 우리는 과연 이 세상에 어떤 도움을 줄 수 있을까요? 가장 중요한 것이 세상에 진리의 빛을 밝히는 것입니다.

> 15-16절, "하나님의 흠 없는 자녀로 세상에서 그들 가운데 빛들로 나타내며 생명의 말씀을 밝혀 나의 달음질도 헛되지 아니하고 수고도 헛되지 아니함으로 그리스도의 날에 나로 자랑할 것이 있게 하려 함이라"

여기서 진리의 빛을 밝힌다고 하는 것은 두 가지 의미로 생각할 수 있습니다. 하나는 하나님을 향하여 빛을 밝히는 것입니다. 우리가 이 세상을 향하여 진리를 밝힐 때 하나님은 이 세상에 우리가 살아 있는 것을 아시며 이 세상이 죄로 인하여 심판받지 않도록 지켜주십니다. 그래서 우리가 하나님의 말씀을 밝히는 것은 믿지 않는 사람들을 깨우치는 의미도 있지만 더 중요한 것은 하나님의 진노의 심판을 축복으로 바꾸는 역할을 합니다. 이것은 세상의 다른 것으로는 불가능한 것입니다.

우리가 하나님의 말씀을 가지고 외칠 때 원자 폭탄 같은 하나님의 능력이 나타나게 됩니다.

또 다른 의미는 바다에서 난파한 사람들에게 빛을 밝히는 것처럼 진리의 빛을 밝히는 것입니다. 예나 지금이나 항해는 위험합니다. 바다에서는 자기도 모르게 큰 태풍을 만날 때도 있고 어떤 때는 암초가 있는 곳을 항해해야 할 때도 있습니다. 그러다가 잘못되어 배가 바다에서 침몰하게 되면 사람들은 나무토막 같은 것을 타고 생명을 건지기 위해서 사투를 벌리게 됩니다. 그러다가 구조대의 빛을 발견하면 사는 것입니다. 이 세상은 마치 칠흑같이 어두운 바다와 같습니다. 어디로 가야 할지 빛이 보이지 않을 때 등대의 빛은 방향을 바로잡게 해줍니다.

이 세상은 가치 기준이 뒤범벅된 상태로 위험천만한 항해를 하고 있습니다. 여기저기 무서운 암초들이 수없이 널려 있습니다. 이런 세상에서 우리는 무엇으로 방향을 잡을 수 있습니까? 바로 하나님의 말씀입니다.

이 세상은 언제 무슨 일이 일어날지 모르는 불안한 세상입니다. 그러나 우리에게 하나님의 말씀이 있다는 것은 배에 강력한 엔진이 있다는 뜻입니다. 우리는 이 엔진을 가지고 얼마든지 이 위험한 바다를 무사히 건너갈 수 있습니다. 그리고 이 배는 아주 정확한 레이더까지 구비하고 있습니다. 그래서 우리 앞에 암초가 있고 빙하덩어리가 있어도 얼마든지 피해갈 수 있고, 난파당한 사람들까지 건질 수 있습니다.

사도 바울은 로마로 압송되어 가다가 유라굴로라고 하는 무서운 바람을 만났습니다. 배는 다 깨지고 거기에 있는 사람들은 여러 날을 먹지 못하고 자지 못하여 살 소망이 없었습니다. 그런데 바울은 죄수인데도 자꾸만 확신이 생겼습니다. 여기에 있는 사람들은 한 명도 죽지 않을 거라는 확신이 있었습니다. 그래서 그는 사람들에게 그 이야기를 했습니다. '여기에 있는 분들 중에 한 명도 죽지 않습니다. 그러나 배는 포기해야 할 것입니다. 배를 지키려고 하다간 모두 죽습니다.' 그때 사람들은 다시 용기를 내었습니다. 그리고 그 배에 탄 사람들은 바울의 말대로 한 명도 죽지 않고 모두 목숨을 건졌습니다.

그리스도인들 한 사람 한 사람 속에는 빛이 있어서 어떤 어려움에도 절대로 절망하지 않습니다. 극도의 위기 상황에도 이상하게 마음이 편하고 무언가 잘 될 것 같은 확신이 생깁니다. 이것이 우리 안에 있는 빛입니다. 그리스도인인데도 계속 불안하고 기쁨이 없다면 그의 영혼이 병들었기 때문일 것입니다. 그가 기쁨을 회복하는 길은 바로 빛을 되찾는 것입니다.

우리는 어디에서 기쁨을 회복할 수 있을까요? 빛을 발견할 수 있을까요? 말씀이 있는 교회를 찾아야 합니다. 그리고 하나님의 말씀이 있는 공동체는 개인이 내는 빛보다 더 강력한 빛을 내며 모든 실패한 것을 다 치료받을 수 있는 능력이 있습니다.

빛이 있는 곳에는 치료가 이루어집니다. 치료된 영혼은 다시 방황하지 않습니다. 모든 방황이 끝나고 회복이 시작됩니다. 그래서 말씀이 있는 교회를 되찾았을 때 사람들은 이제 나는 살았구나 하는 안도의 한숨을 쉬게 됩니다.

사도 바울은 교회에 주어진 말씀을 '생명의 말씀'이라 하고 그것을 가르치는 것을 '밝힌다'라고 표현했습니다. 그가 이 표현을 사용한 것은 하나님의 말씀이 계속 밝혀지는 것이 우리 성도들의 생활에 매우 중요하다는 사실을 보여줍니다. 그저 진리를 말한다고 표현하지 않았습니다. 생명의 말씀을 밝힌다는 말은 진리 자체, 말씀 자체에 능력이 있어서 영혼을 살리고 치료하고 불안과 두려움을 몰아내고 새로운 삶을 열어준다는 뜻입니다.

이 세상에서 가장 안전한 곳이 말씀이 있는 공동체입니다. 그 말씀은 침체된 자들에게 직접적으로 새 힘을 주고 새 소망을 줍니다. 귀에 하나님의 말씀이 들리고 있는 자체가 살아있다는 증거입니다. 앞으로 어떤 방식으로 이 세상에 복귀해서 가치 있는 삶을 살게 될지 걱정할 필요가 없습니다. 일단 그는 목숨을 건진 것입니다. 그는 반드시 이 세상에서 가치 있는 삶을 살고야 말 것입니다. 사도 바울은 여기서 이런 말씀을 하고 있습니다.

이어서 바울은 자신의 수고에 대하여 두 가지 비유를 들고 있습니다. 하나는 운동선수이고 다른 하나는 일하는 사람입니다. 만일 어떤 달리기 선수가 실컷 달음질을 했는데 길을 잘못 들어서는 바람에 실격되고 말았다면 그는 헛되이 달린 것입니다. 달리기 선수는 규칙에 맞게 바른 목표를 향하여 달려야만 상을 얻을 수가 있습니다. 뿐만 아니라 당시 일하던 노동자들이 일만 했다고 해서 다 임금을 받는 것이 아니었습니다. 실컷 일을 했지만 주인이 원하는 대로 일하지 않았으면 그는 실컷 애만 쓰고 임금은 전혀 받을 수가 없습니다.

사도 바울은 교회에 제대로 진리의 빛을 밝히는 일에 수고했습니다. 생명의 말씀을 밝혀서 온 교인들이 진리에 굳건하게 서도록 섬겼습니다. 그리고 은혜를 충만하게 받은 그리스도인 한 사람 한 사람이 이 세상의 조류에 흔들리지 않고 마치 밤하늘에 빛나는 별처럼 자신의 위치를 지키는 삶을 살기를 소망했습니다. 이 일이 성취되지 않으면 바울이 주님의 심판대 앞에 섰을 때 어떤 판단을 받겠습니까? 고생만 실컷 하고 아무 것도 얻는 것이 없었구나 하는 소리를 듣지 않겠습니까?

교회는 진리를 밝히는 곳이 되어야 합니다. 아직도 우리들의 삶에는 어두운 부분이 있습니다. 아직도 무지가 지배하고 있는 부분이 많이 있습니다. 하나님의 말씀이 그 구석구석을 밝혀서 우리의 삶 전체가 빛을 봐야 합니다. 그리고 우리 한 사람 한 사람이 나에게 주어진 직업이나 삶의 터전에서 빛처럼 살아야 합니다.

17절, "만일 너희 믿음의 제물과 봉사 위에 내가 나를 관제로 드릴지라도 나는 기뻐하고 너희 무리와 함께 기뻐하리니 이와 같이 너희도 기뻐하고 나와 함께 기뻐하라"

사도 바울은 빌립보 교인들에게 서로 약속을 하자고 제안합니다. 그것은 빌립보 교인들이 하나님의 제물로 바쳐지면 자기는 그 위에 관제로 드려지겠다는 것입니다. 이스라엘의 제사에서 제사가 거의 끝나 갈 때 그 위에 포도주를 붓는 의식이 있었습니다. 이것이 바로 관제입니다.

이 제물 위에 붓는 포도주는 제사를 드리는 사람의 생명이나 남은 열정 같은 것을 의미했던 것 같습니다. 다시 말해서 이제 나의 남은 인생은 온전히 주님의 일을 위하여 바치겠다는 각오요 결단입니다.

사도 바울은 빌립보 교인들이 하나님의 제물이 되기를 원했습니다. 그러나 제물은 살아서 돌아다니면 안 됩니다. 바쳐진 거기에 조용히 묶여 있어야 합니다. 바울은 빌립보 교인들이 자기 욕망을 다 버리고 하나님 앞에 바쳐진 제물이 되기를 바랍니다. 그리고 그 제물 위에 자기는 마지막 피를 남김없이 쏟아 붓겠다고 말합니다.

주님의 뜻을 위하여 자기를 죽이는 것이 믿음의 제물입니다. 봉사라고 하는 것도 자기를 죽여서 다른 사람을 살리는 것을 말합니다. 자기가 죽지 않으면 그것은 제물이 될 수가 없습니다. 살아서 돌아다니는 사람은 제물이 될 수가 없습니다.

가끔 교인들 중에는 자신이 죽지 못해서 계속 어려움을 만드는 분들이 많이 있습니다. 그것이 바로 제물이 살아서 돌아다니는 것입니다. 제물은 돌아다니지 못하게 묶어 놓아야 하고 실제로는 죽여야 합니다.

사도 바울은 빌립보 교인들에게 큰 기쁨을 이야기하고 있습니다. 우리는 이 세상에서 여러 가지 일이 잘 될 때 기뻐합니다. 그러나 그런 기쁨과 비교할 수 없는 것이 하나님의 뜻이 이루이지고 부흥이 일어나며 많은 영혼들이 하나님께로 돌아오는 기쁨입니다. 사도 바울은 앞으로 빌립보 교인들을 통하여 일어날 부흥을 생각할 때 "나는 기뻐하고 기뻐하리니"라고 말합니다. 이것은 세상의 어떤 기쁨과도 비교할 수 없는 큰 기쁨입니다.

우리가 하나님 앞에 바른 믿음을 가지면 큰 부흥이 일어나게 되어 있습니다. 우리는 이것을 미리 내다보고 기뻐하며 감사할 수 있어야 합니다. 사도 바울은 빌립보 교인들에게 이 큰 부흥을 내다보고 기뻐하라고 부탁합니다. 우리도 하나님 앞에서 일어날 위대한 부흥을 생각하면서 함께 기뻐할 수 있기를 바랍니다.

빌립보서 9

복음의 충성된 일군들

(빌 2:19-30)

영화 '미션'은 웅장한 이구아수 폭포의 장관과 함께 애잔한 오보에 주제곡이 흐르며 시작됩니다. 그 경이로운 폭포 위에는 과라니 족이 살고 있습니다. 한 선교사가 그들에게 복음을 전하기 위해 가지만 원주민들에게 붙들려 나무 십자가에 매인 채로 폭포에서 거꾸로 떨어져 죽습니다. 그때 두 사람의 신부가 와서 이 죽은 선교사를 땅에 묻고 누가 다시 이 부족에게 가서 선교를 할 건지 의논합니다. 그때 한 신부는 자기가 젊으니까 자기가 가야 한다고 하고 나이든 신부는 자기가 이 죽은 선교사를 보낸 책임이 있기 때문에 자기가 가야 한다고 하다가 결국 나이든 신부가 과라니 족을 찾아갑니다.

사람들이 극단적인 위기에 처하게 되면 그 사람의 본성이 나타나게 됩니다. 특히 높은 산을 오르는 사람들에게 있어서 등산대의 팀워크는 아주 중요합니다. 그들은 모두 하나의 로프에 몸을 의지하고 산을 오르기 때문에 중간에 한 사람이라도 실수해서 미끄러지면 모두 다 위기에 처하게 될 수도 있습니다. 이때 이기적인 사람은 자기 혼자만 살려고 로프를 자르는 사람이 있는가 하면 자기가 위험해지는 줄 알면서도 끝까지 로프를 당겨서 동료의 생명을 살리는 사람도 있습니다. 군대에서 전시에 작전을 수행할 때도 부대원들 사이의 팀워크가 아주 중요합니다. 부대가 갑자기 습격을 받아 동료가 쓰러져 있을 때 자기만 살려고 혼자 도망치는 사람이 있는가 하면 총알이 쏟아지는 가운데도 달려가서 부상당한 동료를 업고 와서 살리는 사람도 있습니다.

하나님의 일을 하는데 있어서도 혼자서 영웅처럼 모든 일을 척척해내는 게 중요하지 않습니다. 우리의 눈에는 보이지 않지만 우리는 악한 사탄의 세력과 대치중입니다. 이때 하나님의 백성들에게 가장 중요한 것은 서로에 대한 믿음과 충성심입니다.

교회는 하나님의 나라로 치면 가장 중요한 부대와 같습니다. 하나님의 나라는 교회로부터 사람과 물질과 기도의 능력 등 필요한 모든 것을 공급받습니다. 그러나 교회는 완전한 사람들의 모임이 아니고 아직 옛 기질과 무지가 남아 있는 부족한 죄인들의 모임입니다. 그래서 교회에는 문제가 많습니다. 그 중에 가장 큰 문제는 목회자에게서 비롯될 때가 많습니다. 목회자의 자질과 충성심이 문제입니다. 교회를 이끌어나가는 목회자가 성경적인 지식이 없고 거기에다가 충성심마저도 없다면 교인들은 교회 자체에 대하여 불신을 가지게 될 것입니다. 그러면 교회는 성숙할 수 없고 그러다 보면 서로 오해와 다툼이 쉽게 일어나 분열이 생기기도 합니다.

앞서 말했듯이, 빌립보서는 사도 바울이 로마에서 시위대 감옥으로 옮기면서 사정이 많이 어려워지자 물질을 보내준 빌립보 교회에 감사하는 편지입니다. 바울은 이 편지를 통해서 그가 시위대 감옥에 갇혀서 재판을 받을 때 빌립보 교인들의 사랑이 얼마나 큰 위로가 되고 격려가 되었는지 말하고 있습니다. 그러면서 바울은 자기가 시위대 감옥에서 죽을 것인지 살 것인지 하는 문제를 깊이 생각하면서, 사는 것은 내 일의 열매를 맺는 것이고 죽는 것은 주님과 함께 있는 것인데 죽는 것을 더 좋게 생각한다고 고백했습니다.

사실, 빌립보 교회가 이렇게 사도 바울에 대해서는 참 사랑으로 잘 해주고 있었지만 교회 안에는 어떤 분쟁이 있었던 것 같습니다. 그래서 바울은 디모데를 보내 그들의 어려운 문제를 도와주려고 했습니다.

하나님께서는 결함이 많은 인간에게 하나님의 위대한 일을 맡기십니다. 때론 일을 맡기시고는 일이 잘못되는데도 지켜보실 때가 많습니다. 자칫 잘못하면 하나님 나라의 일이 인간들의 무지와 욕심과 이기심으로 엉망이 될 수도 있는데 말입니다.

어떻게 해야 죄와 허물투성이인 우리가 하나님께서 맡기신 일을 잘 감당할 수 있을까요?

1. 인간을 통한 하나님의 위대한 일

::

하나님께서 이스라엘 백성들에게 고집스럽게 요구하셨던 것은 하나님께서 이스라엘 백성들 안에 거하시는 것이었습니다. 사실 하나님께서 우리 인간들과 함께하신다는 것은 불가능한 일입니다. 하나님은 온 우주를 지으신 창조주이시고 인간은 그 우주의 작은 미물에 불과하기 때문입니다. 크신 하나님이 인간이 마련한 누추한 처소에 거하겠다고 하시고, 타오르는 태양보다 더 강력한 능력을 소유하신 분께서 전적으로 무능한 인간과 동역하겠다고 하시는 건 말도 안 되는 일입니다. 그런데 하나님은 이스라엘 백성들에게 성전을 짓게 하셨고 그곳에 거하시겠다고 약속하셨습니다.

신약 시대에 와서 하나님께서는 하나님을 알지도 못하는 이방인들을 부르셔서 하나님의 백성이 되게 하시고 그들 안에 임재하시겠다고 말씀하셨습니다. 그래서 교회라는 곳은 단순히 신앙을 가진 사람들의 모임이 아니고 하나님이 죄인들과 함께 공존하시는 곳입니다. 교인들은 믿는다고 하지만 실제로는 예수 믿지 않을 때 가졌던 나쁜 습관이나 성격을 그대로 가진 자들입니다. 그러나 하나님은 우리를 성전으로 삼으셔서 우리 죄를 깨끗케 하시고 우리를 통하여 기도가 응답되고 하나님의 능력이 나타나기를 원하십니다. 그래서 교회는 하나님이 원하시는 성전이 되기 위해서 많은 변화와 성숙이 필요합니다.

사도행전에 나타난 예루살렘 교회의 모습을 보면 가장 순수하면서도 능력 있는 교회의 모습을 보게 됩니다. 거기에는 오순절 다락방의 성령의 역사가 있었고 하루에 교인들이 3,000명이나 더하는 대 부흥의 역사가 있었습니다. 그래서 교인들이나 목회자는 언제나 사도행전의 교회로 돌아가고자 하는 열망이 있습니다.

그러나 사도행전의 예루살렘 교회가 언제나 그렇게 아름답고 은혜로운 면만 있었던 건 아닙니다. 사도행전의 교회에도 시련이 있었습니다. 교회가 성장하고 자라는 데는 성장통이 따르기 마련입니다.

초대 교회의 문제는 분열의 위기였습니다. 이때 교회는 가난한 과부들을 구제로 도왔는데 헬라파 과부들이 구제대상에서 빠진 것입니다. 당시 유대인이라고 해도 헬라파와 히브리파는 언어나 복장이 완전히 달랐습니다. 헬라파 과부들을 구제대상에서 일부러 뺐는지 아니면 실수였는지 모르겠지만 결국 이것이 불만이 되었고 교회는 분열 직전까지 갔습니다. 그때 사도들은 자기들이 말씀과 기도에 전념해야 하는데 구제에 너무 관계해서 이런 일이 일어나게 되었다고 하면서 집사들을 뽑아서 그들로 구제에 전념하게 하고 자신들은 기도와 말씀 전하는 일에 전무하기로 했습니다. 해결은 잘 됐지만 자칫 잘못하면 교회가 세워지자마자 분열될 뻔 했던 것입니다.

이 고비만 있었던 건 아닙니다. 사람들이 은혜를 받아서 사도들 앞에 자기 재산을 팔아 헌금을 하니까 좋지 못한 동기로 헌금을 하는 사람이 생겼습니다. 대표적인 예가 아나니아와 삽비라 부부였는데 이들은 재산의 팔아 일부를 감추고 나머지를 전부라며 내놓았습니다. 이것이 뭐 그렇게 큰 죄인가 생각하기 쉬운데 성령님은 이 일을 아주 심각하게 보시고 아나니아와 삽비라 부부를 그 자리에서 죽게 하셨습니다. 자칫 잘못하면 교회가 돈 때문에 시험에 들 수 있는 사건이었기 때문입니다.

그뿐만 아니라 교회가 좀 은혜를 받으니까 핍박이 일어나기 시작했습니다. 야고보 사도는 최초로 목을 매어 죽임을 당했습니다. 베드로도 감옥에 갇혀 죽을 위기에 처했지만 교회가 그를 위해 열심히 기도할 때 천사가 그를 풀어 주었습니다. 핍박의 절정은 스데반 집사의 순교였습니다. 이후로 예루살렘 교회가 흩어지게 됩니다.

이방인 고넬료가 베드로의 설교를 듣고 성령을 받게 되니까 이방인 신자들을 인정해야 하는지 말아야 하는지를 두고서 교회가 한바탕 뜨거운 논쟁을 벌여야만 했습니다. 그 후 바로 사도 바울이라는 사람을 통하여 이방 지역에 복음이 활발히 증거 되었는데 당시 예루살렘 교회는 할례 받지 않는 이방인 신자들을 진정한 하나님의 백성으로 인정해야 하는지 문제를 두고 격론을 벌여야만 했습니다.

이런 것을 볼 때 알게 되는 것은 교회는 성장하는 과정에 어쩔 수 없이 여러 가지 어려움들이 생길 수 있다는 것입니다. 그런데 초대 교회는 철저하게 하나님의 말씀과 성령으로 이런 어려움들을 이기고 사탄의 시험을 물리치는 데 성공했습니다.

에베소 교회 같은 경우에는 이방인 신자와 유대인 신자 사이의 관계가 문제가 되었습니다. 이방인들과 유대인들은 생활 방식이 너무 달랐습니다. 이런 이질감이 신앙관에도 그대로 이입되었습니다. 사실 유대인과 이방인이 서로 분리된 것은 수천 년 동안 해결되지 않는 문제였습니다. 하지만 사도 바울은 예수 그리스도의 십자가가 이 원수 된 벽을 무너뜨렸다고 선포합니다.

예루살렘 성전 안에는 이방인들이 들어가지 못하게 되어 있는 선이 있고 거기에는 '누구든지 이 선을 넘는 이방인들은 고통스러운 죽음을 당하게 되리라' 고 기록되어 있었다고 합니다. 이것이 유대인과 이방인 사이를 나누는 영원한 상징처럼 되어버렸습니다. 그리스도의 십자가는 이런 벽을 부수고 이방인과 유대인들이 모두 하나가 되게 하셨고 한 성전으로 지어지게 하셨습니다.

빌립보 교회 안에는 다양한 출신의 사람들이 있었습니다. 우선 사도 바울에 의해서 처음 전도 받았던 사람은 루디아라는 자주 장사였습니다. 그는 돈이 많은 부자였고 열정이 있는 사람이었습니다. 그리고 그곳에는 귀신들렸던 여자 노예가 있었습니다. 그 여자가 예수를 믿었다는 말은 없지만 바울이 귀신을 쫓아냄으로 교인이 되었을 가능성이 많습니다. 그

다음에는 바울이 갇혔던 감옥의 간수장이 있었는데 그는 바울이 있던 감옥 문이 열린 것을 보고 죄수가 도망친 줄 알고 칼로 자살을 하려고 하다가 바울이 말리는 바람에 온 가족이 예수를 믿고 세례를 받았습니다. 그러니까 간수는 관리 출신이었습니다. 이들이 빌립보 교회의 초기 구성원들이 되었습니다. 이들의 직업과 출신을 보아 알 수 있듯이 이들은 서로 이질적인 사람들이었습니다. 거기에다가 그 후에도 비슷한 사람들이 많이 전도되어 왔을 것입니다. 즉 루디아 같이 적극적인 여성들도 전도되고 간수 같은 관리들도 예수를 믿게 되고 노예계층 사람들도 예수를 믿었을 것입니다. 그러니까 서로가 처음부터 너무 달라서 갈등이 생겼을 것입니다.

이때 서로가 조심하면서 어떻게 해서든지 하나 되려고 노력을 하면 관계가 유지될 수 있지만 어느 한쪽이 지나치게 주도권을 쥐려고 하든지 혹은 차별하면 분열이 생기게 되는 것입니다.

빌립보 교회의 문제를 보면 우리나라 교회의 문제와 아주 비슷한 것 같습니다. 우리나라 교회는 사랑도 많고 열심도 많은데 많이 싸우고 다투어서 분열이 많았습니다. 그 주된 이유 중에는 신학적으로 도저히 용납할 수 없는 자유주의 신학이 들어와서 그런 것도 있었지만 서로가 미숙해서 이해하는 데 어려움이 있었던 것도 사실입니다.

특히 교회가 도시화가 많이 이루어지면서 급성장이 이루어질 때에는 원래 구성원들은 가난하게 농사를 짓는 사람들인데 갑자기 고층 아파트가 들어서면서 부유한 지식인들이 들어오게 되면서 갈등이 생기는 경우도 있습니다. 이때 목회자가 사회 지식층과만 손을 잡고 일을 하게 되면 오래된 교인들이 소외감을 느끼고 배반감을 느끼면서 다투는 일들이 있었습니다. 이때 목회자가 오래 된 신자들의 심정을 잘 이해하고 끝까지 그들과 신뢰관계를 유지하면서 교회를 서서히 성장시키면 괜찮은데 너무 빨리 급성장을 시키려고 오래된 신자들을 무시해버리면 다툼이 일어나게 되는 것입니다.

우리는 모두 부족한 사람들이고 목회자도 마찬가지입니다. 특별히 성숙한 사람을 하나님께서 목회자로 세우신 게 아닙니다. 오히려 하나님은 죄인이었던 사람을 세워서 이 엄청난 하나님의 일을 하게 하심으로 영광을 받으시는 것입니다. 우리가 모두 두렵고 떨림으로 하나님의 일을 하지 않으면 다툼과 분열이 생기기 마련입니다. 어떻게 생각하면 교회는 갈등이 생기지 않는 것이 이상할 정도로 문제가 많은 인간들이 모인 곳입니다. 그러나 하나님의 말씀은 교회를 하나 되게 하는 능력이 있습니다. 교회가 하나님의 말씀을 전하는 것을 가장 중요한 것으로 생각하면 돈이 있거나 없거나 교인들이 나이가 들었거나 젊었거나 하나가 될 수 있습니다.

2. 디모데를 보내는 이유

::

사도 바울은 빌립보 교회의 사정을 좀 더 자세히 알기 위해서 디모데를 보내려고 한다고 말합니다.

> 19절, "내가 디모데를 속히 너희에게 보내기를 주 안에서 바람은 너희 사정을 앎으로 안위를 받으려 함이니"

아마 빌립보 교인들은 모일 때마다 서로 불신이 있어서 상당히 불편했던 것 같습니다. 교회가 은혜롭지 못하면 교인들의 가슴은 너무나 답답해집니다. 교회에 분쟁이 있고 다툼이 있으면 하나님의 은혜가 공급되지 않습니다. 이것은 숨을 쉴 수 없는 것과 같습니다. 이때 어떻게 해서든지 다시 공기가 통하게 해서 숨을 쉴 수 있어야 하는데 교인들에게는 이런 힘이 없는 것입니다. 사람들의 생각에는 바로 잡을 것은 바로 잡고 오해가 있었으면 오해를 풀어야 한다고 생각하는데, 말이 쉽지 복잡한 감정이 얽힌 문제라서 얼마나 어려운지 모릅니다.

아마도 빌립보 교회 안에서의 불만은 여러 루트를 통해서 바울에게 전달되었던 것 같습니다. 이 말, 저 말을 들은 사도 바울은 도무지 감을 잡을 수가 없었습니다. 물론 바울 자신이 가면 좋겠지만 바울은 감옥에 갇혀 있어서 도저히 갈 수가 없었습니다. 그래서 바울은 자기를 대신해서 디모데를 보내려고 한다고 하면서 양해를 구합니다.

빌립보 교회는 가뜩이나 서로 불신하고 있는데, 바울도 아닌 다른 사람을 보내면 그를 불신할 수 있는 상황이었습니다. 그래서 사도 바울은 디모데가 어떤 사람인지 소개합니다.

20절, "이는 뜻을 같이 하여 너희의 사정을 진실히 생각할 자가 이밖에 내게 없음이라"

'뜻을 같이 한다' 는 것은 디모데가 사도 바울과 똑같이 빌립보 교인들의 입장에서 문제를 생각할 것이라는 뜻입니다.

21절, "저희가 다 자기의 일을 구하고 그리스도 예수의 일을 구하지 아니하되"

사도 바울은 다른 사람도 보내고 싶지만 웬만한 사람들은 전부 자기 일만 생각하는 사람이기 때문에 도움이 되지 않을 거라 생각합니다. 어떤 사람은 자기가 어떻게 하면 빌립보 교회에서 편하게 지내면서 대접을 받을까 생각하는가 하면 어떤 사람은 오히려 빌립보 교회에 주저앉아서 자기가 주인 노릇을 할 가능성도 있는 것입니다. 이런 것을 보면 이 당시에도 하나님의 일을 한다고 하는 사람들 중에서 순수하지 못한 사람들이 많았던 것을 알 수 있습니다. 어떤 사람은 어려운 교회에 가서 어려움을 더 부채질하는 사람도 있습니다.

사실 교회에 다툼이 생겼을 때, 한쪽 편만 100퍼센트 잘못한 경우는 드뭅니다. 모두 다 귀한 하나님의 백성들인데 서로 상대방을 이해하지 못해서 다툼이 생기고 오해가 생기는 것입니다. 이때 이들을 도울 사람은 어느 한 사람도 소외시키지 않고 모두 끌어안고 위로할 수 있는 사람이어야 합니다. 그런데 이 사람의 말을 들어보면 이 사람의 말이 맞는 것 같고 저 사람의 말을 들어보면 저 사람이 맞는 것 같은데 양편이 서로 이해의 폭을 좁히지 못합니다. 이것은 서로 좋지 않은 묵은 감정이 있어서 그런 것입니다. 이때 이들을 하나 되게 할 수 있는 것은 하나님의 말씀밖에 없습니다. 그리고 서로의 허물을 용서하는 사랑밖에 없습니다. 신실한 말씀의 사람만이 교회를 치유할 수 있습니다.

교인들이 오랜 시간 신앙생활을 하다보면 사소한 감정들이 쌓여서 관계에 금이 갈 때가 있습니다. 이 앙금은 성찬식이나 교회 공식 행사를 통해 치료가 되어야 합니다. 아니면 한 번 씩 큰 성령의 역사가 부어져서 완전히 서로를 새 사람으로 대할 수 있어야 합니다. 그런데 교회가 침체되면 묵은 감정이 해소되지 않고 오래 가면서 서로 미움만 키우게 되는 것입니다.

22절, "디모데의 연단을 너희가 아나니 자식이 아비에게 함같이 나와 함께 복음을 위하여 수고하였느니라"

사도 바울은 디모데에 대한 신뢰를 보입니다. 디모데가 연단 받은 것이 그를 신뢰할 수 있는 근거가 된다고 말합니다. 디모데의 연단이 무엇입니까? 바울을 따라다니면서 온갖 고생을 다한 것을 말합니다. 다시 말해, 디모데가 사도 바울의 뒷바라지를 다 했다고 할 수 있습니다. 그래서 디모데는 다른 사람들 위에서 군림하고 지배하는 성향이 아니라 밑에서 섬기고 봉사하는 사람이기 때문에 빌립보 교회의 문제를 잘 해결해 줄 것이라고 바울은 굳게 믿고 있습니다.

교회가 어릴 때에는 모든 것을 다 챙겨주어야 하고 보살펴 주어야 합니다. 교회가 조금 자라서 사람으로 치면 청소년 시기 즈음에는 더 문제가 많아집니다. 청소년 시기를 지나는 자녀들을 생각해보십시오. 때로는 부모에게 반항하기도 하고, 이성 문제로 고민하기도 하고, 진로 문제에 어려움을 겪기도 합니다. 이때는 더 참을성 있게 지켜봐주어야 합니다. 그런데 교회를 단 기간에 성장시켜서 그 위에서 군림을 하려고 하는 자들은 어려운 교회를 도울 수 없습니다.

3. 에바브로디도의 질병

사도 바울은 디모데를 빌립보 교회에 보내는 것 외에 이 빌립보 교회 목회자였던 에바드로디도를 다시 보내는 것이 필요하겠다고 말합니다.

25절, "그러나 에바브로디도를 너희에게 보내는 것이 필요한 줄로 생각하노니 그는 나의 형제요 함께 수고하고 함께 군사된 자요 너희 사자로 나의 쓸 것을 돕는 자라"

우리가 에바브로디도에 대해서는 별로 아는 것이 없지만 그가 빌립보 교회의 사자였다는 것을 알 수 있습니다. 여기서 '사자' 라고 하는 것은 그냥 교인을 두고 하는 말이 아닙니다. 에바브로디도는 사도 바울이 빌립보를 떠난 후에 빌립보 교회를 맡아서 목회하던 하나님의 종이었습니다. 그는 본문에 나타난 대로 바울의 형제요 함께 수고하고 함께 군사 된 자였습니다. 에바브로디도는 일찍부터 바울에게 발탁되어서 그를 따라다니면서 돕다가 사도 바울의 명에 의해서 빌립보에 남아서 목회를 했던 모양입니다. 그런데 에바브로디도는 사도 바울이 시위대 감옥에 갇혔다는 말을 듣고 로마로 와서 바울을 돕다가 자기 자신이 병에 걸리게 되었습니다.

빌립보 교인들은 사도 바울 같이 지도자가 되어서 능력 있게 일을 하는 사람을 존경했지 에바브로디도 같이 바울을 도와주는 조력자는 별로 중요하게 생각하지 않았습니다. 게다가 에바브로디도 같이 병에 걸린 사람은 아무 쓸모없는 사람으로 생각했던 것 같습니다. 영화에서도 조연이 기억되지 않는 것과 같은 이치입니다. 그러나 훌륭한 영화가 만들어지려면 주연 못지않게 조연의 역할도 중요합니다. 에바브로디도 같은 사람은 아주 훌륭한 조연이었습니다.

아마도 에바브로디도는 바울이 정말 중요한 사람이라고 생각했을 것입니다. 그래서 사도 바울이 감옥에 갇혔다는 소식을 듣고는 이 중요한 사람이 감옥에 그냥 방치되어서는 안 된다고 생각했습니다. 그래서 에바브로디도는 자기가 하던 일들을 다 접어두고 로마로 가서 바울을 돕다가 자기 자신이 병에 걸려서 죽게 되었습니다. 그러나 빌립보 교인들 중에 에바브로디도는 별로 중요하지 않은 사람이고 더욱이 그가 병까지 걸렸기 때문에 교회에 도움이 되지 않을 거라 생각했던 것 같습니다. 에바브로디도는 이 사실로 인하여 더욱더 심한 마음의 상처를 입고 심히 근심했다고 성경은 기록합니다.

그런데 사도 바울도 에바브로디도의 병을 쉽게 고쳐주지 못했습니다. 우리가 생각하기에 바울 같은 능력의 종은 무슨 병이든지 기도하기만 하면 다 나을 것 같은데 그렇지도 않았습니다.

아무리 사도 바울에게 성령의 능력이 있다고 하여도 그가 모든 사람의 병을 고치지는 못했다는 사실입니다. 그래서 우리는 성령의 능력을 어떤 공식 안에 넣어서는 안 됩니다. 예를 들어서 성령이 강하게 역사하시면 반드시 병이 나아야 한다거나 앉은뱅이가 일어나야 한다거나 방언을 해야 한다는 식으로 생각해서는 안 됩니다. 물론 복음의 역사가 강하게 나타날 때에는 하나님의 위대한 구원의 증거로 병이 낫거나 기적이 일어날 수 있습니다. 그러나 언제나 모든 병이 다 나아야 하는 것은 아닙니다. 결국 병을 낫게 하는 능력이나 기도응답의 능력은 하나님의 주권에 달려 있는 것입니다.

그러나 다행스럽게도 하나님께서 그들을 불쌍히 여기셔서 에바브로디도의 병을 고쳐주셨습니다. 에바브로디도는 다시 건강을 회복했기 때문에 큰 근심을 면하게 되었고 바울은 이 역사가 하나님께서 빌립보 교회를 불쌍히 여기신 증거라고 생각했습니다. 이것을 보면 사도 바울은 바울 나름대로 로마에서 얼마나 치열한 영적 싸움을 싸웠는지 알 수 있습니다.

30절, “저가 그리스도의 일을 위하여 죽기에 이르러도 자기 목숨을 돌아보지 아니한 것은 나를 섬기는 너희의 일에 부족함을 채우려 함이니라”

에바브로디도는 정말 교회를 위해서 자기 목숨을 아끼지 않는 사람이었습니다. 그리고 무엇이 더 중요한지 알고 있었습니다. 에바브로디도는 지금 감옥에 갇혀 있는 이 늙은 사도 한 사람이 빌립보 교회에 몇 개를 합쳐 놓은 것보다 더 중요하다는 것을 알고 있었습니다. 그래서 그는 할 수만 있다면 바울을 대신해서 죽기를 원했습니다.

어떤 사람들은 바울을 시기해서 그가 감옥에 갇힌 것을 고소해하기도 했습니다. 하지만 에바브로디도는 사도 바울이 부흥의 원동력인 것과, 이 부흥의 불꽃이 지금 꺼지면 절대로 안 된다는 것을 알았습니다. 그래서 에바드로디도는 무리인줄 알면서도 자기 목숨을 돌보지 않고 바울을 돌보다가 그만 몹쓸 병에 걸리고 만 것입니다.

우리는 에바브로디도의 헌신을 보면서 그리스도인들은 말로만 사랑해선 안 된다는 것을 알게 됩니다. 정말 자기가 복음을 생명처럼 중요하게 생각한다면 복음을 위해서 자신을 던질 수 있어야 합니다. 에바브로디도나 디모데는 바울에게 잘 보이거나 무슨 이득을 보려고 그렇게 헌신한 게 아닙니다. 바울을 통해 나타난 복음의 능력과 부흥을 지키기 위해서 그렇게 했던 것입니다. 이것이야말로 천사도 흉내 낼 수 없는 아름다운 모습입니다.

우리나라 같이 작은 국가에서도 세계 최고의 운동선수들이 많은데, 그들에겐 공통점이 있습니다. 누군가가 그들 뒤에서 헌신적으로 뒷바라지를 하고 철저하게 헌신했다는 사실입니다. 대개 그 선수의 부모님이 그렇게 하는 때가 많습니다. 사실 부모는 자기 자식을 위해서 모든 것을 다 바쳐도 아깝지 않을 것입니다. 자기 자신은 망해도 자식들이 높은 시상대에 서서 상을 받는 것으로 충분합니다. 초대 교회에는 교회를 위해 자식에게 하는 것 이상으로 희생을 치른 사람들이 많았습니다.

교회를 핍박하던 사울이 사도 바울이 되는 데는 수많은 이름 없는 믿음의 군사들의 수고와 희생이 있었습니다. 물론 내 일도 중요하고 내 가정도 중요하지만 하나님 나라의 일을 위하여 자기 생업이나 가정을 포기할 수 있는 분별력을 가진 사람이 이 시대에 있어야 합니다. 이것은 누가 시켜서 할 수 있는 것이 아닙니다. 자기 자신이 복음의 감격에 깊이 잠기는 체험이 있어야 합니다.

저는 한때 영적으로 아주 갈급했을 때 한 외국인 여선교사님의 강의를 듣고 은혜를 받았습니다. 그때는 선교사님들의 구두를 닦으면서 한 평생을 살아도 좋겠다고까지 생각했습니다. 오늘날에는 자기 몸과 목숨을 바쳐 복음의 순수성을 지키고 말씀 맡은 자를 도울 수 있는 에바브로디도 같은 사람이 필요합니다.

28-29절, "그러므로 내가 더욱 급히 저를 보낸 것은 너희로 저를 다시 보고 기뻐하게 하며 내 근심도 덜려 함이니 이러므로 너희가 주 안에서 모든 기쁨으로 저를 영접하고 또 이와 같은 자들을 존귀히 여기라"

세상적으로 보면 에바브로디도는 인기 있는 사람이 아니었습니다. 에바브로디도는 남을 돕는 것을 잘 하는 사람이었습니다. 그는 평생에 앞에 나서기보다는 주로 누군가를 도우면서 살았을 것입니다. 사도 바울은 에바브로디도의 헌신을 인정하면서 그를 세상적인 눈으로 판단하지 말라고 권면합니다. 오히려 기쁨으로 그를 영접하고 또 이런 자들을 존귀히 여기라고 말합니다. 하나님 나라의 일은 반드시 나타난 결과로 평가되는 것은 아니기 때문입니다.

우리는 주위에서 오랜 기간 병이나 가난으로 고생하는 자들을 만나게 됩니다. 어떤 분은 너무나 오랫동안 직장이 없이 생활하고 어떤 사람들은 질병에 시달려서 몰골이 형편없을 때, 자기도 모르는 사이에 그런 사람들을 무시하기가 쉽습니다. 정말 무능한 것 같고 실패한 것처럼 보일 수도 있습니다. 하지만 그런 분들을 귀하게 생각해야 합니다.

그리스도인들의 고생은 아름답습니다. 교회 안에 시부모를 섬기느라 고생한 지체를 알고 있습니까? 그들의 손을 따뜻하게 잡아주십시오. 온전치 않은 자녀들을 키우느라 고생하신 분들을 위로해주시기 바랍니다. 그리고 그들을 위해 기도하십시오. 하나님께서 에바브로디도를 치료해 주신 것처럼 병든 가족들이나 자녀들을 치료해 달라고 기도합시다.

사도 바울이 빌립보 교인들에 충고하고 있는 것이 무엇입니까? 사람을 외모로 보고 판단하지 말라는 것입니다. 우리는 늘 어떤 결과를 가지고 사람을 판단하려고 합니다. 어떤 사람이 시험에 떨어진 것을 보고 그의 신앙을 판단합니다. 어떤 사역자가 가난에서 벗어나지 못하고 사람들의 지지를 받지 못하는 것을 보고 그를 업신여기려고 합니다.

그러나 에바브로디도는 하나님의 말씀을 위해서라면 사람들이 알아주건 알아주지 않건 몸을 바쳐서 수고한 하나님의 군사였습니다. 하나님은 사람의 중심을 보십니다. 그리고 언젠가는 빌립보 교인들도 얼마나 귀한 목회자가 자기들과 함께 있었는지 알게 될 때가 올 것입니다.

오늘 교회의 가장 안타까운 현실은 바로 신앙의 피상성입니다. 우리는 마치 백화점에서 물건을 한번 훑어보듯이 모든 것을 자기 멋대로 판단해

버리기 일쑤입니다. 그런 유치한 신앙 자세가 얼마나 많은 것을 잃게 하는지 모릅니다. 우리의 신앙은 진국이 되어야 합니다. 중요한 것을 붙들고 끝까지 수고하는 하나님의 군사들이 되어야 합니다. 그리고 충성하다가 병들거나 어려움에 빠진 성도들을 소중하게 생각하시고 다른 사람이 알아주든지 알아주지 않든지 끝까지 복음에 충성하는 성도들이 되시기 바랍니다.

Philippians-Colossians

빌립보서 10

가장 고상한 지식

(빌 3:1-9)

인간은 아름답고

가치 있는 것을 소유하고 보유하기 원합니다. 미술작품을 좋아하는 사람들은 전 재산을 털어서라도 원하는 그림을 사려고 합니다. 그리고 학문을 깊이 연구하고 싶은 사람들은 집이라도 팔아서 훌륭한 교수를 따라 그가 어느 나라에 있든 가서 배우고 싶어 합니다. 교회 안에는 누구에게나 절대적인 가치를 지닌 보물이 있습니다. 바울은 그 보물을 드디어 발견했습니다. 예수님을 만나기 전에는 이 세상에 좋은 모든 것을 향하여 달려가던 그였습니다. 그에겐 자신이 세상에서 가장 고상한 사람이라는 자부심이 있었습니다. 그러나 그는 예수님을 만난 순간 자기 자신이 아무 것도 모르고 있었다는 것을 알게 되었습니다. 그래서 예수님을 만난 후 옛날에 자랑하던 모든 것들을 배설물처럼 버렸다고 고백합니다.

1. 하나님의 보물

::

'보물'은 희소가치가 있어서 그것을 소유한 사람을 아주 가치 있고 부요하게 합니다. 옛날에는 주로 땅 속에 보물을 묻었습니다. 땅 속 깊은 곳에 들어 있는 금이나 석유 같은 것은 캐내기만 하면 엄청난 부자가 됩니다.

지금은 땅 속에 파묻힌 보물보다는 무형의 보물이 더 큰 가치를 지니기도 합니다. 예를 들어 어떤 대학 연구소에서 불치병을 고칠 수 있는 백신을 개발해서 세계적인 특허를 얻으면 그 가치는 어마어마한 것입니다.

교회 안에는 이 세상 어떤 보물과도 비교할 수 없는 엄청난 보물이 있습니다. 그것이 바로 하나님이 우리에게 주신 하늘의 보물입니다.

사도 바울은 먼저 교인들에게 기뻐하라고 말합니다.

1절, "종말로 나의 형제들아 주 안에서 기뻐하라. 너희에게 같은 말을 쓰는 것이 내게는 수고로움이 없고 너희에게는 안전하니라"

바울은 빌립보 교인들에게 '나의 형제들아 주 안에서 기뻐하라'고 권면합니다. 아마도 빌립보 교인들은 빌립보 도시 안에서 그렇게 큰 부자도 아니었을 것입니다. 또 그들 중에는 유명한 학자나 정치인도 없었을 것입니다. 빌립보 교인들은 세상의 관점에서는 그렇게 기뻐하거나 자랑할 것은 없는 사람들입니다. 그럼에도 사도 바울은 빌립보 교인들에게 기뻐하라고 말씀합니다. 그들 안에 이 세상의 어떤 보물과도 비교할 수 없는 엄청난 보물이 있기 때문입니다.

하나님께서는 믿음의 조상 아브라함에게 하늘의 복을 약속하셨습니다. 하나님은 아브라함을 축복하는 모든 사람이 복을 받고 그를 저주하는 사람은 모두 저주를 받을 거라고 아브라함에게 약속해주셨습니다. 이 약속 때문에 이스라엘 백성들은 전 세계에서 가장 특별한 백성이 될 수 있었습니다. 그런데 놀라운 것은 그 복이 신약 교회로 넘어오게 된 것입니다.

빌립보 교인들은 바로 아브라함의 복을 그대로 물려받은 사람들입니다. 그렇다면 이 복이 무엇 안에 감추어져 있을까요? 바로 그들이 가지고 있는 하나님의 말씀 안에 있고 더 중요한 것은 그들이 믿는 예수 그리스도 안에 이 보물이 담겨있습니다.

하나님의 복을 누리는 유일한 방법은 예수 그리스도를 믿는 것입니다. 예수 그리스도를 믿는 그 믿음을 가지고 하나님의 말씀 속을 파고 들어가야 합니다. 그것은 바로 우리가 하나님의 축복의 금광 속에 들어가서 금을 캐내는 것과 같습니다. 하나님의 말씀은 우리의 영혼을 치료하는 능력입니다. 하나님의 말씀은 우리의 죽은 영혼을 믿음으로 살려내어서 모든 죄를 다 용서받게 하고 하나님의 아들의 지위를 얻게 했습니다. 이 세상의 어떤 보석이나 어떤 지식도 우리의 죽은 영혼을 살리고 우리를 하나님의 자녀가 되게 할 수 없습니다.

그리고 하나님은 우리에게 성령을 부어주셨습니다. 하나님의 성령은 이 세상 그 어느 곳에서도 알거나 경험할 수 없습니다. 성령은 우리 마음을 치료하고 우리를 완전하게 합니다. 성령님은 우리의 죽은 감정과 생각을 다 살려냅니다. 그리고 우리로 하여금 영원히 하나님과 하나가 되게 합니다. 하나님께서는 당신 안에 있는 모든 좋은 복을 우리에게 주십니다.

솔로몬은 말하기를 '해아래 새로운 것이 없다' 고 했습니다. 그것은 이 세상에 있는 어떤 보물도 다 재활용품이라는 뜻입니다. 가끔씩 재활용 쓰레기수거장에 가면 쓸모 있는 것들도 꽤 있지만 새것과는 비교도 할 수 없습니다.

하나님 안에 보물이 있기도 하지만 우리가 하나님의 말씀을 파고 들어가다 보면 우리 자신이 보물로 변화됩니다. 하나님의 말씀을 붙들고 기도하면 성령의 불이 붙고 부흥이 일어나게 됩니다. 부흥의 때에 우리 인간들은 가장 아름답고 존귀하며 행복할 수 있습니다. 부흥은 세상 어느 곳에도 없는 귀한 보물입니다.

사도 바울은 이런 복을 제대로 누리고 있는 사람은 항상 기뻐할 것이라고 했습니다. 다시 말해서 우리가 신앙생활을 한다고 하면서 기쁨이 없다면 이런 축복을 누리지 못하고 있거나 혹은 스스로 그 가치를 모르고 있다는 것입니다. 아무리 좋은 것을 가지고 있어도 그 가치를 모르면 불만으로 가득 차 늘 우울할 것입니다. 우리가 말씀의 가치를 안다면 열심히 모여야 하고 말씀을 깊이 파고 들어가야 합니다. 그러면 우리는 이 세상에서 천국의 복을 완전히 누릴 수 있습니다. 그러나 말씀의 가치를 모른다면 기뻐할 이유가 없습니다.

지금 교회는 하나님의 은혜가 메마른 것을 이상하게 여기지 않습니다. 이렇게 퍽퍽한 영적 현실은 교인들의 심령을 답답하게 합니다. 교회 안에 하나님의 말씀 외에 다른 자랑거리들이 들어와서 말씀의 공급을 막고 있는 것도 교회를 메마르게 하는 요인입니다. 하나님의 은혜는 목회자나 교인들이 하나님의 말씀에 만족하지 못하고 세상을 사랑할 때 급속도로 막혀버립니다. 그때는 아무리 성경을 가지고 설교를 멋지게 한다 해도 수박 겉핥기에 그치게 돼있습니다.

초대 교회 당시에는 교회 안에 하나님의 은혜를 빼앗는 것들이 들어와 있었습니다. 사도 바울은 그런 사람들을 '개' 라고 지칭하며 아주 심하게 공격했습니다.

2절, "개들을 삼가고 행악하는 자들을 삼가고 손할례당을 삼가라"

여기서 말하는 '개들' 은 주인이 없는 개로서 비가 오면 비를 맞으면서 여기 저기 킁킁거리며 쓰레기통을 뒤지는 집나간 개의 모습을 떠올리게 합니다. 대개 이런 개들은 전염병이나 기생충에 감염돼 있거나 사납기 때문에 어쩌다가 물리면 큰 병에 걸릴 수도 있습니다. 그래서 주인이 없는 떠돌이 개가 동네에 나타나면 돌을 던지든지 몽둥이로 때려서 쫓아버립니다.

많은 학자들이 여기에 나오는 '개들' 을 유대주의자들로 생각합니다. 이들이 할례를 강조했기 때문입니다. 갈라디아 지방에서는 많은 유대주의자들이 이방인 신자들을 찾아가서 예수만 믿으면 안 되고 할례도 받아야 한다며 교인들을 미혹했습니다. 그러나 빌립보에서는 유대인들이 그렇게 많지 않았기 때문에 이 '개들' 은 이방인으로서 할례를 받은 자들일 것이라고 생각합니다. 그리고 원래 유대인들은 이방인들을 개라고 부르기도 했었습니다.

이방인들 중에서 예수를 믿고 변하여 새 사람이 된 사람들은 결코 '개' 가 아니지만 괜히 예수도 믿지 않으면서 할례를 받은 후에 자기만 신앙이 좋은 것처럼 떠들고 다니는 자들이 여기서 말하는 '개들' 인 것입니다. 이들은 이미 광견병을 가지고 돌아다니고 있기 때문에 일단 물리기만 하면 신앙적으로 많은 고통과 손실을 입게 될 것입니다. 이들은 전혀 가치가 없는 자들로서 존중할 필요가 없기에 개들이란 표현을 쓴 것입니다. 결국 이들은 할례를 받았지만 실제로는 신앙이 전혀 없었습니다. 중심이 전혀 변화되지 못했고 실제로는 진리를 몰랐습니다. 그럼에도 이 사람들은 여러 곳을 다니면서 자기 나름대로 진리를 가르쳤습니다. 그들의 가르침은 마치 개가 짖는 것과 같았고, 그들이 전한 메시지는 사람들을 개처럼 물어뜯었습니다.

교회의 가장 중요한 사명은 사람들의 죄를 치료해서 하나님 앞에 바로 세우는 것입니다. 만약 병을 진단하지도 치료하지도 못하는 병원은 존재할 이유가 없습니다. 마찬가지로 교회는 사람들의 죄를 진단하고 그것을 고칠 수 있어야 합니다.

1980년대 한국교회에 일었던 부흥회 붐은 한국교회를 성장시킨 동력이 되기도 했지만 소위 부흥 강사라고 하는 사람들 중에서 헌금이나 많이 거둬들이고 좋은 대접만 받아 챙기는 사람들도 있었습니다. 그들은 성경을 잘 풀어서 성도들에게 은혜를 끼치는 것을 목적으로 하지 않습니다. 대접받고 많은 사례를 받는 데만 관심을 가졌습니다. 처음에는 화려한 언변에 가려 그들의 본심이 잘 나타나지 않았지만 말씀에 갈급한 교인들은 성경말씀은 빼고 자꾸 돈이나 내라고 강조하는 그들의 정체를 점점 깨닫게 되었습니다. 결국 이것이 교인들의 신앙에 걸림돌이 되어 교인들을 냉소주의적 신앙에 빠지게 만들었습니다. 이런 일들이 반복되면서 교회는 깊이 병들게 되었습니다.

본문은 육신의 할례를 강조하는 자들을 '손할례당'이라고 말하고 있습니다. '손할례당'이라는 말은 진짜 할례가 아니고 그냥 할례 수술만 받았다는 뜻입니다. 전혀 신앙적인 의미가 없는 할례인 것입니다.

예를 들어, 어떤 사람이 순전히 살을 뺄 목적으로 다이어트를 했으면서 다른 사람들 앞에서는 금식 기도중이라고 떠드는 것과 같습니다. 혹은 어떤 사람이 방언의 은사를 받았다고 자랑하면서 실제로 신앙생활 자체는 엉망인 것과 마찬가지입니다.

진정한 성령의 은사는 자기를 부인하게 만들고 겸손하게 하며 공동체를 튼튼하게 만듭니다. 성령의 역사와 개인의 욕심에서 나온 열정을 분별하는 기준은 분명합니다. 성령의 역사는 교회를 건강하게 세우지만 개인의 욕심은 교회를 분열시킵니다. 성령을 받았다고 하면서 정당한 가르침을 부정하고 자기중심으로 사람을 모으는 것은 욕심과 기질에서 나온 것입니다. 이런 욕심 때문에 우리는 엄청난 복을 빼앗길 수 있습니다.

2. 교회 안에 있는 하나님의 복

사도 바울은 아름답고 복된 교회가 어떤 모습인지 말합니다.

3절, "하나님의 성령으로 봉사하며 그리스도 예수로 자랑하고 육체를 신뢰하지 아니하는 우리가 곧 할례당이라"

이 당시 빌립보에서는 할례가 굉장히 중요시되고 인기를 끌고 있었던 것 같습니다. 그래서 신자들 중에서도 할례를 받은 자는 자기가 할례 받았다는 것을 자랑을 했고 그렇지 않은 자들은 위축되었습니다. 이런 상황에서 사도 바울은 진정한 할례가 무엇인지 설명합니다.

진정한 할례는 육체를 수술하는 것이 아니라 자기 안에 있는 죄성을 하나님 앞에서 고백하고 용서받는 것입니다. 그리고 성령으로 예배드리는 것을 말합니다. '하나님의 성령으로 봉사하며' 에서 '봉사' 라는 말은 '예배' 를 의미합니다. 즉 진정한 예배는 구약시대처럼 소나 양을 잡아서 드리는 예배가 아니라 성령으로 드리는 예배입니다. 구약시대에는 소나 양을 잡아서 제사를 드렸기 때문에 예배를 드릴 때 정성이라도 있었습니다. 실제로 자기 눈앞에서 자기의 소와 양이 죽으니까 아깝기도 하고 가축이 불쌍한 마음이 들기도 했습니다. 하지만 신약시대에는 눈에 보이는 것은 없고 마음으로 예배를 드리니까 너무 무성의하게 예배를 드리기 쉽습니다. 하지만 신약의 예배가 더 어려운 제사입니다. 내 자신을 잡아서 바치는 제사이기 때문입니다.

예수님께서 십자가에 못 박혀 죽으심으로 이제 더 이상 우리는 번거롭게 짐승을 잡아서 죽일 필요가 없게 되었습니다. 그렇다고 해서 하나님께 드리는 예배의 중요성이 없어지는 것은 아닙니다. 오히려 하나님께 드리는 예배가 더 살아나야 하고 더 뜨거워져야 합니다.

성령으로 드리는 예배는 가만히 앉아서 설교를 감상하는 것에 그쳐서는 안 됩니다. 이 예배는 나를 잡아서 죽이는 예배입니다. 우리는 예배를 드리면서 내 안에 있는 죄를 끄집어내서 하나님 앞에 내놓고 불태워야 합니다. 말씀을 통해서 내 속에 있는 교만이 철저하게 밝혀져야 합니다. 하나님의 말씀이 내 폐부를 찔러 때로는 말씀을 듣는 가운데 너무나도 고통스러워서 비명소리라도 나와야 할 것입니다. 나의 죄 때문에 예수님이 십자가에 달려 죽으신 것을 생각하고 울어야 하고 기뻐해야 합니다.

그리고 예배를 드리고 난 후에 우리의 삶은 달라져야 합니다. '그리스도 예수로 자랑하고' 예배를 드리고 난 후에는 예수님이 내 마음의 주인이 되셔야 합니다. 물론 그 전에도 예수님이 내 마음의 주인이었지만 이제는 더욱 예수님이 나의 삶 가운데 중심이 되고 주인이 되셔야 합니다. '그리스도 예수'로 자랑한다는 것은 이제는 예수님을 내 주인으로 삼고 예수님이 시키는 대로 살아가는 것을 의미합니다. 우리는 예배를 통해 이렇게 철저하게 예수님의 노예가 되고 종이 됩니다.

마땅히 멸망당해야 하는데 주님이 나를 살려주셨습니다. 우리는 매우 소중한 인생을 살아가고 있습니다. 그래서 우리는 도저히 더 이상 내 자신을 위해서 살 수가 없습니다. 그래서 이제는 나의 과거는 죽었고 이제는 새 사람 오직 그리스도인이 살아 있을 뿐입니다. 그래서 우리에게 있어서 내가 예수를 믿고 예수의 종이라는 것보다 더 자랑스러운 것이 있어서는 안 됩니다.

그래서 이제는 더 이상 인간적인 자랑을 하지 않습니다. "육체를 신뢰하지 아니하는 우리가 곧 할례당이라." 우리는 더 이상 우리 자신의 조건을 자랑할 필요를 느끼지 않습니다. 인간의 모든 자랑거리가 예수님 앞에서는 아무것도 아니기 때문입니다.

3. 예수를 아는 지식

사도 바울이 그리스도를 알기 전에 그는 자랑할 것이 많은 사람이었습니다. 하지만 예수님을 알고 난 후에는 이 모든 자랑들이 정말 아무 것도 아니라는 것을 깨닫게 되었습니다.

4-6절, "그러나 나도 육체를 신뢰할만하니 만일 누구든지 다른 이가 육체를 신뢰할 것이 있는 줄로 생각하면 나는 더욱 그러하리니 내가 팔일 만에 할례를 받고

이스라엘의 족속이요 베냐민 지파요 히브리인 중의 히브리인이요 율법으로는 바리새인이요 열심으로는 교회를 핍박하고 율법의 의로는 흠이 없는 자로라"

빌립보 교회 안에는 자신의 인간적인 조건들을 신뢰하고 자랑하는 사람들이 많이 있었던 것 같습니다. 사도 바울은 자기는 그들이 자랑하는 것과 비교되지 않는 자랑이 있지만 예수님 앞에서는 아무 것도 아니라고 말했습니다.

우선 바울은 예수 믿기 전에 자신의 유대인의 혈통을 자랑스럽게 생각했습니다. "내가 팔일 만에 할례를 받고 이스라엘 족속이요 베냐민의 지파요 히브리인 중의 히브리인이요…."

사도 바울에게 가장 큰 자랑거리는 자신의 혈통이었습니다. 당시 전 세계에 흩어져 있던 유대인들은 실제로 포로 된 자들의 후예였고 순수한 이스라엘 혈통이 아니었습니다. 그래서 어떤 이스라엘 사람 중에는 흑인들도 있었고 유럽계처럼 생긴 자들도 있었습니다. 단지 그들 안에 이스라엘의 피가 조금 흐르고 있다는 것이지 순수한 이스라엘은 아니었습니다. 이스라엘 사람은 할례를 통해서 이스라엘이 되었습니다. 그러나 많은 사람들은 팔일 만에 할례를 받은 것이 아니라 나이가 들고 난 후에 할례를 받았습니다. 그러므로 바울은 팔일 만에 할례를 받은 것은 정통 이스라엘 사람이라는 증거입니다.

바울은 정통 히브리식 교육을 받은 자였습니다. '히브리인 중의 히브리인' 이라고 하는 것은 철저한 바리새인 교육을 받은 것을 의미합니다. 바울은 길리기아 다소 사람이었지만 예루살렘에 유학을 와서 정통 랍비 교육을 받았습니다. 바울은 히브리어에 능통했으며 특히 구약 성경에 대한 해박한 지식을 가진 자였습니다.

실제로 바벨론 포로 이후로 이스라엘 사람들 중에서도 히브리어를 읽을 수 있는 사람이 별로 없었습니다. 그런 중에 바울은 히브리인 중의 히브리인이었습니다. 그뿐만 아니라 그는 열심도 특별했습니다. "열심으로는 교회를 핍박하고 율법의 의로는 흠이 없는 자로다." 유대교에는 학문적인 것보다 더 높이 평가하는 것이 거짓 신앙을 가진 자들을 공격해서 뿌리 뽑는 열심이었습니다. 요즘으로 말하면 이단들이 집회를 할 때 습격해서 얼마나 많은 자를 체포했느냐 하는 것이 일종의 공적이 되었습니다. 그리고 그는 율법의 행위로도 흠이 없었습니다.

유대교 안에는 여러 교육과정이 있었던 것 같습니다. 바울은 입문 과정에서부터 시작해서 최고 단계에 이르기까지 그 모든 과정을 전혀 흠이 없이 다 수료한 사람이었습니다. 어떤 사람은 초보 단계를 몇 년씩 되풀이하는 사람이 있었는데 바울은 탄탄대로를 지나온 자였습니다. 아마 그대로 있었더라면 분명히 최고의 랍비가 되었을 것입니다. 그런데 무엇이 바울의 삶을 완전히 뒤집어 놓았습니까? 무엇이 한때 잘나가던, 장래가 촉망되던 한 젊은이의 인생을 전적으로 바꿔놓았습니까? 부활하신 예수님입니다.

바울은 부활하신 그리스도 앞에서 자기의 혈통이나 히브리 실력이나 열정은 전혀 의미가 없다는 것을 알았습니다. 바울의 혈통이나 히브리어 실력이나 열심 같은 것은 전혀 그의 생명에 도움이 되지 못했습니다. 그는 바로 멸망할 자였고 십자가의 원수였습니다.

부활하신 예수님이 사도 바울을 쳐다보시면서 '나는 네가 핍박하는 예수다!' 라고 하셨을 때 그 위엄과 능력 앞에 바울이 가지고 있던 자랑들은 꺼낼 수조차 없었습니다. 그는 부활하신 하나님 앞에서 가장 악한 자였고 가장 부정한 자였습니다.

7절, "그러나 무엇이든지 내게 유익하던 것을 내가 그리스도를 위하여 다 해로 여길뿐더러"

'모든 것을 해로 여긴다'는 말씀에서 '해'는 '손실'을 말합니다. 영어로는 'loss'입니다. 사도 바울은 지금 자기 자신의 인생 대차대조표를 작성하고 있습니다. 지금까지 그의 모든 재능이나 열심은 '유익'의 항목에 들어 있었습니다. 그런데 그리스도 앞에 서보니까 이 모든 것이 유익이 아니고 손실이었습니다. 왜 바울은 이런 것들을 해라고 말하고 있습니까? 사도 바울은 이런 쓸데없는 자랑들 때문에 눈이 어두워서 진리를 바로 보지 못하였고 오히려 진리를 박해하고 탄압하는 편에 있었기 때문입니다. 만약 자기에게 이런 자랑거리들이 없었더라면 그는 훨씬 더 빨리 이 무지와 미신에서 벗어 날 수 있었을 것이며 훨씬 더 빨리 주님을 만날 수 있었을 것입니다.

사도 바울은 이런 자랑거리들만이 아니라 다른 것들도 손실의 항목 안에 넣고 있습니다.

8절, "내가 그를 위하여 모든 것을 잃어버리고 배설물로 여김은"

단순히 해로 여길 뿐만 아니라 '배설물'로 생각하고 있습니다. 그 이유가 무엇입니까? 그리스도를 아는 지식이 가장 고상했기 때문입니다.

'고상하다'는 것은 단순히 철학적으로 고상하다는 뜻이 아닙니다. 지금 여기서 사도 바울은 상업적인 개념에서 말하고 있는 것입니다. 다시 말해서 그리스도를 아는 지식이 워낙 고가이기 때문에 이 모든 손실을 갚고도 남는다는 뜻입니다. 그는 혈통으로는 정통 유대인이요, 유대교 안에서 상당한 엘리트이기에 그리스도만 만나지 않았더라면 유대교 안에서 세계적인 랍비가 될 수 있었을 텐데 그것마저도 잃었습니다

그리스도가 누구시기에 모든 것을 포기했을까요? 예수 그리스도는 하나님의 아들이기 때문입니다. 하나님에게 아들이 있다는 것은 엄청난 사실입니다. 우리가 무슨 재주로 하나님에게 아들이 있는지 알 수 있겠습니까? 천국의 비밀이 우리 가운데 나타난 것입니다.

우리는 감히 하나님께 접근할 수가 없는 존재입니다. 하나님은 고사하고 태양 근처에도 접근할 수 없는 존재가 인간입니다. 그러나 하나님의 아들은 하나님의 모든 신비와 능력을 그대로 가지셨음에도 사람이 되심으로 낮아지셨습니다. 예수님은 우리에게 하나님 자신을 선물로 주셨습니다. 그리스도 안에는 하나님의 모든 비밀과 능력과 축복이 다 들어 있습니다. 그것도 충만하게 들어 있습니다. 다시 말해서 그리스도를 안다고 하는 것은 이 세상 모든 것을 갖는 것보다 더 큰 유익입니다. 그리스도를 알면 하나님을 바로 알게 되어 있고 하나님을 바로 안다는 것은 내가 하나님의 모든 축복 안에 들어가 있는 것을 의미합니다. 그리고 하나님을 알 때 내 자신도 되찾게 됩니다. 우리가 이 세상 모든 것을 다 가지고서도 자기 자신을 잃으면 무슨 소용이 있습니까?

예를 들어, 아무리 돈이 많고 공부를 많이 하더라도 병들어 누워 있으면 무슨 소용이 있겠습니까? 이 세상에 살면서 반드시 해야 할 일이 있는데 그것은 아름다운 자신을 되찾는 것입니다. 그것이 바로 그리스도 안에 있습니다.

이 세상 사람들 안에는 생명의 불씨가 없습니다. 그들은 하루하루 죽어가고 있습니다. 그러면서도 자기 자랑 때문에 자기의 현실을 제대로 알지 못하고 있습니다. 이제 마지막 불씨가 꺼져버리면 그들은 하나님의

심판대 앞에서 영원한 심판을 받을 수밖에 없습니다.

하지만 그리스도인들에겐 그들과 다른 자랑이 있습니다. 내 안에 영원한 생명이 있고 영원한 축복이 있다는 사실입니다. 우리의 사망은 정복되었습니다. 믿는 자들에게는 영원히 죽음이 없습니다. 그리스도인들은 죽는 순간이 영생으로 들어가는 순간입니다.

이 세상에 가장 위대한 것이 그리스도를 아는 지식입니다. 우리는 하나님의 아들이 이 세상에 오시기 전부터 계셨던 것을 압니다. 그는 하나님과 함께하신 창조자였습니다. 창조의 실무자였습니다. 그는 이스라엘 백성들에게 하나님의 사자로 나타나셨습니다. 이스라엘 백성들이 여호와라고 불렀던 그 주님이었습니다. 그런데 그가 드디어 동정녀의 몸에 잉태되어 세상에 오셨습니다. 성육신은 영원히 이해할 수 없는 신비입니다. 그리스도는 정상적인 아이로 태어나셨고 다른 사람들과 조금도 다를 것이 없는 사람으로 사셨습니다.

그는 무시당했고 업신여김을 받았으며 세상은 그를 믿지 않았습니다. 그러나 그의 입에는 능력의 말씀이 있었고 그의 손에는 병자를 살리는 치료의 능력이 있었습니다. 귀신을 쫓아내셨고 물위를 걸으셨으며 보리떡 다섯 개와 물고기 두 마리로 오천 명을 먹이셨습니다. 그는 죄인들을 불쌍히 여기셨으며 그들의 친구가 되어주셨습니다. 그는 겸손하셨고 정직하셨습니다. 그는 가난하셨으나 두려움이 없으셨습니다. 성전에 올라가서 성전을 더럽히는 자들을 내어 쫓으셨습니다. 그는 붙들리셨고 채찍에 맞으셨으며 결국 십자가 위에 달리셨습니다. 십자가의 고통 중에서도 다른 사람을 저주하거나 욕하지 않으셨습니다. 여섯 시간 동안 십자가 위에 달리셨다가 돌아가셨습니다. 그러나 죽은 지 사흘 되던 날 사망의 권세를 깨트리고 다시 살아나셨습니다. 그의 제자들과 그를 믿는 자들에게 다시 나타나셨고 오순절에 성령을 부어주셨으며 하나님 보좌 우편에서 우리의 대제사장으로 살아계십니다.

그리스도는 지금도 살아계셔서 우리의 기도를 중보하시며 우리의 죄를 사하시고 우리에게 능력을 주십니다. 이 세상에 이런 지식은 없습니다. 우리가 예수를 깊이 알수록 우리는 예수님을 닮아가게 되고 우리의 신앙은 장성하게 됩니다.

사도 바울이 배설물 같이 생각했다하는 것들은 사실 이 세상에서 꼭 필요한 것들입니다. 하지만 이런 것들을 자랑으로 삼을 수는 없습니다.

우리가 예수 그리스도를 믿는 순간 우리의 신분과 미래가 달라집니다. 예수 그리스도를 아는 지식은 우주에서 가장 중요한 지식입니다. 그러나 이 지식은 단순한 지적인 욕구만 충족시켜주는 것이 아니라 실제로 우리를 하나님의 축복으로 인도하는 지식입니다. 우리는 이것을 기뻐하고 자랑하고 확대시킬 수 있어야 하겠습니다.

Philippians-Colossians

빌립보서 11

새로운 인생 목표

(빌 3:9-14)

먼 곳을 여행할 때는 분명한 목적지와 경유하는 곳을 파악해야 합니다. 그렇지 않고 무턱대고 길을 떠났다가는 낯선 곳에서 대책도 없이 고생만 실컷 하게 됩니다. 우리 인생도 여행과 같아서 목적지를 분명히 하고 살아갈 필요가 있습니다.

요즘 학생들의 최대 목표는 좋은 학교를 나오거나 고시에 합격하는 것입니다. 사업을 하는 사람들은 사업이 번창하는 것이 인생 목표가 될 것입니다. 그런데 우리가 인생을 살다보면 인생의 목표와 수단이 혼동돼서 나중에는 수단이 목표가 되어 있을 때가 많습니다.

그리스도인들이 예수 믿기 전에는 이 세상에 사는 목표가 있었습니다. 더 좋은 대학에 입학을 하거나 더 좋은 지위에 오르거나 더 많은 돈을 버는 목표가 있었습니다. 그러나 예수 그리스도를 알고 난 후에는 이런 목표들이 의미를 상실해버립니다. 예수님과 하나님을 아는 진리가 정말 위대하고 영혼들이 은혜 받고 변화되는 일이 정녕 놀랍기 때문입니다. 그래서 우리는 더 이상 이 세상의 목표를 위해서 살 수 없다고 생각하게 됩니다. 이때 잘못하면 대단히 비현실적인 사람이 되기 쉽습니다. 여전히 우리는 이 세상에서 살아야 하며 세상에서 알아주는 것들은 우리가 예수를 믿고 난 후에 가치가 없다고 생각해서 배설물처럼 버린 것들이기 때문입니다. 여전히 세상은 학벌, 능력, 자격증을 알아줍니다. 하지만 이런 것들은 하나님을 알고 은혜 받는 데는 아무 상관이 없는 것들입니다. 그래서 예수 믿는 사람들이 잘못하면 세상에 적응하지 못하고 공중에 떠 있는 비행기처럼 되기가 쉽습니다.

예를 들어, 어떤 비행기가 공중에 떠 있는데 지상에 착륙할 수가 없다면 이것은 큰 사고가 생긴 것입니다. 이때는 낙하산을 타고 뛰어내리든지 비상착륙을 시도하든지 해야 합니다. 하지만 둘 다 목숨을 내놓고 시도해야 합니다. 바로 이것이 오늘 은혜를 받은 성도들의 형편입니다. 은혜 받은 후에는 세상에서 무엇을 해야 할지 어리둥절할 때가 많습니다. 그냥 성경 공부만 하면서 교회 안에서만 지내면 정말 행복할 것 같습니다. 하지만 우리는 여전히 이 세상에서 쓸모 있는 사람이 되어야 하고 세상에 무엇인가 도움을 주어야 합니다. 그러므로 은혜를 받은 후에도 우리는 이 세상에 또 다른 방식으로 적응해야 합니다.

사도 바울이 다메섹으로 가기 전에는 아주 성공적인 청년이었습니다. 그는 가장 뛰어난 혈통과 학벌을 가졌고 랍비들의 인정을 받는 사람이었습니다. 그는 부활하신 예수님을 만난 후, 옛날에 자기가 자랑하던 모든 것을 배설물처럼 버리고 오직 예수님만 알기를 원했습니다. 그리고 유대인들에게 미움을 받게 되었고 예루살렘 신자들에게는 견제를 당했습니다. 그리고 로마의 분위기는 기독교에 대하여 적대적으로 변하고 있었습니다. 이때 바울이 과연 무엇을 목표로 삼고 성공했느냐 하는 것입니다.

1. 사도 바울의 새로운 출발점

뭔가 새로운 출발을 하려면 무엇을 기반으로 시작할 건지 분명히 해야 합니다. 사도 바울 당시에 세상에서 성공할 수 있는 방법은 대략 세 가지 정도 있었습니다. 첫 번째는 로마식 성공이었습니다. 로마에서 군인이나 변호사가 되어서 정치적으로 성공하는 것입니다.

키케로는 원래 변호사였는데 워낙 말을 잘 하는 바람에 로마 원로원에서 정치인으로 성공했습니다. 그의 책은 오랫동안 라틴어를 배우는 자들에게 교본이 될 정도로 훌륭한 문장이었습니다. 줄리어스 시저는 청년기까지 별 볼일 없는 사람이었고 그리스로 유학을 갔다가 해적에게 볼모로 잡혔던 사람입니다. 그런데 그가 로마에서 집정관이 된 후에 갈리아 정복으로 인기를 끌게 되었고 특히 평민의 인기를 업은 개혁 정치로 세력을 잡았습니다.

또 다른 성공의 길은 그리스에서 학문을 배우는 것이었습니다. 하지만 그리스가 이미 망했기 때문에 로마시대에는 한계가 있었습니다. 세 번째로는 유대인들처럼 장사를 해서 돈을 버는 것이었습니다.

바울은 원래 유대인으로서 유대인들의 정신적 기둥인 랍비의 길을 걸었습니다. 그러나 다메섹으로 가다가 부활하신 예수님을 만난 후에는 세상의 모든 기반을 다 버리고 새로운 기초 위에 인생을 세워나갔습니다. 바울 자신이 부활하신 예수님을 눈으로 직접 봄으로 지금까지 알지 못했던 어마어마한 영적인 세계를 보았기 때문입니다. 그러나 사도 바울은 이 세상의 성공에 기초를 세우지 않았습니다. 그는 로마 시민권이나 그리스 철학을 의지하지 않았습니다. 유대인들의 비전이나 돈의 힘을 믿지 않았습니다. 그리스도를 믿는 의에서부터 새로운 인생을 시작했습니다.

9절, "그 안에서 발견되게 하려 함이니 내가 가진 의는 율법에서 난 것이 아니요 오직 그리스도를 믿음으로 말미암은 것이니 곧 믿음으로 하나님께로서 난 의라"

사도 바울의 가장 큰 관심은 세상의 성공이 아니라 어떻게 하면 하나님 앞에서 의로운 자격을 얻을 수 있느냐 하는 것이었습니다. 바울은 부활하신 예수님을 만난 후 지금까지 생각하고 있던 모든 기초를 다 버렸습니다. 그는 오직 그리스도를 믿음으로 하나님 앞에 의로워지는 것을 자기 인생의 새로운 출발점으로 삼았습니다.

율법의 의라고 하는 것은 인간이 하나님 앞에 의로운 행동을 해서 인정받는 것을 말합니다. 하나님의 율법을 지키고 제사를 많이 드려 종교적으로 열심을 내는 것입니다. 그는 율법으로 의로워지려고 부단히 노력했었는데 부활하신 예수님 앞에 서면서 자신이 아무 것도 아니라는 사실을 깨달았습니다. '사울아 사울아 네가 어찌하여 나를 핍박하느냐' 고 하시는 예수님 앞에서 그는 죄인이고 하나님의 원수였습니다.

바울은 부활하신 예수님을 만남으로 지금까지 머리로만 막연히 생각하던 하나님 나라의 실체를 보았습니다. 만일 하나님 나라가 실재라면 인간의 논리나 노력은 아무 소용이 없고 오직 자신을 예수님께 맡겨야 한다는 사실을 알았습니다. 그래서 바울은 예수를 믿는 믿음의 길을 택했습니다. 이것은 내 힘으로 하나님 앞에 의로워지려는 모든 노력을 포기하고 예수님의 죽으심만을 믿는 것입니다. 그때 하나님은 예수님의 피를 보시고 우리를 의롭다고 여기시는 것입니다. 이것은 순전히 공짜로 얻는 것입니다. 자기 열심이나 노력으로 의로워지려고 하는 자들에게는 있을 수 없는 일입니다. 이들은 조금이라도 신에게 가까이 가기 위해서 수없이 기도하거나 수행하고 끊임없이 신에 대해 탐구하려고 합니다. 인간의 시각에선 그들이 정말 훌륭하고 존경스러워 보입니다. 그런데 아무 공로 없이 그저 예수를 믿는 것으로 단번에 의로워진다니 말도 안 되는 소리라고 생각할 만도 합니다. 하지만 우리에게 새로운 의의 길이 열렸습니다. 사도 바울은 지금까지 확신하고 진력했던 모든 길을 다 버리고 오직 예수 그리스도의 복음을 믿고 그 기초위에서 새로운 인생을 시작했습니다.

그는 아무 노력도 보태지 않았습니다. 예수를 믿으니까 어느 순간 예수 그리스도 안에 들어가 거하게 된 것입니다. 하나님의 은혜 안에 들어와 있게 되었습니다. 하나님은 더 이상 무서운 하나님이 아니요 자비로운 아버지가 되셨습니다.

이렇게 좋은 것이 믿음이지만 세상은 그 믿음을 인정해주지 않습니다. 오히려 사도 바울이 버린 것에 세상은 더 열광합니다. 세상이 볼 때 바울은 이상한 사람입니다. 그래서 로마의 베스 총독은 사도 바울이 하는 말을 듣고 너의 많은 지식이 너를 미치게 했다고 말했습니다(행 26:24).

사도의 형편이 바로 우리들의 처지이기도 합니다. 우리가 예수 믿기 전에는 세상에서 구체적으로 생각하던 인생 목표가 있었습니다. 그런데 예수를 믿으면서 그런 목표들은 다 의미가 없어져버렸습니다. 그러면 이제 우리는 무엇을 목표로 삼아야 할까요?

우리에게 이전의 목표는 더 이상 의미가 없습니다. 그러나 우리는 또 세상의 일을 전혀 생각하지 않을 수 없습니다. 여기서 신앙의 갈등이 생깁니다. 도대체 무엇을 목표로 해서 살아야 할지 알 수 없는 것입니다.

목표를 세우기 전에 신앙의 기초를 분명히 하는 것이 우선입니다. 우리의 모든 힘과 능력은 하나님으로부터 오는 것입니다. 그러므로 무엇보다 중요한 건 우리가 풍성한 믿음을 소유해서 하나님의 축복을 캐내야 한다는 것입니다. 이것이 우리의 새로운 목표가 되어야 합니다.

공부를 하든 직장을 다니든 사업을 하든 무조건 성공을 향해 달리는 것이 아니라 세상을 섬기기 위해 해야 합니다.

바울이 복음 전도에 성공할 수 있었던 비결은 그의 뛰어난 능력이 아니었습니다. 그가 복음을 전하기 훨씬 전에 이미 알렉산더 대제는 전 세계에 헬라어를 퍼트렸습니다. 그리고 로마의 폼페이 장군은 지중해의 해적들을 다 소탕했습니다. 게다가 사도 바울은 어려서부터 소아시아 다소에서 자랐기 때문에 헬라 문화에 대하여 상당한 지식이 있었고 로마의 시민권까지 갖고 있었습니다. 이 모든 것들이 다 선하게 사용되었던 것입니다. 우리의 직업, 학업, 사업 등은 성공을 위한 수단이 아니라 세상을 섬기기 위해 사용되어야 합니다.

2. 그리스도 안에 있는 부활의 능력

:::

물론 사도 바울도 자기 자랑이나 자기 의에 가득 차 있던 사람이었습니다. 아마도 과거의 바울이라면 이 세상에서 자기 보다 더 똑똑한 사람이 없는 줄 알았을 것입니다. 그러나 이 오만한 바울을 한 순간에 무너뜨린 것은 죽은 줄 알았던 예수가 살아 있다는 사실이었습니다.

예수님은 살아계셔서 사울에게 '사울아 사울아 어찌하여 네가 나를 핍박하느냐' 고 말씀하셨습니다. 죽은 줄 알았던 예수는 살아 있었습니다. 그리고 그렇게 똑똑하던 자기 자신은 그 앞에서 죄인이요 원수요 대적자였습니다. 그는 예수님 앞에서 죽은 것처럼 되었고 그의 열심이나 그가 지금까지 열심히 했던 모든 노력들은 아무 소용이 없었습니다.

그때 바울이 충격적으로 깨달았던 것은 부활이 진짜 있다는 사실이었습니다. 사람들은 머리로만 부활을 생각하고 있었는데 예수님은 실제로 살아계셨습니다.

예수님은 바울의 눈앞에 살아 계셨고 예수님은 그에게 말씀하셨습니다. 그 순간부터 바울의 생각은 완전히 달라졌습니다.

10-11절, "내가 그리스도와 그 부활의 권능과 그 고난에 참예함을 알려하여 그의 죽으심을 본받아 어찌하든지 죽은 자 가운데서 부활에 이르려 하노니"

사도 바울이 가장 알고 싶었던 것은 그리스도 자신이었습니다. 피상적으로 아는 것에 그치지 않고 그분 안에 있는 모든 지식과 지혜의 보고를 가지고 싶어 했습니다. 그리고 그리스도를 살린 부활의 능력을 알고 싶었습니다.

바울은 도대체 어떤 능력이 그리스도를 죽은 자 가운데서 살리셨는지 알기를 원했습니다. 그리스도께서는 죽은 자 가운데서 부활하셔서 그런 능력을 우리 믿는 자들에게도 주셨습니다. 그래서 그리스도인들에게는 두 가지 능력이 있습니다. 하나는 사람을 살리는 능력입니다. 주님의 능력으로 죽은 영혼을 살릴 수 있습니다. 주님이 우리를 통하여 이 부활의 능력을 행하십니다. 그리고 우리는 죽어도 살고 영원히 죽지 않습니다.

바울은 그리스도의 고난에 참예하고 싶다고 고백했습니다. 이것은 그리스도의 십자가 죽음을 모방하겠다는 뜻이 아닙니다. 해마다 부활절만 되면 예수님의 십자가 고난을 모방해서 계단을 기어서 오르거나 혹은 진짜 십자가에 못 박히는 고행을 하는 사람들이 있습니다. 그러나 바울이 말하는 것은 그런 고난이 아닙니다. 주님을 인하여 당하는 고난에는 생명을 살리는 능력이 나타났습니다. 나의 삶을 포기하고 주님께 나의 삶을 드리는 것 자체가 큰 고통입니다. 그러나 우리가 자꾸 자기를 포기하면 포기할수록 엄청난 성령의 능력이 자기를 통하여 나타나게 됩니다.

우리의 신앙은 목표에 따라서 무한히 풍성해 질수도 있고 거의 신앙이 없는 불신자처럼 아무 것도 얻지 못할 수도 있습니다. 참된 풍성함은 이 세상의 것으로 배 부르는 것이 아니요 그리스도 안에 있는 하나님의 복을 소유하는 것임을 사도는 깨달았습니다. 다시 말해 이 세상에 부흥이 일어나는 것이 참된 부요함임을 알았습니다. 사도 바울의 성공 비결은 영적인 부흥에 있었습니다. 마틴 루터, 존 칼빈, 존 웨슬레 같은 위대한 신앙의 선배들도 이 비결을 따라 살았습니다.

예수를 더 많이 아는 것이 무엇입니까? 이것은 결국 성경을 더 깊이 있게 아는 것입니다. 저는 오랫동안 그리스도를 더 알기를 원했습니다. 성경을 배우고 싶었지만 마치 거대한 산과 같이 느껴져 엄두를 내지 못했습니다. 그러다가 깨닫게 된 것이 바로 예배와 성도의 교제가 그리스도를 알 수 있는 길이라는 사실입니다.

교회는 바로 그리스도를 아는 지식의 문을 여는 곳입니다. 혼자서는 도저히 이 엄청난 지식의 문을 열 수가 없습니다. 그러나 함께 예배를 통하여 말씀 속에 들어 있는 그리스도를 알아 가기 시작합니다. 사도 바울은 처음 계시를 통하여 주님을 알았을 것입니다. 하지만 그 후에는 바울 자신도 성경으로 돌아가서 더 많은 하나님의 비밀을 깨달을 수 있었습니다. 우리도 성경을 함께 해석하고 적용하는 가운데 하나님과 예수 그리스도를 알아가고 있습니다.

이제 그리스도인들과 교회의 목표가 분명해졌습니다. 바로 성경 안에 있는 진리를 더 깊이 더 철저히 더 많이 알아가는 것입니다. 성경은 마치 거대한 밀림과 같습니다. 어느 누구도 이 안에 함부로 들어 올 수 없습니다. 함부로 들어 왔다가는 바로 길을 잃고 맙니다. 그러나 이 안에 진리의 노다지가 들어 있습니다. 함께 힘을 다하여 이 안에 있는 진리를 캐내야 합니다. 이것보다 중요하고 시급한 것은 없습니다.

성경의 진리는 우주보다 큽니다. 우주보다 더 거대한 것이 하나님의 구원의 지혜입니다. 한평생 살면서 이 안에 있는 진리를 더 깊이 캐내는 것을 목표로 삼는다면 우리의 인생은 절대로 실패하지 않을 것입니다. 하나님의 말씀을 바로 알면 알수록 우리 안에 그리스도의 부활의 능력이 역사합니다. 주님이 나의 삶 속에서 운동하시기 시작하십니다. 때로는 우리에게 '가라' 하시고 '전하라' 하시고, 우리로 병자를 일으키게 하십니다. 도저히 나의 힘으로 감당할 수 없는 일을 행하게 하십니다. 처음에는 성령의 역사가 문지방에서 졸졸 흘러나오는 정도이지만 점점 더 그분의 능력을 경험하고 그분의 음성에 순종하면 나중에는 강이 되어서 흘러 넘치게 됩니다. 이것이 부흥입니다.

교회가 가장 사모해야 할 것은 우리의 모임 가운데 더 강한 성령의 역사가 흘러나오는 것입니다. 우리는 함께 예배를 드리면서 우리 안에 성령님이 충만히 거하시는 사실을 느낄 수 있어야 합니다. 교회는 사람들에게 좋은 가르침을 주는 단체가 아닙니다. 해결되지 않는 죄로 인해 답답함을 가지고 온 사람들을 치료해주어야 합니다. 교회는 영혼을 치료하는 곳입니다. 성령의 역사가 넘쳐 흐를 때는 늦게 온 자들 까지도 은혜를 받게 되고 심지어는 예배를 마치고 돌아 간 후에도 주님의 역사가 계속됩니다. 가정에서나 만나는 사람마다 이런 치료와 회복의 역사가 나타나게 됩니다.

또한 바울은 주님으로 인하여 고통 받는 것이 얼마나 귀한 것이냐고 반문합니다. 만일 어떤 왕이 어려움을 당하게 되었는데 내가 대신 그 어려움을 감당했다면 얼마나 기쁘겠습니까? 초대 교회 그리스도인들에게는 바로 이런 기쁨이 있었습니다. 주님으로 인하여 욕을 먹고 주님으로 인하여 고난 받는 것을 굉장히 기뻐했습니다. 그것이야 말로 주님과 내가 얼마나 가까운 사이인지를 확인하는 기준이라고 생각했기 때문입니다. 진정으로 나와 상관이 없는 사람을 위해서라면 고생하고 싶지 않을 것입니다. 그러나 정말 가깝고 내가 존경하는 사람을 위한 수고와 고생이라면 기쁨으로 감당할 것입니다. 그런 고생 자체가 그분과 내가 얼마나 가까운지 보여주는 증거이기 때문입니다.

우리가 편안할 때에는 주님을 잘 인식하지 못합니다. 하지만 우리가 주님으로 인하여 약간이라도 어려움을 겪을 때 주님을 더 가깝게 느낄 수가 있습니다. 그가 바로 내 곁에 계시며 우리를 붙들고 계신 것을 느낄 수 있습니다.

11절, "어찌하든지 죽은 자 가운데서 부활에 이르려 하노니"

여기서 사도 바울이 말하는 것은 자기가 부활하기 위하여 빨리 죽고 싶다는 뜻이 아닙니다. 육신은 살아 있지만 마음과 영혼이 실제로 죽어 있는 상태에서 성령이 오셔서 지성과 감정과 언어나 표정이 살아나는 것을 말합니다. 이러한 부활의 역사는 우리에게 신적인 능력이 나타나도록 합니다.

3. 사도 바울의 목표

::

당시 빌립보 교인들 중에는 예수를 믿으면 이미 목표를 이룬 것이기 때문에 더 이상 노력할 것이 없다고 주장하는 자들이 있었습니다. 대학교에 합격하고 난 후에는 아무 것도 하지 않고 술이나 마시고 놀러 다니는 학생과 같은 것입니다. 그러나 사도 바울은 우리의 구원이 완벽하게 이루어진 것이 아니라고 말합니다.

12절, "내가 이미 얻었다 함도 아니요 온전히 이루었다 함도 아니라 오직 내가 그리스도 예수께 잡힌바 된 그것을 잡으려고 좇아가노라"

사도 바울은 온전히 이룬 것도, 얻은 것도 없다고 말합니다. 우리가 예수 믿고 구원을 얻는 것은 사실이지만 그것으로 모든 것이 다 끝난 것은 아니라는 뜻입니다. 아직 구원 얻을 자격을 얻지 못했다는 말이 아닙니다. 어떤 사람은 의롭다함을 자신하지 못해서 회개하고 또 회개합니다. 또 다른 사람은 구원의 확신이 없어서 예수님을 영접할 사람 일어서라고 하면 그때마다 일어나기도 합니다. 이들처럼 바울이 구원의 확신이 없다는 뜻이 아닙니다.

바울은 주님이 원하시는 것을 아직 이루어드리지 못했다고 생각하고 있습니다. 물론 사도 바울이 주님을 위해 한 일들은 엄청납니다. 하지만 이것은 하나님이 행하신 것이고 자기는 아직도 제대로 한 것이 없다고 생각하고 있습니다.

운동선수들은 정상을 탈환하면 얼마 있지 않아 은퇴하려고 합니다. 정상을 계속 지킨다는 게 너무 힘들기 때문입니다. 그러나 그리스도 안에는 그런 일이 없습니다. 정상에 오른 것 같지만 또 다른 산이 버티고 있습니다. 주님의 능력도 무한합니다. 그래서 그리스도인들은 항상 새롭게 출발합니다. 부끄러운 과거와 자랑스러운 현재를 모두 떨쳐버리고 늘 부족한 자신을 깨닫고 새 출발을 해야 합니다.

우리는 '온전히 이루었다' 고 생각하지 않습니다. 물론 과거에 비하면 많이 좋아졌지만 아직도 내 안에는 주님께 드리지 못한 추한 영역들이 아직 많이 남아 있습니다. 사도 바울은 자기의 목표가 주님께 더 붙들리는 것이라고 말했습니다. 우리는 할 수 있는 한 타인의 간섭을 받지 않으면서 자유롭게 일하려고 합니다. 하지만 종의 신분일 때에는 주인에게 붙들려야 제대로 일할 수 있습니다. 종이라고 해서 다 불행한 것이 아닙니다. 주인이 인격적이고 종을 덕스럽게 다스리면 종도 그 위치에서 보람을 느끼며 주인에게 더 붙들려서 사용되고픈 마음을 갖게 됩니다. 대통령의 비서나 장관들은 대통령에게 붙들려서 사용되는 것을 가장 큰 보람으로 알 것입니다. 이런 사람들은 실제로 자기 사생활도 거의 없이 모든 것을 대통령에게 맞추어서 살고 있는데 그럼에도 이 사람들은 권력의 핵심에 붙들려 있는 것을 자랑스러워합니다.

우리가 처음에는 주님께 붙들리면 숨이 막혀서 죽을 것 같습니다. 내가 원하는 것은 하나도 이루어지지 않고 주님의 뜻에 내가 끌려가고 있다는 것을 알 때 '오, 주여 제발 저를 좀 잠시라도 놓아 주십시오. 숨이 막혀서 죽을 것 같습니다' 라고 기도합니다. 아직까지 세상에서 포기하지 못한 욕심이 있기 때문입니다. 우리는 주님의 손에 잡히지 않으려고 안간힘을 씁니다. 하지만 주인의 손에 붙들린 도구가 제 역할을 하는 것입니다.

신앙생활을 하면서 주님과 숨바꼭질하는 것 같다는 생각을 한 적이 있습니다. 그러다가 주님이 확 잡으시면 그때는 더 이상 도망칠 수 없습니다. 주님은 우리가 자기 힘으로는 아무 것도 할 수 없도록 만들어 놓으십니다. 그 후 주님께 사용되고 나면 이것이 얼마나 엄청난 축복인지 알게 됩니다. 그때부터 좀 더 나를 잡아주시고 절대로 버리지 말아 달라고 기도하게 됩니다.

바울은 '내가 그리스도 예수께 잡힌바 된 그것을 잡으려고 좇아가노라' 고 말씀하고 있습니다. 이것은 쉽게 말하면 더 확실하게 잡히고 싶고 주님이 나를 마음껏 쓰시게 해드리겠다는 것입니다. 주님이 우리들을 쓰려고 해도 안 쓰시는 이유가 있습니다. 워낙 자기 생각과 자기 계획이 많아서 어떻게 해볼 수가 없는 것입니다. 주님의 입장에서는 까다로운 사람보다는 아무 때나 잡아서 쓸 수 있는 그런 사람이 필요합니다.

바울은 그렇게 붙들려 사용되기 위해서 필요한 것이 있다고 말합니다. 바로 빨리 과거를 잊어버리는 것입니다.

13-14절, "형제들아 나는 아직 내가 잡은 줄로 여기지 아니하고 오직 한 일 즉 뒤에 있는 것은 잊어버리고 앞에 있는 것을 잡으려고 푯대를 향하여 그리스도 예수 안에서 하나님이 위에서 부르신 부름의 상을 위하여 좇아 가노라"

그에게 가장 중요한 것은 '뒤에 있는 것을 잊어버리는 것' 이었습니다. 여기서 '뒤에 있는 것' 은 자랑스러운 과거와 부끄러운 과거 모두를 포함한 것입니다. 과거는 우리를 자꾸 잡고 늘어지려고 합니다. 비가 온 뒤에 진흙탕이 된 길을 걸어가면 발에 진흙이 자꾸 묻어서 나중에는 도저히 걸어갈 수가 없습니다. 마찬가지로 사람들은 과거의 많은 짐들을 지고 힘들게 살아가고 있습니다. 과거에 잘한 것은 그 사람을 허영과 헛된 자랑에 빠지게 합니다. 그리고 과거의 잘못은 자꾸 내 자신을 병들게 합니다.

세상 사람들은 절대로 이 과거의 짐을 벗어버릴 수가 없습니다. 그러나 우리는 이것을 벗을 수 있습니다. 사람들은 과거가 해결되지 않아서 과거의 모든 짐을 짊어진 채 살아갑니다. 우리가 과거의 짐을 벗을 수 있는 방법은 예수님의 종이 되는 수밖에 없습니다. 종에 대한 모든 책임은 주인에게 있기에 예수님의 종이 되어 그분께 모든 짐을 맡기는 수밖에 없다는 말입니다. 만일 내가 내 인생의 주인이면 과거의 짐들을 다 짊어지고 가야 합니다. 그러나 내가 주님의 종이라면 인생에 대하여 책임을 질 필요가 없습니다.

사도 바울은 새로운 푯대를 세웠습니다. 그것은 '하나님이 위에서 부르신 부름' 을 향하여 달려가는 것입니다. 우리 각자를 향한 하나님의 부르심은 다릅니다. 한 사람이 모든 일을 다 잘할 수 없습니다. 의사에게도 전공분야가 따로 있듯이 우리의 맡은 사명도 각각입니다. 바울이 뛰어난 사도인 건 사실이지만 그는 이방인에게 복음 전하는 일만 맡아했습니다. 예루살렘 교회가 그의 분깃이 아님을 바울은 잘 알고 있었습니다

사도 바울은 자신의 부르심을 두 가지로 생각했습니다. 하나는 복음을 더 밝히는 것이었습니다. 이것은 일종의 구원론이었고 기독교 교리의 핵

심이 되었습니다. 두 번째 부르심은 이방에 복음을 전하는 것이었습니다. 사도 바울은 기독교 2000년 역사를 통틀어 가장 위대한 사도로 인정받고 있습니다. 그가 분을 넘지 않으면서 자신의 사명에 최선을 다했기 때문입니다. 바울은 자신이 유대인들에게 거부당한 것을 실패라고 생각하지 않았습니다. 오히려 대단히 영광스럽게 생각했고 자신의 사명을 올바르게 수행했기 때문에 유대인들에게서 그런 반응이 나오는 것으로 받아들였습니다.

우리에게 가장 어렵고도 중요한 것은 무엇입니까? 하나님께서 내게 주신 소명은 무엇인가 하는 문제입니다. 하나님이 나를 평신도로 부르셨다면 어느 부분에서 나를 쓰시기 원하시는지, 목회자로 부르셨다면 어떤 교회를 이루기 원하시는지, 공부하길 원하시는지, 직장에 들어가기 원하시는지, 혹은 독신인지 결혼인지 하나님의 뜻을 알기가 쉽지 않습니다. 이 모든 문제를 하루 아침에 다 풀려고 해서는 안 됩니다. 하나님 말씀의 보물을 캐내면서 우리의 부르심이 하나씩 하나씩 밝혀지게 될 것입니다.

그리스도인의 목표는 무엇입니까? 성경의 진리를 더 많이 구체적으로 그리고 풍성하게 아는 것입니다. 이것은 우리 혼자 힘으로 불가능합니다. 이것은 공동체로 모일 때 가능한 것입니다. 그리고 주님께 더 확실하게 붙잡히십시오. 나의 계획과 야망을 버려야 주께서 나를 잡아 쓰실 수 있습니다.

교회의 목표는 무엇입니까? 함께 하나님의 진리를 더 밝히는 것입니다. 진리를 밝히는 공동체, 이것이 교회의 사명입니다. 그리고 약한 자를 돌보아 온전케 하는 것입니다. 우리 각자의 삶에서 주님이 더욱 주인이 되게 하는 것이 교회의 목표일 때 교회는 주님 안에서 주의 뜻을 이루게 될 것입니다.

Philippians-Colossians

빌립보서 12

십자가의 원수

(빌 3:15-21)

누구든지 세상에서 출세의 길을 달리고 싶은 욕망이 있습니다. 영화나 드라마에서는 멋있게 생긴 배우들이 명품 선글라스를 끼고 오픈카를 타고 한적한 길을 달리는 장면을 성공한 남자의 전형으로 보여줍니다. 인간들은 누구나 마음속에 야성이 있어서 질주하고 싶은 욕망이 있습니다. 차든, 말이든, 오토바이든지 타고 달려 봤으면 하는 욕망이 있는 것입니다.

이렇게 멋지게 달리는 인생과 반대되는 인생이 농부의 인생입니다. 농부의 생활에 있어서 달린다는 건 있을 수 없습니다. 농사를 짓는다는 것 자체가 기다림이기 때문입니다. 농부는 지게를 지거나 소를 몰고 가더라도 천천히 가야 하고 그 더운 여름에도 맘 편히 휴가를 낼 수 없습니다. 땀을 뻘뻘 흘리면서 작물을 돌봐야 합니다. 그러다가 가을이 되어서야

알찬 열매를 추수하는 기쁨을 맛봅니다.

예수님께서는 제자들에게 '누구든지 나를 따라오려거든 오픈카를 타고 머플러를 날리면서 멋지게 달려오라' 고 말씀하시지 않으셨습니다. 예수님께서는 그 대신에 '누구든지 나를 따라오려거든 자기를 부인하고 자기 십자가를 지고 나를 좇으라' 고 말씀하셨습니다. 예수를 믿는 사람들의 인생은 십자가의 길입니다.

예수 믿는 길이 출세로 가는 길이 아닌 이유가 있습니다. 우선 예수 믿는 사람들은 예수님의 종이기 때문에 자기 마음대로 선택한 길로 갈 수가 없습니다. 우리들의 길은 종의 길이며 특히 종의 미래는 모든 것이 주인에게 달려 있기 때문에 미래를 예측할 수가 없습니다. 물론 예수 믿지 않는 사람들이라고 해서 미래를 다 예측할 수 있는 것은 아닙니다. 그래도 세상 사람들은 자기가 인생을 계획하기 때문에 자기 나름대로 전망을 가지고 삽니다. 하지만 예수 믿는 사람들은 주님이 모든 중요한 것을 결정하기 때문에 마음대로 결정할 수가 없습니다.

게다가 예수 믿는 사람들은 세상 사람들과는 다른 차원의 연단을 받아야 합니다. 예수 믿는 것으로 끝나지 않고 하나님의 손에 철저하게 붙잡히기 위해서는 특별한 연단을 받아야 합니다. 환경으로 인한 고통뿐만 아니라 편리한 세상 방식으로 살지 않고 하나님의 말씀대로 살아야 하는 고통도 감내해야 합니다.

하나님의 말씀대로 살아야 하늘의 복을 가져올 수 있기 때문입니다. 사망의 법이 다스리는 이 땅에서 하나님 나라의 법으로 산다는 건 참으로 힘겹습니다. 그래도 말씀으로 연단 받지 않으면 하나님께서 쓰시는 도구가 될 수 없습니다. 예수 믿는 사람들이 세상의 방식으로 잘 사는 것은 아무런 의미가 없습니다.

하나님의 말씀대로 살려고 할 때 세상 방식에도 익숙하지 않은데다가 하나님의 능력은 바로바로 눈에 보이지 않기에 우리는 많은 어려움을 당합니다. 게다가 우리는 자기만 잘 먹고 잘 살 수 있는 사람들이 아닙니다. 다른 영혼들도 챙겨야 합니다. 그래서 예수를 믿고 따르는 길은 끝없는 십자가의 길입니다.

사도 바울은 예수님을 만나기 전까지 세상에서 잘 나가던 사람이었습니다. 유대 사회에서 밝은 미래가 보장된 청년이었습니다. 다메섹으로 가는 길에 부활하신 예수님을 만나기 전까지는 말입니다. 그 후부터 그의 인생은 십자가의 인생이었습니다.

사도 바울은 철저하게 예수님의 몸종이 되어서 예수님이 인도 하시는 대로 어느 곳이든지 가서 복음을 전했습니다. 산과 들을 지나면서 강도를 만나기도 하고 현지에서 붙들려 매를 맞기도 하고 굶기도 하고 배가 파선되기도 하면서 고난의 길을 걸어왔습니다. 주님이 자기에게 맡기신 복음과 잃어버린 영혼들이 얼마나 소중한지 알았기에 그 길을 걸을 수 있었습니다.

사도 바울은 믿는다고 하는 사람들 중에서 십자가의 원수로 행하는 자들이 있다고 지적합니다. 예수님을 구주로 영접하고도 전혀 자기를 부인하지 않고 자기 고집이나 자기 유익만을 위해서 사는 것이 십자가의 원수로 행하는 것입니다. 바울은 그런 사람들을 생각하면 너무나도 가슴이 아파서 눈물이 나온다고 말합니다. 그는 부디 모든 교인들이 이 복음과 영혼의 중요성을 깨달아서 모두 십자가의 길을 걸을 수 있기를 바라고 있습니다.

1. 온전히 이룬 자들

::

본문에서 사도는 예수 믿는 자들을 '우리 온전히 이룬 자들'이라고 부릅니다.

15절, "그러므로 누구든지 우리 온전히 이룬 자들 이렇게 생각할지니 만일 무슨 일에 너희가 달리 생각하면 하나님이 이것도 너희에게 나타내시리라"

여기서 '우리 온전히 이룬 자들'을 잘못 생각하면 신앙생활을 하면서 어떤 경지에 도달한 사람이라고 생각하기 쉽습니다. 사실 예수 믿는 사람들의 가장 큰 고민은 아무리 예수를 믿고 신앙이 성장했다고 해도 완전한 경지에 들어갈 수 없다는 것입니다. 늘 넘어지고 항상 죄를 짓습니다. 그때마다 우리는 이렇게 은혜를 많이 받고 체험을 했는데도 신앙이 불완전하고 자꾸 반복적으로 넘어질까 하는 의문을 갖습니다. 그래서 은혜를 사모하는 많은 성도들이 더 많은 시간 기도하고 더 많이 자기 자신을 절제해서 완전한 경지에 들어가려고 하지만 은혜 받을 때만 잠깐 자라는 것 같다가는 또 다시 죄를 짓고 싶은 욕망에 빠지게 됩니다.

그렇습니다. 우리가 육신을 가지고 있는 동안에는 절대로 완전한 신앙의 경지에 들어갈 수 없습니다. 그러면 '온전히 이룬 자들'은 무슨 뜻일까요? 한 마디로 자기가 원하는 것을 이미 얻은 사람들을 말합니다.

우리는 이 세상에서 나름대로 목표를 가지고 살아갑니다. 그 목표를 이미 달성한 사람들도 있습니다. 우리 생각에는 일단 인생의 목표를 달성했으면 그것으로 끝난 것 같은데 그렇지가 않습니다. 그 사람은 또 다른 목표를 찾아 나섭니다.

올림픽에서 금메달을 딴 선수가 거기서 그치지 않고 그 자리를 놓치지 않으려고 그 누구보다 열심히 훈련하는 것을 볼 수 있습니다. 만일 그 자리에 안주하면서 유명세에 떠밀려 훈련에 소홀히 하면 다른 선수에게 1등을 빼앗기고 말 것입니다.

우리의 구원은 예수를 믿음으로 단번에 이루어졌습니다. 이 사실에는 더 이상 우리가 보탤 것이 없습니다. 그러면 이제 무엇을 해야 할까요? 어떻게 살아야 할까요? 그냥 죽어서 천국에 갈 때까지 이 세상에서 어영부영 빈둥거리며 살아야 할까요? 아니면 다른 목표를 세워서 또 열심히 살아야 할까요? 예수를 믿는 것도 중요하지만 그 이후에 어떤 인생 목표를 세우느냐가 어쩌면 더 중요합니다.

어떤 사람들은 영혼의 구원은 따 놓은 당상이니 이젠 세상의 성공을 이뤄보려 합니다. 세상도 얻고 영생도 얻겠다는 것입니다. 또 어떤 이는 이왕 예수 믿고 구원 얻었으니 세상일은 다 때려치우고 전도나 하면서 살아야겠다고 생각합니다. 어떻게 살아야 구원에 합당한 삶일까요?

그리스도인들은 이미 목표를 이룬 사람들입니다. 예수를 믿음으로 단번에 구원을 받았습니다. 이제는 죽어도 영생을 얻습니다. 그러나 우리에게는 아직 시간이 많이 남아 있습니다. 이때 우리에게 중요한 것은 남은 시간을 무엇을 위해서 살 것이냐 하는 것입니다. 먹고 살기 위해서, 세상에서 성공하기 위해서 다른 사람들처럼 이를 악물고 경쟁할 것인가, 아니면 영적인 일을 위해서 다시 한 번 수고를 할 것인가 하는 기로에 서 있는 이 사람들이 그리스도인입니다.

그래서 사도 바울은 구원을 얻고 난 후에는 나 자신보다는 다른 사람을 중요하게 생각해야 한다고 말합니다. 내가 무엇을 할까만 집중했던 시선을 더 넓힐 필요가 있습니다.

이때 가장 중요한 것은 우리가 예수님의 종이라는 사실입니다. 종에게 중요한 것은 주인을 위해서 일해서 주인을 기쁘게 하는 것입니다. 로마 시대에는 많은 종들이 있었는데 그 중에 나이든 종들은 정말 주인의 수족처럼 움직이면서 주인을 도왔습니다. 우리도 예수님의 종이기 때문에 예수님의 뜻을 더욱 더 잘 이루어드리는 삶을 살아야 합니다. 더 이상 우리 자신에게는 자유가 없습니다.

주님이 우리에게 가장 원하시는 것은 우리가 교회를 이루고 교회에 부흥의 불이 붙게 하는 것입니다. 하나님께서는 우리 한 사람 한 사람이 복음을 듣고 예수를 믿게 하셨습니다. 그러나 우리는 예수를 믿는다고 하면서도 너무나 모난 부분이 많고 다듬어지지 않은 부분이 많습니다. 그래서 우리가 인생의 목표를 이루었다고 생각되면 시선을 교회로 돌려 교회 전체를 위해 생각해야 합니다.

교회에서 가장 중요한 것은 부흥의 불이 계속 붙어 타오르는 것입니다. 그렇다면 우리 한 사람 한 사람에게 가장 중요한 것은 내 자신이 부흥의 불쏘시개가 되는 것 아닙니까? 하나님의 백성들에게 가장 중요한 것은 말씀을 중심으로 모이는 것입니다. 우리가 모이는 가운데 성령이 우리에게 임하시고 부흥의 불이 붙게 됩니다.

선교나 전도나 사회봉사나 그 모든 섬김의 불씨가 성전에서 나와야 합니다. 우리가 시야를 넓힘으로 교회적인 시각을 가질 때 우리 안에 갇혀 있던 말씀의 불이 더 뜨겁게 타오르게 됩니다. 믿는 자들에게는 이것보다 더 중요한 것이 없습니다. 만일 우리 안에 있는 이 불이 꺼진다면 마치 제철공장에서 불이 꺼지는 것과 같습니다. 불이 꺼진 용광로는 아무 물건도 만들어내지 못할 것이며 고철이나 철광석을 녹이지도 못할 것입니다. 하나님의 말씀의 자리가 그 무엇으로도 대치되지 못하도록 지켜야 합니다. 이것이 교회 안에서 우리가 해야 할 가장 중요한 일입니다.

또한 사도 바울은 이렇게 말합니다. "만일 무슨 일에 달리 생각하면 하나님이 이것도 너희에게 나타내시리라." 예수를 믿는 사람들의 삶의 모습은 다양합니다. 직장을 가질 수도 있고 공부를 할 수도 있고 선교에 동참할 수도 있고 회사 경영에 도움을 줄 수 있는 컨설턴트가 될 수도 있습니다. 믿는 자들이 무엇을 하든 주님은 믿는 자에게 지혜와 능력을 주실 것입니다.

여기서 놓쳐서는 안 되는 중요한 사실이 있습니다. 이제 모든 것을 내가 하고 싶어 하거나 결정하는 것이 아니라는 것입니다. 이제는 주님이 하라고 하시기 때문에 하고 다른 사람을 돕고 섬기기 위해서 일합니다. 예수 믿는 사람들에게 '자기' 라고 하는 것은 없어져야 합니다. 만일 우리에게 '나' 라고 하는 것이 살아 있으면 자기 생각을 하느라고 다른 사람을 위해서 아무 것도 할 수 없을 것입니다. 나의 기분, 나의 자존심, 나의 감정, 나의 시간, 나의 생각 등, 우리는 자기만 생각하면서 많은 시간을 허비할 것입니다. 그러나 종에겐 '자기' 가 없습니다. 자기 자신에 대하여 생각할수록 시간만 낭비하는 것입니다. 나중에 자기를 위해서 생각하고 노력했던 그 많은 시간을 돌이켜 보면 정말 아무 것도 아니었다는 것을 알게 됩니다.

우리가 나 자신에 대한 생각을 버리면 주님이 나를 생각해 주십니다. 그런데 정작 나 자신을 생각하지 않으려고 하면 그것이 쉽게 되지 않습니다. 아이를 키워보면 어렸을 때는 열심히 자기 것을 챙깁니다. 아이들은 절대로 자기 것을 남에게 빼앗기지 않으려고 합니다. 그러나 성장하면 할수록 내 것을 아무리 챙겨도 내 맘처럼 쉽게 내 것을 보유할 수 없다는 것을 알게 됩니다.

우리의 신앙도 마찬가지입니다. 처음에는 나만 은혜 받은 것 같고, 기도를 해도 자기 기도만 하게 됩니다. 그러다가 신앙이 자라면 점점 자기보다 다른 사람을 생각하게 됩니다. 어떻게 해야 교회에 유익이 될지, 교회를 풍성하게 할지 생각합니다. 그렇게 하면 내가 없어질 것 같지만 결국에는 자기를 아름답고 행복하게 하는 길인 것을 깨닫습니다.

사도 바울은 우리에게 아주 중요한 지혜를 알려줍니다.

16절, "우리가 어디까지 이르렀든지 그대로 행할 것이니라"

사도 바울은 우리가 아름답게 사는 비결은 지금 가고 있는 길을 계속 가는 것이라 말합니다. 하나님의 인도하시는 은혜로 지금껏 살아온 것을 인정하라는 것입니다. 그렇지 않으면 머리가 굉장히 복잡해질 것입니다. 지금까지 내가 잘한 것도 있을 것이고 못한 것도 있을 것이며 자랑스러운 부분도 있을 것이고 후회되는 부분도 있을 것입니다. 이 모든 것을 내가 책임지려고 하지 말고 하나님께 맡기라는 것입니다. 내가 할 수 있는 거라곤 지금까지 해 온 일을 꾸준히 하는 것입니다.

그런데 하나님께서 우리 인생의 궤도를 변경하실 때도 있습니다. 그때는 강권적인 힘으로 인도하실 것입니다. 단지 스스로 자신의 방향을 바꾸는 중요한 결정을 내리지 말라는 말입니다. 하나님이 내 인생의 주인이시기 때문입니다.

우리는 지금 하고 있는 일이 시시해서 딴 길을 가볼까 생각할 때가 있습니다. 물론 경로를 수정하는 것도 필요합니다. 그러나 참된 길을 찾고 난 후에는 그 길을 꾸준히 가야 합니다. 참된 길이 무엇입니까? 많은 사람이 알아주거나 유행을 따라가는 길이 아니라 교회의 지도와 말씀을 따라 뻗은 길로 가는 것입니다.

2. 십자가의 원수들

::

사도 바울은 교인들에게 자기를 본받는 삶을 살라고 말합니다.

17절, " 형제들아 너희는 함께 나를 본받으라 또 우리로 본을 삼은 것 같이 그대로 행하는 자들을 보이라"

사도 바울은 예수님을 만나기 전까지 이 세상에서 출세의 길을 걷던 사람이었습니다. 유대 사회에서 최고의 엘리트였고 차기 유대 사회 지도층을 이끌 인물이었습니다. 그러나 바울은 다메섹으로 가던 길에서 부활하신 예수님을 만나고 진리의 세계를 보았습니다. 지금까지 바울은 기독교인들을 이 세상에서 가장 어리석은 자들이고 미련하고 무식한 자들이라고 생각했는데 그 복음 안에 하나님의 영광이 있었고 능력과 축복이 있었습니다. 그 엄청난 세계를 본 후 자기의 모든 자랑을 버렸습니다. 바울은 다시 엘리트의 길로 돌아가지 않았습니다. 그는 이 세상 학문과 물질적인 부에 집착하지 않았습니다. 오직 하나님의 말씀과 영혼을 살리는 일에 모든 것을 걸었습니다. 그는 십자가의 길을 택했습니다. 가는 곳마다 반대를 당했으나 그때마다 부흥이 일어났습니다.

사도 바울은 두 가지를 붙들었습니다. 하나님의 말씀과 영혼을 살리는 일입니다. 사도 바울은 이것을 위해 고난을 자처했습니다. 그는 얼마든지 편안한 출세의 길을 달릴 수 있었습니다. 그럼에도 예수님을 만난 후에는 그 길에서 떠나 가시밭길을 걸었습니다. 그는 이런 가시밭길을 걷는 사람이 교회에서 정말 중요한 사람이라고 말합니다.

편하게 살 수 있는데도 하나님의 나라를 위해 고생을 자처하는 사람은 교회에서 정말 소중한 존재입니다. 사도 바울은 교인들에게 그런 사람이 있으면 보여 달라고 했습니다. 예수 그리스도의 종이 된 사람에게 세상 안락은 그렇게 중요한 문제가 아닙니다. 그리스도의 종으로 사는 길을 버리고 세상에서 편하게 사는 것보다 복음과 영혼들을 위해 고생하는 것을 더 값진 것으로 여깁니다.

이어서 사도는 가장 무서운 경고를 합니다.

18절, "내가 여러 번 너희에게 말하였거니와 이제도 눈물을 흘리며 말하노니 여러 사람들이 그리스도 십자가의 원수로 행하느니라"

사도는 십자가의 원수로 행하는 자들이 있는 것을 안타까워합니다. 십자가의 원수로 행하는 것이 무엇일까요?

예수님께서 가이사랴 빌립보에서 제자들에게 '나는 이제 예루살렘에 올라가면 제사장들과 서기관들에게 붙들려서 십자가에 못 박혀 죽을 것이라' 고 말씀하셨습니다. 그 자리에서 베드로는 반박하면서 예수님을 책망했습니다. 그때 예수님은 베드로를 돌아보시면서 '사탄아 내 뒤로 물러가라. 너는 하나님의 일을 생각지 아니하고 사람의 일을 생각 한다' 고 말씀하셨습니다.

예수님으로 하여금 십자가를 지지 못하게 하는 것이 십자가의 원수로 행하는 것입니다. 여기서 정말 놀라운 사실이 있습니다. 예수님도 하나님의 능력과 지혜를 가지고 사람들을 규합해서 자기 세력을 만들고 싶은 유혹을 받았다는 것입니다. 하지만 예수님은 담대하게 그런 제안을 거부하고 저주하심으로 다시는 말도 꺼내지 못하게 하셨습니다.

새도 둥지가 있고 여우도 굴이 있지만 인자는 머리 둘 곳이 없다고 말씀하신 예수님은 이 세상에서 가난하셨고 낮아지셨고 철저하게 자기를 부인하셨습니다. 예수님은 실제로 십자가를 지고 십자가 위에서 비참하게 죽으셨습니다. 십자가의 원수는 그 길을 가지 못하게 하는 자입니다. 자기가 살아 있고 자기가 대접을 받고 높아지는 것이 십자가의 원수로 행하는 길입니다. 한 마디로, 자기 야망이나 욕심을 위해서 교회를 이용하는 것입니다. 예수님께서 걸으신 길과는 반대되는 길입니다.

자기를 부인하라 하신 예수님의 말씀을 따르지 못하게 하는 것들이 참 많습니다. 그 중에서 가장 어려운 것이 가족일 것입니다. 가족이 없는 독신은 사실 재산이나 명예나 모든 것을 남들보다 쉽게 포기할 수 있습니다. 그러나 일단 가족이 있으면 미래를 위해서 부를 모으게 되어 있습니다. 그런 가운데 우리가 어떻게 십자가의 길을 갈 수 있겠느냐 하는 것입니다.

영웅도 도덕군자도 아닌 평범한 우리가 어떻게 이 십자가의 길을 갈 수 있을까요? 달리 생각하면, 평범한 사람이 하나님의 종으로 사는 것이 더 어렵고 위대하다고 생각할 수 있습니다. 이 땅에서의 소유를 선한 청지기의 정신으로 사용한다면 소유에 집착하지 않게 됩니다. 더 가지려고 욕심을 부릴 필요도 없을 것입니다. 기회가 있는 대로 선한 일에 사용할 수도 있습니다. 하지만 욕망 자체가 목적이 된다면 아무리 종교인으로서 그럴듯하게 산다 해도 결코 십자가의 길을 갈 수 없습니다.

19절, "저희의 마침은 멸망이요 저희의 신은 배요 그 영광은 저희의 부끄러움에 있고 땅의 일을 생각하는 자라"

'배가 신이다' 라는 말이 있습니다. 잘 먹고 잘 사는 게 최고라는 뜻입니다. 이 당시 로마 귀족들 중에는 한 끼에 요즘 돈으로 몇 천만 원 혹은 몇 억 원씩 하는 식사를 하는 사람들이 있었습니다. 식사 자체가 명예였고 목적이었던 것입니다. 그러나 그리스도인들에게 식사는 하나님께서 주신 은혜에 감사하는 시간이며 식탁에 둘러앉은 사람들과 교제하는 시간입니다. 세상 사람들은 비싼 음식 먹는 것 자체를 인생의 목적으로 삼고 자랑합니다. 쓸데없는 짓입니다. 식사에서 중요한 것은 성도들이 어떤 교제를 나누었고 얼마나 하나님께 감사를 드렸느냐 하는 것입니다.

'그 영광은 저희의 부끄러움에 있다' 고 했습니다. 이 사람들은 수치스러운 일들을 자랑했습니다. 예를 들어, 예수 믿는 사람들 중에서도 전혀 입에 올려서는 안 되는 음담패설을 하거나 옛날에 예수 믿기 전의 일을 가지고 길게 자랑하는 일이 있었을 수 있습니다. 세상일을 자랑하는 건 부끄러운 것입니다. 진정으로 겸손한 자는 자기의 부족한 것을 자랑하고 자기 입으로 자기 자랑을 하지 않으려고 할 것입니다.

십자가의 원수는 땅의 일을 생각한다고 했습니다. 오르내리는 주가에 연연하거나 흔들리는 정치 상황에 집착하거나 부동산에 목을 매는 것 등이 바로 땅의 일입니다. 십자가의 원수는 영혼을 살리는 것이나 죄를 회개하고 복음을 전하는 일에는 관심이 없습니다.

3. 하늘의 시민권

::

그리스도인들은 이 세상에 완전히 정착한 자들이 아니고 영원한 목적지를 향하여 가고 있는 사람들입니다.

20절, "오직 우리의 시민권은 하늘에 있는지라 거기로서 구원하는 자 곧 주 예수를 기다리노니"

우리의 시민권은 하늘에 있다는 말을 두 가지로 생각할 수 있습니다. 첫 번째는 우리의 목적지가 분명하다는 것입니다. 우리는 천국을 향해 가는 순례자들입니다. 고속도로를 달리다가 휴게소가 정말 깨끗하고 좋다고 언제까지나 거기에 머물 수는 없는 것처럼 이 세상은 잠깐 쉬어가는 곳이고 우리의 최종 목적지는 하늘나라입니다.

이 세상에서의 많은 만남과 경험들은 모두 지나가는 것입니다. 우리는 최종 목적지에서 주님을 대면하여 그분이 주신 달란트로 어떻게 장사했는가를 결산할 사람들입니다. 우리의 믿음이 얼마나 성숙했으며 이 땅에서 부흥의 불씨를 일게 하려고 얼마나 노력하며 하나님께 순종했는가를 결산하는 것입니다.

우리는 한 달란트 받은 자처럼 돈을 수건에 싸놓고 자기 일만 실컷 하면 안 됩니다. 더 나쁜 것은 주님의 이름을 팔아서 자기 장사를 하는 것입니다. 하나님의 일을 한다고 하면서 자기 명예나 욕심만 실컷 챙기는 자는 십자가의 원수입니다.

두 번째는 우리의 시민권이 이 세상에 없다는 말입니다. 물론 우리는 하늘나라에 시민권이 있으면서도 이 세상에 살고 있습니다. 그러므로 하나님 나라에서 들려오는 소리에 항상 귀를 쫑긋 세워야 합니다. 하나님이 뭐라고 말씀하시는지가 이 세상의 뉴스나 소문보다 더 중요하기 때문입니다.

주님은 당신의 백성들을 이 땅에 살게 하시면서 그냥 내버려 두시지 않습니다. 우리에게 말씀과 성령으로 부흥을 일으키셔서 죄를 이기게 하시고 믿음으로 승리하게 하십니다. 그리고 장차 큰일을 행하실 것입니다.

21절, "그가 만물을 자기에게 복종케 하실 수 있는 자의 역사로 우리의 낮은 몸을 자기 영광의 몸의 형체와 같이 변케 하시리라"

예수님은 다시 오셔서 모든 만물을 복종케 하실 것입니다. 그 만물 중에서는 세상의 모든 권력자와 부자와 장군들과 지식인들과 상인들이 다 포함이 됩니다. 주님은 오셔서 사탄의 세력을 다 결박하시고 이 세상에서 감히 하나님의 뜻에 대적하는 자가 한 명도 남지 않게 하실 것입니다. 그때 온 세상은 믿음으로 하나가 됩니다. 그리고 주님은 우리 몸을 영광스럽게 변화시키실 것입니다. 죽은 성도들도 다시 다 살아나서 이 영광된 부활의 몸을 입을 것입니다. 이것을 생각하면 이 세상에서 아무리 고생을 하더라도 이 영광의 몸에 참예하기만 하면 성공인 것입니다.

이 세상에서 아무리 가난하고 무식하고 비천하게 살아도 이 영광의 몸을 입기만 하면 그보다 더 좋을 수 없습니다. 노벨상이나 올림픽 금메달이나 권력자들이나 부자나 지식인들이라도 아무 소용이 없고 하나님의 영광만이 최고라는 것을 알게 될 것입니다. 우리가 이것을 얻기 위해서는 참아야 합니다. 그러다 보면 이 세상에서 모든 영광을 다 누리지 못할 수도 있습니다. 우리 믿음의 길은 세상의 길과는 다릅니다. 믿음의 길은 세상과 같은 명예나 만족은 없지만 영혼을 살리는 길입니다. 우리 모두 인내해서 이 믿음의 길을 끝까지 갈 수 있기를 바랍니다.

Philippians-Colossians

빌립보서 13

은혜를 지키라

(빌 4:1-7)

누구든지 세계적으로 알아주는 큰 상을 받는다든지 혹은 세계적인 대회에서 우승을 하게 되면 그 사람의 위상은 많이 달라지게 됩니다. 지금까지 무명의 사람에서 많은 사람들이 우러러보는 사람이 되는 것입니다. 얼마 전에 우리나라의 17세 이하 여자 축구 선수들이 월드컵 경기에서 우승을 했습니다. 그 전까지만 해도 여자 축구 선수들이 활동하는 줄도 몰랐습니다. 그런데 세계대회에서 우승을 하니까 선수들이 모두 유명인사가 되고 청와대에 초대되어 대통령과 만찬을 하고 텔레비전에 나가서 인터뷰를 하느라고 정신이 없게 되었습니다. 하지만 그렇다고 이 선수들의 자아상까지 달라지는 것은 아닐 것입니다. 오히려 이런 열렬한 관심과 기대가 부담스러울 수도 있고 예전에 그냥 조용히 축구에만 집중할 때가 더 좋다고 느낄 수도 있습니다.

우리가 예수를 믿고 난 후에도 비슷한 변화가 일어납니다. 우리의 신분과 위상에 엄청난 변화가 생기게 됩니다. 지금까지 죄의 종이었기 때문에 서로 싸우며 사는 것이 정상적인 것이었는데 이제는 하나님의 사랑을 받는 자가 되었고 다른 사람을 사랑해야 하는 사람이 되었습니다. 이런 변화는 참 낯설게 느껴집니다. 하지만 이 변화된 신분과 위상에 어울리는 삶을 살지 못하면 우리는 구원에 따르는 많은 혜택들을 잃어버리게 될 것입니다.

우리가 예수를 믿게 된 것은 우연히 일어난 일이 아닙니다. 하나님이 직접 하신 일입니다. 어떤 대기업에서 직원을 뽑는데 그 중에서 회장이 직접 뽑은 사람이 있다면 그는 엄청난 특혜를 받은 것입니다. 아마 주위에서 시기하기도 하겠지만 내심 부러운 눈으로 볼 것입니다. 우리는 온 천지의 주인이신 하나님께서 직접 택하셔서 우리로 예수 그리스도를 믿게 하셨습니다. 하나님께서 다른 천사나 높은 지위에 있는 사람을 시켜서 한 것이 아니라 직접 우리 안에 행하셨습니다.

또한 하나님께서는 우리를 구원하시기 위해서 하나님의 아들을 직접 세상에 보내셔서 죽게 하셨습니다. 이것은 하나님이 우리를 어마어마하게 가치 있게 생각하신 증거입니다. 기독교 신앙은 사람의 열정이나 노력으로 갖을 수 있는 게 아닙니다. 하나님이 직접 일하셔야 가능한 일입니다.

그러므로 우리는 우리 자신이나 다른 지체들을 볼 때 완전히 새로운 눈으로 보아야 합니다. 이 사람들은 우리가 흔히 아는 그런 세상 사람들이 아니라 하나님의 사랑을 받은 자들이며 축복 안에 있는 자들이라는 것을 알아야 합니다. 그래서 믿는 자들은 서로 인간적인 정을 기초로 만난 관계가 아닙니다. 하나님의 놀라운 사랑을 전제로 하지 않으면 만날 수 없었던 사람들입니다.

그러나 우리는 하나님의 은혜를 잊어버릴 때가 많이 있습니다. 구원의 기초 위에서 관계를 맺지 않고 옛날처럼 죄의 노예로서 사람들을 대합니다. 이것은 영적으로 큰 손해입니다. 하나님의 사랑 안에서 누릴 수 있는 관계의 복을 전혀 맛보지 못하는 것입니다.

사도 바울은 빌립보 교회가 복음의 혜택을 잘 누리지 못하는 것을 알았습니다. 그들은 서로 다투고 염려에 빠져 있고 다른 사람에게 관용하지도 못했습니다.

1. 기쁨이요 면류관인 성도들

::

1절, "그러므로 나의 사랑하고 사모하는 형제들, 나의 기쁨이요 면류관인 사랑하는 자들아 이와 같이 주 안에 서라"

만약 우리 자신을 하나님의 눈으로 보지 못하고 세상적인 눈으로 보면 우리는 모두 별 볼일 없고 단점이 많은 사람들로 보일 것입니다. 하지만 우리 자신과 서로를 믿음의 눈으로 보면 한 사람 한 사람의 가치는 그 무엇으로도 헤아릴 수가 없습니다.

우리 한 사람 한 사람은 하나님으로부터 직접 사랑을 받은 자들이고 택함을 받은 자들이며 하나님의 구원에 속한 사람들입니다. 그래서 우리는 자신이 어떤 신분인지 늘 생각해야 합니다. 사도 바울은 빌립보 교인들을 향해서 '나의 사랑하고 사모하는 형제들' 이라고 말합니다.

우리가 오랜만에 옛 동창들을 만나면 처음에는 기대하고 나가지만 많이 늙고 전과 같지 않은 모습에 실망을 하게 됩니다. 하지만 참된 그리스도인이라면 시간이 갈수록 더 정결해지고 아름다운 모습으로 변화하게 됩니다. 하나님의 말씀이 그를 놀랍게 변화시켰기 때문입니다. 전과는 달리 더 겸손하고 진실해진 그의 인격을 발견하고는 더 사랑하고 사모하게 되는 것입니다.

우리 속사람이 날로 더욱 아름다워지고 순수해지는 것은 정말 귀한 일입니다. 예수 그리스도를 믿고 말씀과 성령으로 변화되지 않으면 그 누구도 이 귀한 변화를 경험할 수 없습니다.

본문에서 사모한다는 말은 마음에 강하게 끌리는 것을 말합니다. 하나님의 은혜가 있는 사람에겐 자꾸 마음이 가게 됩니다. 겉모습은 예전 그대로이고 때때로 실수할 때도 있지만 그는 아름답게 변해가고 있는 중입니다. 얼마나 아름다운 모습으로 변화될지 기대하면서 그를 향해 인내하게 됩니다. 그렇습니다. 훌륭한 포도주를 먹기까지 숙성되는 시간이 필요하듯 우리들도 하나님께서 뜻하신 모습으로 변화되기까지 시간이 필요합니다.

사도는 교인들을 일컬어 '나의 기쁨이요 면류관인 자들' 이라고 했습니다. 사람들은 자기가 만든 최고의 작품을 보면 뿌듯해 합니다. 학자들은 자기의 연구 성과를 보며 기쁨을 느끼고 사업가는 큰 이윤을 남겼을 때 쾌재를 부릅니다. 작가는 자식과 같은 작품을 세상에 내놓을 때 희열을 느낍니다. 바울은 교회를 세우고 제자를 삼는 일에 매진한 사람으로서 영혼들이 변화되는 것을 기쁨으로 삼았습니다.

전에 한 평생을 항아리를 굽는 데 인생을 바친 분이 있었습니다. 그분은 절대로 항아리를 많이 굽지 않고 한 번 구울 때 딱 한 개씩만 굽는데 그것도 마음에 들지 않으면 부수어 버린다는 것입니다. 그러면서 그분이 하는 말이 굽는 온도에 따라서 항아리 색깔이 형형색색으로 변한다고 했습니다.

우리도 하나님의 말씀을 가지고 고난을 통과할 때 말씀의 강도와 고난의 강도 혹은 여러 가지 변수들로 말미암아 다양한 빛깔을 내는 보석으로 변화됩니다. 어떤 사람은 순백색의 다이아몬드, 누구는 화려한 자수정, 아무개는 은은한 진주가 되기도 합니다.

그래서 사도 바울은 '이와 같이 주 안에 서라' 고 했습니다. 이 진리를 믿어야 하고 여기에 최고의 가치를 두어야 한다는 뜻입니다. 그리고 우리는 이 일을 계속 해야 합니다. 이 세상에서 눈에 보이는 일들은 이 놀라운 변화의 아주 작은 부분에 불과합니다. 우리 한 사람 한 사람이 보물입니다. 그럼에도 우리는 자신의 가치를 잘 깨닫지 못할 때가 많습니다. 유감스럽게도 빌립보 교회 안에서 이런 일이 일어나고 있었습니다.

2절, "내가 유오디아를 권하고 순두게를 권하노니 주 안에서 같은 마음을 품으라"

빌립보 교회는 놀랍게도 교회 안에서 여성들이 아주 중요한 역할을 감당하고 있었습니다. 이것은 빌립보 교회만이 아니라 거의 대부분의 초대교회가 그랬습니다. 교회 안에는 옛날부터 여성들이 많았고 여성들이 중요한 위치를 차지하고 있었습니다. 아무래도 여성들이 하나님의 진리를 받아들이는 데는 남성들보다 유리했기 때문인 것 같습니다. 남성들은 진리를 받아들여도 일단 이해가 가는 것만 받아들이려고 합니다. 그러나 여성들은 진리를 받아들일 때 머리로 받아들이기 보다는 가슴으로 바로 받아들일 때가 많습니다.

기독교 진리는 머리로 이해하는 것만으로는 능력이 나타나지 않습니다. 우리가 믿는 것이 가슴으로 내려와야 능력이 되는데 여성들은 가슴으로 바로 받아들이기 때문에 예수를 믿는 데는 남성들보다 훨씬 더 유리합니다.

예를 들어서 예수님이 태어나시기 전에 가브리엘 천사가 제사장 사가랴를 찾아갔을 때 사가랴는 천사가 전해주는 말을 듣고도 잘 믿지 않았습니다. 너무 급작스러웠고 이해가 잘 되지 않았기 때문입니다. 그래서 천사는 아기가 태어날 때까지 사가랴는 벙어리가 될 것이라고 했습니다. 그러나 가브리엘 천사가 마리아를 찾아가서 '처녀가 잉태하여 하나님의 아들을 낳을 것이라' 는 그보다 훨씬 더 말도 되지 않는 말을 했을 때 마리아는 머리로 이해하려고 하지 않았습니다. 그냥 '주의 계집종이오니 주의 말씀대로 이루어지이다' 라고 대답했습니다.

반면 여성들에겐 약한 부분이 있습니다. 여성들은 일단 감정적으로 마음이 상하면 머리로 아무리 이해가 되고 설득이 되어도 상한 마음이 잘 풀리지 않습니다. 예를 들어서 남성들은 주의 일을 하다가 마음이 상하는 일이 있어도 머리로 이해를 시키고 설득을 시키면 기분이 풀립니다. 그러나 여성들은 감정이 예민해서 아무리 머리로 이해가 되어도 감정이 풀리지 않기도 합니다. 그래서 때로는 여성들이 오해하거나 다투게 되었을 때는 해결하기가 어렵습니다.

빌립보 교회 안에 유오디아라는 여성과 순두게라는 여성이 있었습니다. 이들은 아주 적극적이었고 하나님의 일을 열심히 했습니다. 그런데 이 두 여성이 서로 마음이 상해서 다투는 바람에 교회가 어려움에 처하게 된 것 같습니다. 빌립보 교회의 시작을 보더라도 거기에는 중요한 여성들이 있었습니다. 처음에는 자주 장사를 했던 루디아가 있었습니다.

나중에 예수를 영접한 감옥의 간수 부인도 교회에 들어왔을 것입니다. 혹시 귀신들렸다가 귀신이 떠난 여자 아이도 그 교회에 있었을지도 모릅니다. 그렇게 배경이 다른 자들이 모였습니다. 이들이 처음 복음을 듣고 부흥의 뜨거운 감동 가운데 있을 때에는 모르는데 부흥의 열기가 식어지고 본인들의 개성이 드러나게 되면서 자주 부딪쳤을 것입니다.

사도 바울은 이 두 여인을 향하여 간절하게 '같은 마음을 품으라' 고 권면합니다. 여기서 같은 마음이라고 하는 것은 상대방에게 내 자신을 맞추려고 노력하는 마음입니다. 자신은 꼼짝도 하지 않으면서 상대방에게 맞추라고만 한다면 끝까지 서로 같은 마음을 품지 못할 것입니다. 그런데 상대방을 불쌍히 여기고 이해하려고 하면 같은 마음을 가질 수 있습니다.

그래서 우리가 다른 사람을 사랑하는 첫 단계는 그를 이해하려고 노력하는 것입니다. 우리는 서로 다를 수밖에 없고 어떤 의미에서 다른 것이 정상입니다. 서로 다른 태도나 행동이 나오는 것은 말로 표현되지 않는 생각이나 습관의 차이가 있기 때문입니다. 이 사실을 이해하게 되면 적어도 상대방을 미워하지는 않게 됩니다. 그것만 해도 우리는 일단 성공한 것입니다. 상대방이 이해가 되기 때문에 싸울 이유가 점점 없어지기 때문입니다.

빌립보 교회 안에는 사도 바울이 전적으로 믿을 수 있는 한 자매가 있었습니다. 바울은 그 자매에게 화해의 특명을 내리고 있습니다.

3절, "또 참으로 나와 멍에를 같이한 자 네게 구하노니 복음에 나와 함께 힘쓰던 저 부녀들을 돕고 또한 글레멘드와 그 외에 나의 동역자들을 도우라 이름들이 생명책에 있느니라"

여기서 사도 바울은 '나와 멍에를 같이 한 자' 라고 말합니다. 과연 바울과 멍에를 같이 한 자는 누구를 말하는 것일까요? 어떤 학자는 보통 '멍에를 같이한다' 고 할 때 이것은 부부 관계를 말하기 때문에 사도 바울의 부인이라는 식으로 말하는 사람도 있습니다. 그러나 '멍에를 같이 한다' 고 하는 것은 반드시 부부 관계에 국한된 표현이 아닙니다. 때로는 동역의 관계를 말하기도 하고 혹은 진리에 있어서나 인간적으로 서로 믿을 수 있는 친한 사람을 의미하기도 합니다.

사도 바울이 동역자라고 말할 수 있는 아주 신실한 자매가 빌립보 교회에 한 사람 있었던 것입니다. 바울은 그 자매에게 이 두 사람의 불화를 해결하는 책임을 줍니다. 그러면서 이 두 부녀에 대해서 '복음에 나와 함께 힘쓰던 부녀' 라고 말합니다. 이 두 부인 모두 바울과는 참 좋은 동역자였는데 바울이 떠난 후에는 서로 문제가 생긴 것입니다.

우리가 이것을 통해서 알 수 있는 것은 말씀의 역사가 왕성하게 나타나면 우리의 인간적인 결점이 다 가려진다는 것입니다. 부흥이 일어날 때에는 우리가 모두 하나님의 축복으로 단장을 하기 때문에 모두 아름답게 보입니다. 그러나 말씀이 부족하게 되면 은혜의 화장이 조금씩 벗겨지면서 추한 모습이 노출되는 것입니다. 게다가 하나님의 말씀이 목적이 되지 않으면 일이 목적이 됩니다. 그러나 일을 하는 데 있어서는 너무나도 사람들의 생각이 다르기 때문에 다투게 되는 것입니다.

사도 바울은 이 신실한 자매에게 글레멘드와 다른 동역자도 도우라고 말합니다. 아마도 글레멘드와 다른 어떤 사람들도 빌립보 교회에서 별로 인정을 받지 못하거나 혹은 이 불화의 소용돌이에서 상처를 입고 교회를 떠난 자들인지도 모릅니다. 그리고 다른 동역자들을 도우라고 하면서 그들의 이름이 생명책에 기록되어 있다고 말씀합니다. 그러면 왜 사도 바울이 신임하는 이 자매는 그 동안 적극적으로 화해시키지 못하고 가만히 있었을까요? 아마도 이 사람은 신실하기는 하지만 자기가 함부로 나설 수 없다고 생각해서 기다리고 있었던 모양입니다. 그런데 이제는 바울이 공식적으로 화해의 책임을 맡겼기 때문에 적극적으로 사람들을 만나서 화해시킬 것입니다.

2. 기뻐하라

우리 그리스도인들이 하나님과 바른 관계에 있는지 확인할 수 있는 것이 있습니다. 그것은 과연 나에게 기쁨이 있느냐 하는 것입니다. 만일 최근 나에게 주님이 주시는 기쁨이 없다면 지금 하나님과 나의 관계는 어딘가 막혀 있고 잘못되어 있다는 증거입니다.

4절, "주 안에서 항상 기뻐하라. 내가 다시 말하노니 기뻐하라"

사도 바울은 우리에게 강하게 명령하고 있습니다. 우리가 정상적인 상태에 있다면 언제나 기뻐할 수밖에 없다는 전제를 내포하는 말씀입니다. 다시 말해서 우리에게 기쁨이 없어졌다면 그것은 나의 신앙에 무슨 문제가 있다는 말입니다.

물론 여기서 '주 안에서 기뻐하라' 고 할 때는 세상적인 기쁨과는 다른 기쁨을 말하는 것입니다. 우리가 세상적으로 기뻐할 때에는 사업이 잘 된다든지 자녀가 좋은 성적을 얻어서 대학에 합격했다든지 혹은 회사에서 무슨 상을 받았다든지 할 때일 것입니다. 우리가 세상적으로 잘 되고 복을 받는 것도 분명히 좋은 것입니다.

하지만 그리스도인들에게는 다른 사람들이 알지 못하는 기쁨이 있습니다. 우리와 하나님과의 관계가 바로 되어 있을 때 오는 기쁨, 하나님 자신이 기쁨이시기 때문에 하나님의 백성은 기뻐하지 않을 수 없습니다. 우리가 하나님과 바른 관계에 있으면 저절로 기뻐하게 되어 있습니다. 왜냐하면 기쁨은 우리의 양식이기 때문입니다.

일단 우리 마음속에 원망과 불평이 가득하면 영적인 상태가 좋지 못한 것을 감지해야 합니다. 그 원인이 무엇이든지 나는 지금 하나님 앞에서 대단히 좋지 못한 모습을 하고 있는 것이 분명합니다.

그래서 항상 기뻐하라는 말씀은 나에게 기쁨이 없을 때 그래도 되는 것처럼 가만히 있지 말고 적극적으로 그 원인을 찾아서 기쁨을 회복하라는 말입니다.

우리가 기쁨을 잃어버리는 가장 흔한 이유는 하나님의 말씀에 불순종하거나 죄를 짓는 것입니다. 우리 안에 죄가 있으면 기쁨은 없어집니다. 그때 우리는 하나님 앞에 죄를 가지고 나가 고백함으로 기쁨을 되찾아야 합니다. 가만히 있으면 저절로 기쁨이 회복되지 않습니다. 그 죄가 우리 영혼을 자꾸 파먹어 들어가서 고통스럽게 하기 때문입니다.

또 다른 이유로는 오랫동안 하나님의 말씀을 듣지 못해서 기쁨을 잃기도 합니다. 하나님의 말씀을 듣지 못할 때 영혼은 굶주립니다. 배가 고프면 기쁨이 사라지듯 말씀에 주린 영혼도 기쁨을 유지할 수 없습니다. 말씀이 있는 곳을 찾아가 말씀을 공급받아야 기쁨을 되찾을 수 있습니다.

간혹 다른 사람의 잘못 때문에 기쁨이 사라지기도 합니다. 다른 사람이 쏟아내는 화는 우리에게 독이 됩니다. 이 독은 마음을 아프게 합니다. 그럼에도 내게 독을 내뿜은 사람에게 복수심을 품지 말고 하나님 앞에 그 마음을 가지고 나가 치료를 받아야 합니다.

기쁨이 식어버리는 여러 이유들이 있지만 그 모든 것을 능가하는 기쁨의 샘물이 있습니다. 집단적인 부흥이 일어날 때 기쁨은 수십 배 수백 배로 커지게 됩니다. 이때는 웬만한 사탄의 시험에도 넘어지지 않습니다. 우리 안에 뜨거운 열기가 있을 때에는 웬만한 추위도 견딜 수 있습니다.

5절, "너희 관용을 모든 사람에게 알게 하라 주께서 가까우시느니라"

관용은 다른 사람의 허물을 너그러운 마음으로 받아주는 것을 말합니다. 구약의 이스라엘 백성들이 하나님 앞에 제사를 드릴 때 그들은 분명히 죄가 있음에도 불구하고 하나님은 죄를 덮으시고 죄가 없는 것으로 인정을 하셨습니다. 우리가 자신과 다른 사람들을 비판적인 눈으로 보면 비판할 것이 너무 많고 용서할 수 없을 것입니다. 그러나 놀라운 것은 하나님께서 이렇게 결점이 많은 우리를 구원하시기를 기뻐하시고 우리에게 직분 맡기기를 기뻐하신 것입니다. 하나님은 우리가 완전하기 때문에 쓰시는 것이 아니라 죄인임에도 사용하셨습니다.

우리가 다른 사람의 부족한 것을 용납하기 시작하면 그 다음부터는 믿음의 그릇이 아주 커지게 됩니다. 하지만 다른 사람의 허물을 용납하지 못하고 따지기 시작하면 점점 더 마음이 좁아집니다. 그래서 우리 자신을 위해서라도 다른 사람에 대해서 관대해야 합니다.

물론 서로의 발전을 위해 잘잘못을 따지고 날카로운 지적도 한다지만 자기변명에 불과할 때가 많습니다. 대개는 다른 사람의 잘못을 지적함으로 그 사람을 이기고 지배하려고 합니다. 이것은 주님의 마음이 아니고 사탄의 마음입니다.

비판의 영에 사로잡힌 자는 친구가 없습니다. 물론 그가 하는 말이 구구절절 옳을 수도 있습니다. 그러나 그런 사람을 친구로 두고 싶은 사람은 없을 것입니다. 마치 쿠션처럼 휴식을 주는 사람을 친구로 사귀고 싶지, 만나기만 하면 남의 험담을 하는 사람은 피하고 싶지 않겠습니까?

우리는 왜 다른 사람의 실수를 용서하지 못할까요? 아직 자기 마음에 깊은 평안이 없기 때문입니다. 자신의 못된 자아가 남아 있어서 남에게 상처를 주는 말을 해야 직성이 풀리는 것입니다. 이런 사람은 절대로 다른 사람의 발을 씻어주지 못합니다. 다른 사람을 용납하려면 기꺼이 다른 사람의 발밑에서 그의 발을 씻어 주어야 합니다. 그러나 자존심이 강한 사람은 결코 남의 발밑에 들어가지 못합니다. 그래서 그 사람은 하나님의 나라에서는 별 볼일 없는 사람이 되고 마는 것입니다.

여기서 왜 '주께서 가까우시니라' 고 말씀하고 있을까요? 아마도 주님이 곧 재림하실 텐데 그런 사소한 감정 문제로 시간을 낭비하고 있을 수 없다는 뜻일 것입니다. 우리는 마치 수많은 사람들 앞에서 우리의 삶을 연주하고 있는 연주자와 같습니다. 한두 가지 악기나 악보에 문제가 있다고 해서 연주를 그만 둘 수가 없습니다. 두 번 다시 그런 기회가 주어지는 것도 아니며 지금 내가 하고 있는 모든 것을 주님이 보고 계시기 때문입니다.

어떤 사람은 사소한 감정 문제 때문에 자신의 시간을 다 허비한 사람도 있습니다. 우리는 지금 시간이 없습니다. 잘했건 못했건 모든 것은 주님이 판단하실 것입니다.

3. 모든 염려를 주님께 맡기라

::

기쁨을 잃어버리는 또 다른 이유가 있습니다. 감당할 수 없는 큰 어려움이 닥치면 기쁨이 사라집니다. 자기 능력으로 해결할 수 있는 어려움이면 그냥 내 힘으로 해결해버리면 되기 때문에 염려할 필요가 없습니다. 그러나 이 세상에는 내 힘으로 해결되지 않는 어려움들이 너무나도 많습니다. 이 어려움 앞에서는 내 처지가 더 비참해지지 않을까, 지금까지 받은 복을 다 잃어버리지 않을까, 내가 죽게 되지 않을까 염려하게 됩니다. 그런데 이런 염려들은 우리 영혼의 독과 같아서 일단 한번 물리게 되면 퉁퉁 붓고 나중에는 감각을 다 잃어버리게 됩니다.

6절, "아무 것도 염려하지 말고 오직 모든 일에 기도와 간구로 너희 구할 것을 감사함으로 하나님께 아뢰라"

우리에게 왜 이런 큰 시험들이 오는 것일까요? 우리는 그 이유를 모두 알 수 없습니다. 단지 우리 앞에 서 있는 시험은 내 힘으로 싸우고 헤쳐 나갈 성질의 것이 아니라는 것입니다. 시험이 올 때 가장 먼저 기억해야 할 것은 바로 내 인생의 주인은 내가 아니고 하나님이시란 사실입니다. 만일 내 인생의 주인이 나라면 내가 모든 것을 책임져야 합니다. 그러나 만일 내가 종이라면 주인에게 보고만 하면 되는 것입니다.

하나님은 우리를 사랑하셔서 마치 우리가 주인인 것처럼 살게 하십니다. 집도 직장도 자식도 몸도 내 것처럼 누리며 살게 하십니다. 그러나 우리에게 어려움이 닥쳤을 때 하나님은 우리에게 다시 한 번 물으십니다. 누가 이 모든 것의 주인이냐? 이때 우리는 하나님이 주인이신 것을 인정해야 합니다. 모든 일을 기도와 간구로 하나님께 말씀드리고 맡기는 것이 하나님을 주인으로 인정하는 것입니다.

기도가 개인적으로 하나님과 나누는 대화라면 간구는 교인들이 합심해서 하는 기도라고 할 수 있습니다. 일단 하나님께 기도하고 맡긴 것은 더 이상 염려하지 말아야 합니다. 그리고 결과가 어떤 방향으로 나오든지 하나님을 인정해야 합니다.

성경이 우리에게 분명히 말씀하신 사실은 우리가 스스로를 책임질 수 없다는 것입니다. 우리 마음을 우리가 다 알 수 없고 어떻게 할 수 없습니다. 주님은 우리를 잘 아십니다. 우리가 너무 연약하고 사소한 것에 쉽게 얽매일 수 있는 사람이라는 것을 아십니다. 우리는 자기 맘을 감당할 수가 없습니다. 자신의 연약함을 인정하고 주님의 말씀을 들어보십시오. 염려를 끌어안고 몸부림치지 말라고 하십니다. 하나님은 능히 우리의 염려를 짊어지시기를 원하십니다.

그리스도인의 마음에 염려가 들어오면 믿음이 작동되지 않습니다. 마치 전혀 신앙을 가지지 않은 사람처럼 불안해집니다. 그때 어떻게 해야 합니까? 걱정거리를 그대로 하나님께 말씀드리고 하나님을 기다려야 합니다. 그 문제를 내 자신으로부터 떼어내야 합니다. 그렇지 않으면 이 염려는 마치 거머리처럼 내 마음에 찰싹 붙어서 나의 피를 빨아 먹기 시작할 것입니다. 그러므로 당면한 문제를 객관화시키는 노력이 필요합니다. 사실 어떤 사람은 기도하면서 그 문제에 더 빠져드는 사람이 있습니다. 그러나 기도의 기본은 참으로 염려할 능력과 자격을 갖춘 하나님께 모든 것을 맡기는 것입니다.

우리가 염려하는 이유가 무엇입니까? 지금보다 더 나빠질까봐 염려하는 것입니다. 얼마든지 더 나빠질 수 도 있다는 배짱이 필요합니다. 하나님의 뜻이라면 지금보다 더 힘들어질 수도 있다고 생각해야 합니다.

염려를 하게 되면 어려움이 나에게만 닥치는 것 같습니다. 그래서 하나님을 원망합니다. 사탄은 그리스도인들로 하여금 어려운 현실 앞에 믿음이 너무 초라한 것으로 생각하게 만듭니다. 하지만 우리는 스스로 짐을 지고 가려는 시도보다는 하나님께 그때그때 기도해야 합니다.

> 7절, "그리하면 모든 지각에 뛰어난 하나님의 평강이 그리스도 예수 안에서 너희 마음과 생각을 지키시리라"

여기서 모든 지각이라고 하는 것은 모든 가능성과 지혜입니다. 인간의 사고의 한계를 뛰어넘는 분입니다. 그러므로 인간이 미리 염려해봐야 소용이 없습니다. 우리가 아무리 생각하고 공상해도 하나님의 길은 따로 있습니다. 아무리 훌륭한 청사진을 그려도 그대로 되지 않습니다. 그러므로 하나님께 맡기십시오. 그러면 모든 지각에 뛰어난 하나님의 평강을 경험할 것입니다. 우리가 해야 할 것은 믿음으로 모든 불안한 마음이나 잡생각을 떨쳐버리는 것입니다. 그리스도 예수 안에서 우리 마음과 생각을 지키면 하나님의 일하심을 보게 됩니다. 마치 밤에 잠을 자지 않고 망원경에 매달리는 자가 천체의 혜성들이 만드는 엄청난 우주 쇼를 보게 되는 것처럼 우리도 하나님이 하시는 놀라운 일을 보게 됩니다. 그때 우리는 하나님의 놀라운 역사를 보고 그분을 찬양하게 될 것입니다.

우리는 어마어마한 하나님의 복 안에 들어와 있는 사람들입니다. 우리는 이 복을 누려야 하고 지켜야 하며 빼앗기지 말아야 합니다. 항상 은혜의 색안경을 끼고 믿음으로 모든 것을 보시기 바랍니다. 그래서 하나님이 약속하신 모든 복을 충분히 누리시기 바랍니다.

Philippians-Colossians

빌립보서 14

자족하는 신앙

(빌 4:8-13)

사람이 발전하기 위해서는 어느 정도의 욕망이 필요합니다. 만약 사람이 전혀 욕망이 없다면 게을러져서 무위도식 하거나 의욕 없는 생활을 할 것입니다. 건강한 사람이라면 목표가 있기 마련이고 목표를 이루고픈 욕망이 있기에 노력해서 좋은 결과를 얻게 되는 것입니다. 그런데 문제는 인간의 욕망은 끝이 없다는 사실입니다. 사람들이 자신의 욕망의 적정 수준을 알아 거기서 멈출 수만 있다면 욕망의 열매는 언제나 아름다울 것입니다. 하지만 인간의 욕망은 끝이 없고 성공하면 할수록 더 큰 것을 욕망하고 심지어는 터무니없는 것을 욕망하거나 지나치게 욕심을 부려 스스로 멸망하고 맙니다.

얼마 전에 타계하신 한 스님의 저서 중에 『무소유』라는 책이 있습니다. 일단 제목 자체가 현대인의 눈길을 끌었을 것입니다. 사람들은 끊임없이 무언가를 욕망하지만 이 욕망의 굴레에서 벗어나고픈 마음이 늘 있기에 '무소유'라는 제목을 보며 신선한 도전을 받았을 것입니다. 그렇습니다. 우리는 모든 것을 다 가질 수도 없고 설령 모든 것을 소유한다고 해도 절대적으로 만족할 수 없습니다.

예수님의 생애를 보십시오. 철저하게 아무 욕심이 없이 사셨습니다. 학력도 별 볼일 없고, 집도 없고, 주머니에 돈이 넉넉한 것도 아니었습니다. 그분의 말씀에서 가난하게 사셨던 예수님의 생애를 엿볼 수 있습니다. 새는 둥지가 있고 여우도 굴이 있지만 인자는 머리 둘 곳이 없다고 말씀하셨습니다. 그리고 제자들을 복음을 전하라고 보내실 때에도 돈주머니나 두 벌 옷을 가지지 말고 철저히 가난하게 가라고 말씀하셨습니다. 예수님이 철저하게 아무것도 움켜쥐지 않으셨던 것은 전적으로 하나님의 모든 축복을 소유하셨기 때문입니다. 그러기에 이 세상에 있는 것에 욕심을 부리지 않으셨고 하나님 아버지의 복으로 충분히 만족하실 수 있었습니다.

여기서 우리는 두 가지 종류의 무소유가 있는 것을 알 수 있습니다. 하나는 이 세상에서 가질 만큼 가져봤지만 참된 만족을 느끼지 못해 소유를 버리는 것이고, 세상의 부귀영화와 비교할 수 없는 가치를 소유했기에 소유에 집착하지 않는 것입니다.

그리스도인들은 이 세상의 소유가 싫기 때문이 아니라 그것보다 더 귀한 것이 있다는 것을 알기에 세상에 대한 욕망을 절제할 수 있습니다. 이 세상엔 좋은 것들이 참 많습니다. 가지고 가져도 또 소유하고 싶을 정도로 매력이 있습니다. 하지만 그리스도인이 이 세상에 있는 것들을 무한정으로 소유하려고 애쓰면 영혼이 더러워집니다. 세상의 욕망에는 무서운 중독성이 있기 때문입니다. 그래서 우리가 이 세상에 있는 것들을 가지면서도 영혼을 더럽히지 않으려면 더 좋은 것을 찾아야 합니다. 그것이 바로 하나님 안에 있는 축복입니다.

1. 그리스도인의 미덕

8절, "종말로 형제들아. 무엇에든지 참되며 무엇에든지 경건하며 무엇에든지 옳으며 무엇에든지 정결하며 무엇에든지 사랑할만하며 무엇에든지 칭찬할만하며 무슨 덕이 있든지 무슨 기림이 있든지 이것들을 생각하라"

사도 바울은 그리스도인들이 따를 기준을 제시해주고 있습니다. 우리는 어떤 일을 할 때 남들이 알아주는지, 내게 어떤 이득이 있는지를 먼저 생각하기가 쉽습니다. 이런 이해관계를 생각하지 않고 일하는 사람은 아무도 없을 것입니다. 하지만 그리스도인들은 자기 이익이나 명예보다 먼저 생각해야 할 것이 있습니다. 그것은 바로 본문에 있는 여덟 가지 미덕을 기준으로 생각하는 것입니다.

그리스도인은 이 세상을 살아가는 원리가 근본적으로 달라진 사람들입니다. 예수 믿기 전에는 어떻게 해서든지 세상에서 살아남으려고 무엇인가 붙들어서 쓸모 있는 인간이 되어야만 했습니다. 하지만 이제는 예수를 믿음으로 우리의 존재 자체가 가치 있는 자들이 되었습니다.

성경은 우리를 이미 성공한 사람의 대열에 집어넣고 있습니다. 예수를 믿은 것 자체가 이미 성공한 것입니다. 우리는 천사보다 더 높은 위치에 올라가게 되었습니다. 이 위치에 맞도록 우리는 질적인 가치를 높이는 일을 해야 합니다.

마찬가지로 우리 그리스도인들은 예수를 믿음으로 우리의 품격이 달라졌습니다. 그러나 아직 우리의 자아상이나 품격은 고상하게 되지 못한 상태에 있습니다. 그렇다면 이제부터 우리가 해야 할 일은 천박하게 돈을 많이 벌려고 하거나 혹은 싸구려 칭찬을 들으려고 할 것이 아니라 진정한 품질로 승부를 봐야 하는 것입니다. 이제는 자기 욕망을 위해서 사는 것을 중단해야 합니다. 훨씬 고상한 것을 위해서 자기 자신을 만들어 가야 합니다.

여기서 우리는 그리스도인에게 어울리는 이미지가 무엇인지 생각해볼 수 있습니다. 본문은 '이런 것을 생각하라' 고 말씀하고 있습니다. 과연 나는 어떤 사람이며 격에 맞는 행동이 무엇인지 깊이 생각을 해보라는 것입니다.

예를 들어서 쉽게 화를 내거나 말을 함부로 하는 사람들은 자기 자신의 이미지에 대하여 깊이 생각하지 않은 것입니다. 그래서 이런 사람들은 자기감정이 끓어오르는 대로 분통을 터트리거나 말을 쏟아냅니다. 만일 사회의 저명인사가 이렇게 행동한다면 그의 품격은 완전히 손상될 것입니다.

우리는 항상 자신의 위치나 품격에 대해서 생각해야 합니다. 인간은 누구나 더럽고 추악한 욕망을 가지고 있기 때문입니다. 우리 안에 있는 욕망을 그대로 분출한다면 교양이고 예절이고 없는 야만인과 다름이 없습니다. 그럼에도 존경받는 분들도 화가 나면 내재해 있던 야만적 속성이 여지없이 나타나는 것을 종종 볼 수 있습니다.

세상 사람들의 미덕은 주로 욕망을 가라앉히는 것입니다. 그러나 예수 믿는 사람들은 스스로 억제하는 것이 아니라 하나님의 사랑으로 미덕의 삶을 살 수 있습니다.

요셉은 애굽의 노예로 팔려가서 주인의 인정을 받아 노예로서는 최고로 성공했습니다. 그러나 요셉에게 위기가 닥칩니다. 여주인이 요셉을 성적으로 유혹한 것입니다. 이때 요셉은 자기가 노예로서 더 크게 성공하는 것이 옳은지, 하나님의 백성으로 고난 받는 것이 옳은지 생각했습니다. 요셉은 하나님의 백성으로서의 위치를 더 중요하게 생각했기 때문에 여주인의 유혹에 넘어가지 않고 자신을 지켰습니다.

우리는 어떤 형편에 처하든지 누구를 만나든지 내가 누구인지를 생각을 해야 합니다. 항상 하나님의 말씀에 나를 비추어보는 시간을 가져야 합니다. 이런 시간을 소홀히 하면 바로 저속한 욕망의 노예가 되어버리고 말 것입니다.

그 대표적인 예가 삼손입니다. 삼손은 존귀한 자였지만 자기 자신을 돌아보지 않았기 때문에 정욕의 노예가 되어 비참하게 생을 마감했습니다. 우리는 자신의 위치와 분수를 지켜야 합니다. 그러면 아무리 이 세상에서 비천한 자리에 있어도 그 존재가 비참해지지 않을 것입니다.

우리가 어떤 존재인지 생각한 후 더 구체적으로 생각해볼 필요가 있습니다. 과연 무엇이 참된 것인지를 생각하는 것입니다. 만일 거짓된 일이라면 굳이 열을 낼 필요가 없습니다. 일의 성과보다 내 자신의 존재가치에 충실한 것이 더 중요하기 때문입니다.

그 일이 과연 경건한 것인가를 늘 문제 삼아야 합니다. 이것이 내 신앙이나 다른 사람의 신앙에 도움이 되는지 생각할 필요가 있습니다. 그리고 그것은 옳아야 하며 사랑할 만하며 칭찬할 만한 것이어야 합니다. 이것을 추구하며 내 자신을 만들어 갈 때, 더 아름다운 믿음을 소유할 수 있고 하나님께 인정받을 수 있습니다.

그리고 그리스도인들은 자기만 옳고 아름답다고 주장하는 태도를 지양해야 합니다. 진정으로 아름다운 일이라면 다른 사람에게도 덕이 되어야 할 것입니다. 우리의 거룩함은 혼자 수행을 통해 이루어지는 것이 아닙니다. 다른 사람에게 사랑받을 만하고 칭찬받을 만하며 덕이 있어야 진정으로 거룩하다고 말할 수 있습니다.

요즘 젊은이들은 공공장소에서 다른 사람을 전혀 의식하지 않고 스스럼없이 지나치게 애정표현을 합니다. 보는 이로 하여금 눈살을 찌푸리게 합니다. 두 연인에겐 아름답게 사랑을 나누는 일이겠지만 다른 사람들에게 불쾌감을 준다면 과연 아름다운 행동인지 생각해보게 됩니다. 이처럼 다른 사람들에게도 아름다운 진리가 덕이 되는 것입니다.

광신자는 다른 사람을 전혀 안중에 두지 않는 특징을 가지고 있습니다. 옆집에 피해를 주는 줄도 모르고 밤낮으로 크게 찬송을 부르고 기도한답시고 울부짖는다면 이웃에 얼마나 민폐가 되겠습니까?

하나님 앞에서 아름다운 것은 다른 사람들을 실족시키지 않습니다. 이 진리 안에 아름답고 깊은 경건이 있습니다. 이 경건은 누구에게도 무례하지 않고 친절하고 따듯합니다. 성경에서도 분명히 말씀했습니다. 다른 사람에게 시험거리가 되고 남이 오해할 행동은 아예 하지 않는 것이 덕스러운 것이라고 말입니다.

2. 새로운 가치를 만들라

::

9절, "너희는 내게 배우고 받고 듣고 본 바를 행하라 그리하면 평강의 하나님이 너희와 함께 하시리라"

사도 바울은 빌립보 교인들에게 많은 재물을 가지는 것보다 하나님의 진리를 배우라고 말했습니다. 진리를 배우는 것이 우리 자신의 가치를 높이는 일이기 때문입니다. 사람들이 투자해서 가장 만족하는 분야는 바로 교육입니다. 교육이 인간의 내적 가치를 상승시키는 까닭입니다. 사람이 무엇을 배운다는 것은 마치 조각가가 돌로 조각상 만드는 것과 같습니다. 처음에 징으로 치고 망치로 때릴 때에는 고통스럽지만 때리고 갈고 다듬을수록 더욱 멋진 모습이 만들어지기 때문입니다. 세상의 지식과 기술을 배우는 것도 이렇게 보람이 있는데, 하물며 하나님의 진리를 배우는 것은 얼마나 귀한 일이겠습니까?

사도 바울은 배우고 받고 듣고 본 바를 행하라고 말합니다. 여기서 '배운다' 는 것은 제자로서 삶을 공유하며 배운다는 뜻입니다. '받는다' 는 것은 어떤 진리의 체계를 고스란히 전수받는 것을 말합니다. 배움에서 가장 중요한 것은 '듣고 보는 것' 입니다. 듣고 보는 것은 생활하면서 하나씩 배우는 것을 말합니다. 이것은 실제상황에 바로 적용할 수 있는 살아있는 진리입니다.

결국 '너희가 내 안에서 배웠다' 는 말은 빌립보 교인들이 교회에서 하나님의 말씀을 열심히 배운 것을 말합니다. 교회 안에서 진리를 배울 때 우리는 아름다운 자신을 되찾을 수 있습니다. 이 진리는 교회 안에서만 통하는 것이 아니라 세상 어디에서나 통합니다.

하나님의 말씀을 통해 배운 진리는 모든 것의 본질을 이해하는 능력이 됩니다. 이 진리를 배운 사람은 세상 어디에 가더라도 능력 있게 살 수 있습니다. 하지만 세상 사람들은 이런 능력보다 예수 믿는 사람들의 인격을 보고 더 놀라게 됩니다. 그들은 겸손합니다. 열정적입니다. 그리고 사랑이 있습니다. 이런 사람들은 이 세상 어느 곳에 가더라도 찾을 수 없는 보배들입니다.

그리고 우리는 하나님의 진리로 연단되었을 때 더 이상 두려워하거나 불안해하지 않습니다. 평강의 하나님이 우리와 함께 하시기 때문입니다. 우리는 이미 자신의 가치를 찾았고 이제 우리는 이것을 이 세상에 적용하면 되기 때문입니다. 우리는 이 세상에서 하나님이 주신 재료를 가지고 열매를 맺기만 하면 되는 것입니다. 하나님은 우리에게 없는 것을 만들어내라고 하시거나 할 수 없는 것을 하라고 하지 않으십니다. 우리에게 닥치는 현실은 우리가 모두 감당할 수 있는 것들입니다. 그래서 우리는 더 이상 두려워하지 않습니다.

10절, "내가 주 안에서 크게 기뻐함은 너희가 나를 생각하던 것이 이제 다시 싹이 남이니 너희가 또한 이를 위하여 생각은 하였으나 기회가 없었느니라"

빌립보 교회는 이전에도 바울의 필요를 도운 적이 있었습니다. 그러다가 중간에 뜸했다가 이번에 다시 바울에게 헌금을 보냈습니다. 중간에 뜸했던 이유는 그들이 자기 일로 너무 바빠서 바울을 생각할 여유가 없었던 것 같습니다. 그러나 하나님은 감사하게도 빌립보교인들에게 영적인 우선순위가 생각나게 했습니다. 빌립보교인들에게 가장 중요한 것은 자기 자신의 사소한 일이 아니라 어려움에 처한 사도 바울을 돕는 것이라는 것을 성령님께서 생각나게 하셨던 것입니다.

구약 성경 학개서를 보면 바벨론 포로에서 돌아온 유다 백성들이 성전을 짓는 것이 사마리아인들의 방해로 어려워지자 아예 성전 짓는 것을 포기해버리고 열심히 자기 일을 했습니다. 농사도 짓고 집도 세우고 자녀들도 키웠는데 남는 것이 없었습니다. 그들이 영적인 우선순위를 잘못 생각하고 있었기 때문입니다. 우리가 영적인 부흥을 최우선으로 할 때 하나님의 복을 받을 수 있습니다.

사람은 컴퓨터가 아닙니다. 한 번도 시행착오를 하지 않는 사람은 없습니다. 잘 나가다가도 어떤 때에는 휘청거리기도 하고 어떤 때에는 엉뚱한 길로 빠지기도 합니다. 중요한 것은 우리가 하나님의 말씀을 들으면 나아갈 방향이 분명해지게 된다는 것입니다. 우리는 모든 잘못을 바로 잡을 수 없습니다. 단지 성령님이 깨닫게 해주실 때 거기에 순종하면 되는 것입니다.

3. 자족하는 신앙

::

11절, "내가 궁핍하므로 말하는 것이 아니라 어떠한 형편에서든지 내가 자족하기를 배웠노니"

자족이란 자기에게 주어진 것이 자신의 분수인 줄 아는 것을 말합니다. 보통 '자족한다'는 말은 이미 어느 수준에 오른 사람들에게나 적용되는 것으로 생각하기 십상입니다. 예를 들어서 돈을 아주 많이 번 사람에게는 돈은 벌 만큼 벌었다는 말이 나올 수 있을 것입니다. 그러나 가난한 사람들은 벌어도, 벌어도 가난에서 벗어나지 못합니다. 늘 부족한 것입니다. 그러나 그리스도인들은 부족한 중에도 믿음으로 사는 훈련을 받아야 합니다.

하나님께서 말씀하시기를 사람이 떡으로만 살 것이 아니라 하나님의 입에서 나오는 말씀으로 살 것이라고 하셨습니다. 우리는 이 말씀이 실현되는 것을 경험해야 하나님의 부요하심을 알 수 있습니다. 만일 이 체험이 없으면 언제나 돈에 쪼들리게 됩니다. 우리는 적은 데서 집세를 내고 십일조를 바치고 아이를 양육하는 지혜를 배워야 돈을 많이 벌더라도 죄를 짓지 않게 됩니다.

사도 바울은 예수님을 만나기 전에 자기 욕망을 따라서 살았습니다. 그리고 그 욕망은 실현되었으나 그는 결코 만족할 수가 없었습니다. 바울이 진정으로 만족하게 된 것은 그리스도를 만난 후부터였습니다. 그리스도 안에 있는 부요함을 발견했기 때문입니다. 예수 그리스도 안에는 부활의 능력과 성령의 축복과 하나님의 말씀의 세계가 있었습니다. 그리고 그 안에는 죽은 영혼들이 다시 살아나는 기적이 있었습니다. 이 모든 것들은 도저히 돈으로 환산할 수 없는 보물입니다.

사도 바울은 지금까지 자기가 추구한 것이 전부 껍데기였다는 것을 알게 되었습니다. 이것들은 아무리 가져도 만족이 없습니다. 이런 소유로는 자신의 가치를 바꾸지 못한다는 사실을 알았습니다. 하지만 하나님의 세계는 우리의 마음을 채워주기에 참된 만족을 줍니다. 우리에게 믿음만 있으면 얼마든지 이 복을 받아 누릴 수 있습니다.

12절, "내가 비천에 처할 줄도 알고 풍부에 처할 줄도 알아 모든 일에 배부르며 배고픔과 풍부와 궁핍에도 일체의 비결을 배웠노라"

사도 바울은 다양한 경험을 해보았습니다. 부요하게 살기도 했고 가난에 처하기도 했습니다. 그는 부요해도 교만하지 않았고 가난해도 비굴하지 않았습니다. 그에게는 돈보다 더 소중한 것이 있었기 때문입니다. 그것은 바로 복음의 비밀, 한 사람 한 사람이 믿음으로 변화되는 기적이었습니다. 보통 사람들은 돈 자체를 목적으로 살기 때문에 가난하다가 부자가 되면 교만해지게 됩니다. 반대로 부자로 살다가 가난해지면 비참함을 느끼게 될 것입니다. 하지만 사도 바울에겐 돈보다 중요한 것이 있었습니다. 바로 주 예수 그리스도였습니다. 그래서 그는 풍족할 때에 하나님의 사랑을 느꼈고 가난할 때에는 주님과의 친밀함을 더 깊이 느낄 수 있었습니다.

물질적으로 가난과 부요 중에 어떤 것이 신앙적으로 더 유리할까요? 이거다 저거다 딱 잘라 말할 수는 없지만 가난이 하나님을 간절히 찾게 하는 중요한 도구가 되는 건 사실입니다. 그리고 부자가 정직하고 겸손하게 신앙생활 하기가 어려운 게 현실입니다. 세상에 부족할 것이 없는데도 말씀대로 산다는 것은 낙타가 바늘귀 들어가는 것보다 더 어렵습니다. 바울은 이 두 가지를 모두 다 경험했고, 극복했다고 말합니다. 가난할 때에도 얼마든지 풍성하게 살 수 있었고 부요할 때에도 교만하지 않고 주님의 뜻대로 잘 살 수 있었다는 것입니다. 돈에 절대적인 가치를 두지 않았기 때문에 가능한 일이었습니다.

13절, "내게 능력 주시는 자 안에서 내가 모든 것을 할 수 있느니라"

사도 바울이 능력 있게 살았던 비결은 이 한 마디의 말씀 안에 있다고 볼 수 있습니다. 이 말씀을 두 가지 측면으로 살펴보겠습니다. 먼저 부정적인 의미입니다. 사도 바울은 어떤 일을 할 때 모든 것을 하나님이 주시는 능력의 범위 안에서 하려고 했습니다. 다시 말해 하나님께서 기꺼이 도우시지 않는 일, 하나님의 뜻이 아닌 일은 일체 하지 않았다는 뜻입니다. 그는 하나님이 기뻐하신다는 확신이 드는 일만 하려고 했습니다. 그

대신 하나님의 뜻이 분명해서 감당할 능력을 주시는 일은 무슨 일이든 최선을 다했습니다. 그랬더니 하나님의 능력이 나타나고 기적이 일어나게 되었습니다. 다른 사람들은 감당할 수 없는 어마어마한 일들이 일어나게 된 것입니다.

모든 일을 다 잘 한다고 해서 하나님께 칭찬을 받는 것은 아닙니다. 또 사람들에게 칭찬을 많이 들었다고 다 잘 한 일이 아닙니다. 주님이 내게 맡기신 고유한 일이 있습니다. 우리는 최선을 다해 그 일을 하면 되는 것입니다. 모든 일에 유능할 필요가 없습니다. 하나님께서 내게 맡기신 일에 최선을 다하면 그걸로 충분합니다.

우리의 인생은 그리 길지 않습니다. 이 짧은 시간을 어떻게 사용해야 주님께 칭찬을 받을 수 있을까요? 많은 일을 하면 될까요? 매사에 유능해서 눈에 띄는 업적을 남기면 주께서 기뻐하실까요? 우리는 오늘 본문에서 답을 찾았습니다. 하나님이 맡기신 일을 그분이 주시는 능력을 의지하여 최선을 다하는 것입니다. 이 놀라운 지혜를 깨달아 주님이 기뻐하시는 삶을 사시기 바랍니다.

빌립보서 15

향기로운 제사

(빌 4:14-23)

원래 로마는

이태리 중부에 있는 작은 도시국가였습니다. 로마인은 게르만족처럼 체격이 크지도 않았고 그렇다고 그리스인 같이 지식이나 학문이 뛰어나지도 않았습니다. 혹은 카르타고인처럼 무역에 재능이 있는 것도 아니었습니다. 그럼에도 로마는 아주 짧은 시간 안에 지중해를 장악하며 세계를 주름잡는 대제국으로 발전했습니다.

그리스 사람들은 자기들같이 지식이 뛰어난 나라가 망하고 무식한 로마가 세계 최강대국이 된 것을 이해할 수가 없었습니다. 그래서 초창기에 로마역사에 관심을 가졌던 사람들은 로마인이 아니라 로마에 노예로 붙들려온 그리스인들이었다고 합니다.

로마가 가진 위대한 정신은 철저하게 현실에 바탕을 둔 것이었습니다.

로마 군인들은 단 하루를 숙영하더라도 기습에 대비해서 튼튼한 목채 진영을 만들었습니다. 진격을 할 때는 미리 도로를 만들고 다리를 세워 병력이나 군수의 이동을 용이하게 했습니다. 그리고 전쟁에서 패한 지휘관을 처벌하지 않았던 것을 보면 감정적으로 대응하지 않았던 것 같습니다. 카르타고 같은 데서는 지휘관이 패배하면 비참하게 공개 처형을 했다고 합니다. 그러나 로마는 지휘관은 패배에 대한 정신적 고통만으로도 충분한 처벌을 받았다고 생각했습니다. 오히려 다음 전투에 다시 그 지휘관을 투입해 충성할 수 있는 기회를 주었습니다. 그리고 집정관들이나 황제가 전쟁에 이기고 돌아오면 막대한 개인 재산을 내어서 로마의 화려한 시설들을 건축했습니다. 노블레스 오블리주를 실천했던 것입니다.

로마가 세계를 제패했던 것이 결코 우연이 아니었다고 말하는 사람들도 있습니다. 당시 로마같이 철저하게 정신적으로 무장이 된 나라가 없었기 때문에 로마는 준비된 국가였다는 것입니다. 하지만 이렇게 준비된 나라가 쇠퇴하게 됩니다. 로마의 정신적인 퇴보와 함께 로마의 멸망이 진행되었습니다.

지금도 마찬가지입니다. 위대한 성공을 거두려면 다른 사람들을 능가하는 위대한 정신을 가져야 합니다. 하지만 정신만 위대하다고 성공할 수 있는 것은 아닙니다. 그 정신이 철저하게 현실에 바탕을 둔 것인가가 중요합니다. 기독교가 그 짧은 기간 안에 로마를 정복하고 전 세계에 복음을 전할 수 있었던 것은 바로 현실에 뿌리내린 위대한 정신이 있었기 때문입니다.

기독교 사상은 다른 데서 모방해 온 것이 아닙니다. 기독교 안에는 위대한 하나님의 사랑과 위대한 구원이 있으며 전 세계의 신분이나 인종을 뛰어넘어서 하나가 되게 하는 위대한 사상이 있었습니다. 그리고 이것은 철저하게 현실에 바탕을 둔 사상입니다.

교회는 굳이 큰 신전을 필요로 하지 않았고 어느 곳에 모이든지 두 세 사람이 모인 곳에는 주님이 함께 하셨습니다. 그리고 기독교는 새로 믿는 사람들에게 죄를 버리고 세례 받을 것만을 요구했습니다. 바로 이것이 가장 짧은 시기에 전 세계에 복음이 전파된 비결이었습니다. 마찬가지로 오늘날의 기독교에도 현실을 배제하지 않는 위대한 신앙이 있어야 하고 위대한 부흥이 있어야 합니다.

사도 바울은 세계 여러 곳을 다니면서 복음을 전할 때에 빌립보 교회가 자신을 위해 헌금한 것에 대해 감사하고 있습니다. 우리는 대개 하나님의 나라는 믿음만 있으면 충분하고 물질은 전혀 불필요한 것으로 생각하기 쉽습니다. 특히 최근 우리나라 교회 안에서는 지나치게 헌금을 강조하는 바람에 교인들이 상처를 입고 교회를 떠나는 경우가 많은 것을 볼 수 있습니다.

물론 교인들 중에는 믿음이 부족해서 교회에 헌금을 내는 데 부담을 느끼는 분들도 많이 있을 것입니다. 그럼에도 교회가 전혀 헌금 없이 정신적인 믿음만 가지고 유지되거나 선교를 할 수 있는 것은 아닙니다. 물론 하나님의 일에 헌금이 전부는 아닙니다. 역시나 중요한 것은 믿음이고 말씀의 능력입니다. 그렇다고 아무런 물질적 지원 없이 손가락만 빨면서 하나님의 일을 할 수는 없습니다. 그래서 우리는 이 부분에 적절한 균형이 필요합니다.

우리의 지나친 이상주의에 빠져서 물질을 하찮게 여기는 것도 위험한 생각이고 바른 믿음 없이 무조건 돈만 가지고 하나님의 일을 하려는 것도 지양해야 합니다. 우리의 믿음이 성장하면 그만큼 더 하나님의 일에 자발적으로 부담을 지도록 하는 것이 바른 것이라고 봅니다.

1. 빌립보 교인들의 헌금

::

빌립보는 사도 바울이 소아시아를 떠나서 그리스 지역에서 처음으로 복음을 전한 곳이었습니다. 이곳에서 바울은 극적인 경험을 합니다. 귀신들려서 점치는 여자 아이의 귀신을 쫓아내고 그 일로 고발을 당해 감옥에서 매를 맞고 쇠사슬에 묶여 있었는데 갑자기 하나님의 능력이 나타나면서 쇠사슬이 풀어지고 옥문이 열렸습니다. 그때 놀란 간수는 세례를 받고 예수를 믿게 되었습니다. 이렇게 놀라운 사건이 일어난 빌립보 교회는 바울에 대하여 아주 특별한 애정과 신뢰를 가지고 있었습니다. 그래서인지 빌립보 교회는 아무도 시키지 않았는데도 자발적으로 사도 바울을 위해서 선교비를 보냈습니다. 사도 바울은 이것이야말로 빌립보 교회가 바울의 선교에 동참하는 것이며 특히 그의 괴로움에 참여하는 것이라고 말합니다.

14절, "그러나 너희가 내 괴로움에 함께 참예하였으니 잘하였도다"

사도 바울은 이방인들에게 복음을 전하면서 많은 괴로움을 받아야만 했습니다. 바울은 여러 낯선 땅을 돌아다니면서 사람들로부터 미움을 받고 배척을 당하기도 했습니다. 유대인들의 집요한 반대도 있었습니다. 여러 문제들 중에서 늘 사도의 마음을 무겁게 한 건 바로 금전적인 문제였습니다.

사도 바울은 어떤 특정 교회로부터 금전적인 후원을 받지 못했고 그래서 궁핍하고 어려울 때가 많았던 것 같습니다. 이때 오직 빌립보 교회만 바울을 위해서 선교비를 보내주었습니다. 바울은 이것에 감사하면서 너희가 나의 괴로움에 참예하였으니 잘 하였다고 말합니다.

대개 처음 어느 지역에 복음을 전하는 전도자들은 교회로부터 생활비를 받지 못하기 때문에 먹고 사는 문제가 아주 어려울 때가 많습니다. 그런데 놀라운 것은 하나님께서 어떤 성도들의 마음을 감동시켜주셔서 집세도 낼 수 있게 해주시고 먹을 것과 입을 것을 공급해주시는 것입니다. 복음을 전하는 자가 이런 하나님의 공급을 신뢰하지 못하면 불안해서 복음을 전할 수 없을 것입니다.

특히 해외 선교사들은 생활비 전액을 본국의 후원에 의지해야 합니다. 그래서 선교사들에게 가장 두려운 것은 교회가 그들을 잊는 것입니다. 만약 선교사가 교회나 교인들로부터 그 존재가 잊히게 되면 기도도 해주지 않을 것이며 물질적인 후원도 끊어지게 될 것입니다. 그래서 선교사들은 그들의 존재와 사역을 알리기 위해 기도편지를 보내거나 사역보고를 해서 기도와 물질적 후원이 끊어지지 않게 해야 합니다.

15-16절, "빌립보 사람들아 너희도 알거니와 복음의 시초에 내가 마게도냐를 떠날 때에 주고받는 내 일에 참예한 교회가 너희 외에는 아무도 없었느니라 데살로니가에 있을 때에도 너희가 한 번 두 번 나의 쓸 것을 보내었도다"

바울은 마게도냐를 떠날 때는 '복음의 시초' 였습니다. 그는 이때를 자신의 본격적인 이방인 사역의 초기로 생각하고 있습니다. 처음에는 할 수 있는 대로 유대인들을 중심으로 복음을 전하려고 했는데 유대인들은 복음을 거부했고 오히려 그를 핍박했습니다. 반면 이방인들은 복음에 뜨거운 반응을 보였습니다. 그래서 그는 유대인들을 포기하고 이방인들을 중심으로 복음을 전하게 됩니다.

사도 바울이 본격적으로 이방인들을 대상으로 복음을 전하자 그때부터 사도 바울에 대한 지원도 끊어졌습니다. 유대인들은 복음이 이방인들에게 전해지는 것을 싫어했기 때문입니다. 그래서 바울은 천막 짓는 일을 하면서 자비량으로 복음을 전하게 되었습니다. 이런 상황에서 빌립보 교회가 바울을 물질적으로 지원했다는 건 바울에게 있어서는 잊지 못할 일입니다.

본문에서 사도 바울은 '주고받는 일에 너희 외에는 아무 도 없었다' 고 말합니다. 바울은 유대인들에게 밉보인 후 그를 후원하는 교회들이 거의 없었다는 말입니다. 더군다나 바울은 유대인 중심의 교회에서는 말씀을 전할 기회가 없었습니다. 그러니 바울이 그 교회들에게서 물질적인 지원을 받았을 리 만무합니다. 하지만 빌립보 교회는 바울을 위하여 헌금하였습니다. 바울이 데살로니가에 있을 때에도 빌립보 교회는 적어도 한 번 이상 헌금을 보냈습니다. 이것은 빌립보 교회가 바울의 사역을 인정한다는 뜻이었습니다. 물론 빌립보 교회의 반응에 따라 바울의 사도직이 좌우되는 것은 아니지만 그들의 인정과 지원은 바울에게 엄청난 위로가 되었습니다. 바울은 빌립보 교회의 지원을 하나님의 위로로 받아들였습니다. 주께서 사도와 그의 사역을 잊지 않고 계시다는 증거로 생각하고 위로를 받았습니다.

복음 사역에 전념하는 목회자나 선교사를 지원하는 것은 그들의 고통과 사역에 동참하는 것과 같습니다. 아마도 빌립보 교회는 그리스도의 심판대 앞에 섰을 때 바울의 이방선교의 중요한 동역자로 인정받을 것입니다. 마지막 날에 심판대 앞에 서면 우리는 우리가 맺은 열매로 판단을 받게 됩니다. 지금은 그날에 우리가 어떤 평가를 받을지 확실히 알 수 없습니다. 하나님만이 우리의 중심을 아시기 때문입니다. 그러므로 우리는 매순간 하나님 앞에서 진실해야 합니다. 아주 작은 성령의 감화에 순종했을 때 자기도 모르게 하나님의 나라를 위해, 많은 사람들의 구원을 위해 결정적인 역할을 하게 될 수도 있기 때문입니다.

제가 서울에서 교회를 개척할 때의 일입니다. 교육관이 없어서 중 · 고등부 학생들은 전도사님 집에 모여 성경공부를 했습니다. 그때 어떤 성도가 예배를 드리러 왔다가 그 사정을 알게 되었습니다. 나중에 이분이 교육관으로 쓸 공간을 임대할 수 있는 비용을 마련해주었습니다. 그때부터 교회는 날개를 단 듯 더욱 부흥하고 발전하게 되었습니다. 교회는 이분의 헌신을 잊지 않았고 지금도 이분을 위해 기도하고 있을 것입니다.

출애굽 당시에 이스라엘 백성은 애굽 사람들로부터 금은보석을 받아 가지고 나왔습니다. 하지만 광야 생활에서는 그렇게 유용한 재산이 아니었습니다. 그래서 이스라엘 백성들은 그것으로 엉뚱한 짓을 했습니다. 금송아지 우상을 만든 것입니다. 이 일로 이스라엘은 하나님의 준엄한 심판을 받습니다. 나중에는 이스라엘 백성들의 금은보화가 성막을 짓는 일에 쓰이게 됩니다. 이들이 하나님의 말씀에 순종하여 드린 금은 하나님의 궤를 만드는 데 쓰였고, 온갖 보석은 대제사장의 가슴에서 열두 보석으로 빛났으며, 놋은 제물을 올려놓는 제단이 되었습니다. 우리의 소유는 자기의 정욕을 위해 버려지기도 하고, 하나님의 나라를 위해 쓰일 수도 있습니다.

아직도 많은 젊은이들이 하나님을 위해 헌신한다면서 신학교로 몰려듭니다. 전 세계적으로 이런 나라가 없습니다. 하지만 그들이 사역할 수 있는 교회는 부족하고, 현실적으로 개척은 더더욱 힘든 실정입니다. 그럼에도 불구하고 교회는 그들의 열정이 식지 않게 지원해야 합니다. 그들이 하나님 나라의 큰 인물이 될 수 있도록 길을 열어주어야 합니다.

사실 그 동안 한국 교회에서 헌금이 강조된 이유는 예배당 건축에 많은 비용이 필요했기 때문입니다. 교회의 장소가 협소하고 부족하면 예배와 모임 자체가 힘들고 불안정해질 수밖에 없는 게 사실입니다. 하지만 냉정하게 반성해보면 지금까지 내용은 빈약하고 보이는 건물에 치중한 것이 현재 교회들이 부실하게 된 큰 요인입니다.

사도 바울은 본문에서 '주고받은 것' 이라는 표현을 썼는데, 이것은 복음의 중요한 원리입니다. 주의 종이 말씀을 주면 말씀을 받은 자는 그들의 물질적인 필요를 채워주는 것이 성경의 원리입니다. 그리고 교회는 성도의 모임을 지속할 수 있도록 재정적인 지원을 해야 합니다. 이것이 제대로 이뤄지지 않으면 교회의 신앙이 자랄 수 없습니다.

일본 교회를 보면, 일본 기독교인들은 지나치게 헌금에 인색합니다. 일본 교회 목회자들은 대개 다른 직업을 가지고 있기 때문에 그런 것 같기도 합니다. 일본에서는 목회자들 자신만이 아니라 교인들도 목회자가 목회에만 전념하는 것을 이상하게 생각한다고 합니다. 목회자와 성도들 서로가 경제적 부담을 주지 않으려 하다 보니 이런 분위기가 만들어진 것 같습니다. 이제는 아예 당연한 체계로 굳어졌습니다.

사실 마음 가는 곳에 물질이 가고 물질이 가는 곳에 마음이 가는 법입니다. 일본 교회의 교인들의 삶에서 교회는 그렇게 중요한 부분이 될 수 없습니다. 목사도 아르바이트하듯이 교회 일을 하고 교인들도 교회가 삶에서 얼마나 중추적인 부분인지 전혀 인식하지 못합니다. 예수님의 말씀처럼 자기의 보화가 있는 곳에 마음이 있다는 단순한 진리를 경험으로 터득하지 못한 것입니다. 교회가 중요해질 때 물질적인 헌신이 가능하고, 물질적인 헌신이 있을 때 교회는 더욱 중요한 곳이 됩니다. 인간의 이상으로 세운 교회는 기초가 무너질 수밖에 없습니다. 복음의 원리, 성경의 원리로 세운 교회가 든든히 설 수 있습니다.

목회자든 성도든 교회에 대한 책임감이 있어야 합니다. 무조건 주기만 하거나 받기만 하는 건 진정한 사랑이 아닙니다. 목회자는 교인들을 돌볼 책임이 있고 교인들도 은혜를 받은 만큼 목회자와 교회를 위해 헌신할 책임이 있습니다. 말과 혀로만 교회를 사랑하는 사람은 교회에 대해 책임을 지지 않습니다. 이들의 신앙은 결코 참된 신앙일 수 없습니다.

2. 헌금의 영적인 의미

이 서신을 읽는 사람들 중에는 위대한 사도인 바울이 왜 그렇게 헌금을 강조할까 의아하게 생각하는 사람도 있었을 것입니다. 바울은 결코 자신의 이익을 위하여 헌금에 관해 언급하는 것이 아니라고 밝힙니다.

17–18절, "내가 선물을 구함이 아니요 오직 너희에게 유익하도록 과실이 번성하기를 구함이라. 내게는 모든 것이 있고 또 풍부한지라. 에바브로디도편에 너희의 준 것을 받으므로 내가 풍족하니 이는 받으실만한 향기로운 제물이요 하나님을 기쁘시게 한 것이라"

여기서 '너희에게 유익하다' 나 '과실이 번성한다' 는 말은 모두 상업적 용어입니다. 유익은 장사를 해서 돈을 버는 것이고 과실이 번성한다는 것도 이익이 많이 남는 것을 말합니다. 예를 들면, 어떤 회사가 돈을 많이 벌어 본국에 보내는 것을 '과실 송금' 이라고 합니다. 이 용어는 과일을 보낸다는 뜻이 아니라 이익을 남겨 보내는 것을 말합니다.

빌립보 교인들은 사도 바울의 복음 사역을 위해 투자한 것이나 다름이 없습니다. 그렇다면 빌립보 교인들이 그에 대한 이익을 기대하는 것은 이상한 일이 아닙니다. 상업적으로 생각하면 바울이 장사를 많이 해서 원금과 이자를 빌립보 교인들에게 많이 보내는 것이 이익이 될 것입니다. 그런데 복음 사역은 그런 장사가 아니라 이방인들에게 복음을 전하는 일입니다. 그러므로 바울이 이방인들에게 복음을 더 많이 전하는 것이 빌립보 교인들에게 이익입니다. 하나님께서 이 상급을 그대로 빌립보 교인들의 상급으로 인정해주실 것이기에 더더욱 이익이 됩니다. 바울이 이방 지역에 복음을 전하고 많은 영혼들을 건진 사역의 열매가 바울의 것만이 아니라 빌립보 교회의 것이기도 하다는 말입니다. 이로써 빌립보 교인들은 세계를 돌아다니지 않아도 하나님 앞에서 선교의 상을 받게 됩니다.

빌립보 교인들은 헌금을 함으로써 사도 바울의 사역에 더 관심을 가지게 되었습니다. 하나님의 일에 마음을 쓰고 동참하는 자는 하나님 앞에서 더욱 가치 있는 사람이 됩니다. 사도 바울의 마음에도 빌립보 교인들은 중요한 존재가 되었기에 그가 기도할 때마다 이 교인들을 떠올렸습니다. 헌금은 그저 물질적 헌신만을 의미하지 않습니다. 마음을 다한 헌금은 우리에게 영적인 작용을 일으킵니다. 우리가 헌금한 그 기관이나 사역자를 위해 더욱 마음을 써서 기도하게 하고 그 물질을 사용하는 사람은 헌금을 바친 자를 기억하며 기도하기 마련입니다.

예수님께서 십자가를 앞두고 영적으로 고뇌하실 때 한 여자는 비싼 향유를 가지고 와서 그것을 예수님의 발에 부어버렸습니다. 그때 다른 사람들은 이 여자가 비싼 향유를 허비한다고 책망했습니다. 하지만 예수님에게는 이 향유가 예수님의 장례를 준비하는 의미를 주었고 예수님은 다시 한 번 십자가에 용기를 내게 되었습니다. 이 여인의 향유를 통해서 십자가는 결코 처참한 것이 아니고 향기 나는 제사이며 반드시 믿음으로 승리한다는 확신을 가지셨던 것입니다. 그래서 예수님은 복음이 증거 되는 곳마다 이 여자가 행한 일도 증거 되리라고 하셨습니다.

사도 바울은 빌립보 교인들이 헌금한 것이 자신들에게 유익하다고 말합니다. 그들이 하나님 앞에서 그만큼 중요한 사람이 되었기 때문입니다. 빌립보 교인들의 헌금이 없었더라면 그들은 성경에 기록되지 못했을 것입니다. 그러나 이 헌금 때문에 그들은 하나님 앞에서 중요한 사람들이 되었습니다.

사도 바울은 예루살렘에 흉년이 들었을 때 이방 교회로부터 헌금을 거둬 예루살렘 교회를 도우러 갔습니다. 그때 빌립 집사의 딸들이나 아가보라는 선지자를 비롯한 모든 사람이 바울을 말렸습니다. 그러나 바울은 생명을 걸고 헌금을 가지고 예루살렘으로 갔습니다. 예루살렘 교회와 이방인 교회가 하나라는 것을 증거 하기 위해서였습니다. 오히려 이 일로 이방인 교회가 더 큰 유익을 얻었습니다. 이방인 교회가 예루살렘 교회에 헌금을 함으로써 교회의 정통성이 확인이 되었기 때문입니다. 그들은 이제 틀림없는 이스라엘이며 아브라함의 복을 받는 자들로 공교회적으로 인정을 받았습니다. 더 주목할 사실은 이방인 교회가 그 시점부터 교회에서 중요한 역할을 감당하게 되었다는 것입니다. 한 마디로 영적인 장자의 복을 받게 되었습니다. 이후부터 이방인 교회가 주도적으로 전세계에 복음을 전하고 바울은 교회사를 통틀어 가장 위대하고 중요한 복음 전도자가 되었습니다. 만약 그때 이런 저런 핑계로 헌금을 하지 않았더라면 이런 위대한 역사가 이방 교회를 통해서는 일어나지 않았을지도 모릅니다.

여러분의 수입은 대부분 어디에 지출되고 있습니까? 점검해 볼 필요가 있습니다. 먹는 일에 대부분 지출되고 있다면 그 집은 '먹자판' 입니다. 카드빚을 갚는 데 쓰이고 있다면 그 집은 '허영의 집' 입니다. 영적인 지출에 점점 더 비중을 두어야 합니다. 예수님께서 하신 말씀을 기억해 보십시오. 보물이 있는 곳에 마음이 있다고 말씀하시지 않았습니까?

특히 우리의 시간을 영적인 일에 들여야 합니다. 사람은 자기가 중요하다고 생각하는 데 시간과 물질을 쓰게 되어 있습니다. 하나님의 백성이라고 하면서도 영적인 곳에 지출하기를 꺼려하는 사람은 영적으로 미숙한 어린 아이와 다름없습니다.

사도 바울은 헌금이란 '하나님이 받으실만한 향기로운 제물' 이라고 정의했습니다. 구약 시대에 이스라엘 백성들이 하나님께 제사를 드리면 향기가 올라갔습니다. 참으로 놀라운 것은 하나님께서는 무게와 양으로 제물을 받지 않으시고 제물을 태우는 향기를 받으셨습니다.

인간은 하나님 앞에서 냄새나는 존재입니다. 하나님은 우리의 죄로 인한 악취를 견디실 수 없습니다. 우리와 가까이 하고 싶어도 죄의 악취 때문에 우리를 멀리 하십니다. 그런데 우리가 하나님의 말씀에 순종해서 제사를 드릴 때 우리의 죄가 씻기면서 향기가 나기 시작합니다. 하나님은 이 향기로운 제사를 받으시고 우리의 죄를 없이하신 후 우리와 가까이 하십니다.

사도 바울은 우리가 바치는 헌금이 바로 그 향기 나는 제사라고 말합니다. 다시 말해서 헌금은 사람을 돕기 위해 드리는 것이 아닙니다. 하나님께서 기뻐하시는 향기로운 예물입니다. 그러므로 헌금은 강제로 드릴 것도 아니요 사람 앞에서 부끄러워하며 드릴 것도 아닙니다. 헌금은 가장 아름다운 것이며 어떻게 보면 신앙생활의 절정입니다.

19절, "나의 하나님이 그리스도 예수 안에서 영광 가운데 그 풍성한 대로 너희 모든 쓸 것을 채우시리라"

빌립보 교인들이 없는 중에 바울에게 헌금을 했기에 분명 자기들이 쓸 것은 부족해졌을 것입니다. 그러나 바울은 하나님께서 그들의 쓸 것을 다 채워주실 것이라고 말합니다. 하나님께서는 이들의 불필요한 지출을 막아 주시고 알게 모르게 많은 복을 부어주실 것이기 때문입니다. 이뿐만이 아니라 하나님은 지혜를 주셔서 바른 분별력을 가지게 하시고 이들의 생업에 풍성한 복을 더하실 것입니다.

3. 문안과 축복

∷

사도 바울은 이 편지를 통해서 빌립보 교회 안에서 서로 소원하게 지내던 믿음의 형제들이 다시 한 번 교제하는 기회가 되기를 바랐습니다.

21절, "그리스도 예수 안에 있는 성도에게 각각 문안하라."

사도는 이 편지를 계기로 함께 만나 편지를 읽고 이야기를 나누며 문안하기를 바랍니다. 평소에는 볼 일이 없었던 자들도 결혼식이나 여러 행사를 계기로 얼굴도 보고 안부도 묻듯이 편지를 통해서라도 서로 문안함으로 소원해진 관계를 회복하라고 권고하는 것입니다. 혹시라도 평소에 서로 오해가 있었다면 이런 기회를 통해 오해를 씻고 좋은 관계를 회복했을지도 모릅니다.

이 모습은 단순히 편지를 나눠 읽는 것에서 그치지 않고 교회와 성도들이 하나님의 말씀으로 하나가 되는 모습니다. 우리는 예수를 믿는다고 하면서도 본래 자기중심적이고 이기적이기 때문에 강제력이 없으면 자발적으로 하나 되기가 어렵습니다. 그러나 우리가 오직 하나님의 말씀 하나만 붙들면 서로 하나가 될 수 있습니다. 하나님의 말씀은 우리를 하나 되게 하는 능력이 있기 때문입니다.

우리는 네 거 내 거를 구분하는 데 익숙합니다. 하지만 예수 그리스도 안에서는 모든 것이 다 주님의 것이고 모든 교회가 하나입니다. 단지 우리가 편의를 위해서 지역 교회로 모일 뿐입니다. 세상 사람들은 술과 음식으로 하나가 되지만 우리는 성령과 말씀으로 하나가 되어야 합니다.

21-22절, "나와 함께 있는 형제들이 너희에게 문안하고 모든 성도들이 너희에게 문안하되 특별히 가이사 집 사람 중 몇 이니라"

사도 바울이 빌립보 교인들에게 이런 편지를 보낸다는 것을 주위에 있는 성도들이 알고 모두 좋아했습니다. 그래서 그들이 자기 안부도 전해 달라고 문안 인사를 했던 모양입니다. 특히 가이사의 집 사람 중에도 그리스도인들이 있어서 안부를 전하고 있습니다. 로마 황실의 사람들이 누구인지는 밝히지 않았지만 아마 황제 부인이나 딸들 중에서도 그리스도인들이 있었을 것이고 근위대나 거기에 일하는 노예 중에서도 그리스도인들이 있었던 것 같습니다. 그러면서 "주 예수 그리스도의 은혜가 너희의 심령에 있을지어다"(23절)라고 축복하고 편지를 마칩니다.

사도 바울은 이방에 처음으로 세워진 이 빌립보 교회가 영적으로 건강하기를 원했습니다. 영적으로 병들면 다른 교회에 근심과 짐이 되기 때문입니다. 우리가 다른 교회를 가장 잘 도울 수 있는 길은 먼저 우리 자신이 영적으로 건강하고 부흥을 지속하는 것입니다. 자기 자신을 잘 지키는 것도 큰일이며 덕을 세우는 일입니다. 그리스도인들은 모두 한 성령 안에서 연결되어 있기 때문입니다. 그래서 바울은 그들의 심령에 그리스도의 은혜가 있기를 축복하고 있습니다.

빌립보 교인들의 물질적 헌신은 오히려 그들에게 큰 유익이 되었습니다. 사도 바울은 이 귀한 편지 가득히 빌립보 교회를 칭찬하고 있습니다. 그리고 그들이 안고 있는 여러 가지 문제에 대한 하나님의 말씀을 전해주었고 또 빌립보 교인들은 이 말씀으로 하나가 될 수 있었습니다. 주는 자는 주는 것 이상을 받게 되어 있습니다. 빌립보 교회는 약간의 헌금을 보냈지만 그들의 심령에는 주님의 은혜가 넘치고 있습니다.

그리스도인들이 바치는 헌금은 참으로 아름다운 것입니다. 이것은 물질을 빌미로 하나님의 은혜를 흥정하는 것도 아니고 자기 자랑을 위한 것도 아닙니다. 이것은 구체적인 삶 가운데 하나님께 영광을 돌리고 하나님에 대한 믿음을 표현하는 것입니다.

사랑하는 여러분! 이 짧은 인생을 살면서 자기만 생각하다가 하나님 앞에서 하찮은 존재가 되지 맙시다. 우리의 헌신이 하나님 나라를 위해서 크게 쓰임 받는 복을 누리시는 귀한 하나님의 자녀가 되시기를 바랍니다.

Philippians-Colossians

골로새서 1

복음이 가져온 변화

(골 1:1-12)

저는 가끔

'내가 예수를 믿지 않았다면 어떻게 됐을까' 하는 생각을 해봅니다. 예수를 믿지 않았다면 저는 평생 동안 정신적으로 방황하면서 살았을 것입니다. 제 자신을 사랑할 줄도 몰랐을 것이고 다른 사람을 사랑하는 것도 몰랐을 것입니다. 그뿐이겠습니까? 온갖 죄악을 저지르며 허랑방탕하게 살았을 것입니다.

주위에서 허망하게 늙어가거나 죽는 사람들을 보면 너무 안타깝습니다. 그때마다 생각합니다. '만일 저 사람이 예수를 믿었더라면 인생이 완전히 달라졌을 텐데…'

물론 어떤 사람이 예수를 믿는다고 해서 무슨 대단한 일이 금방 생기는 것은 아닙니다. 오히려 신앙 때문에 식구들이나 주위 친척들과 갈등이 생길 수 있습니다. 그러나 이 사람의 마음속에는 매우 놀라운 변화가 일어납니다. 그는 예수를 믿음으로 진정한 자기 자신의 가치를 발견하게 됩니다. 예수를 믿기 전까지는 자기가 누구인지 진정으로 몰랐습니다. 그리고 무언가 알 수 없는 답답함이 늘 마음을 내리눌렀습니다. 그러나 예수를 믿는 순간 하나님만이 주실 수 있는 죄로부터의 자유를 경험합니다. 마음이 시원하고 모든 상황을 능가하는 기쁨을 누립니다. 그것은 이 세상의 기쁨이 아니고 천국의 기쁨입니다. 이 사람의 마음속에 천국의 진액이 공급되면서 생기는 기쁨입니다.

무엇보다 중요한 것은 바로 참사랑이 무엇인지 깨닫는다는 것입니다. 하나님께서 나를 사랑하시고 내가 얼마나 가치 있는 자이며 다른 사람들도 나와 같이 소중하고 가치 있는 존재라는 것을 알게 됩니다. 이것이 복음이 가져온 놀라운 변화입니다. 그리고 이 사람은 외적으로도 달라지기 시작합니다. 우선 얼굴빛이 변하고 삶을 대하는 태도가 아주 진지해집니다. 이 세상의 음란한 것과 술을 피하고 미신 같은 것들과 단절합니다. 이런 것들이 죄의 광기라는 것을 알기 때문입니다. 이 사람은 절대로 세상의 미신이나 음란한 것, 그리고 마귀의 거짓에 속지 않습니다.

이런 일이 아시아 내륙 지방에서도 일어났습니다. 에베소에서 내륙지방으로 190킬로미터 정도 들어가면 세 도시가 있는데 라오디게아, 히에라볼리스 그리고 골로새입니다. 원래 이 지역이 화산지대라 그런지 지진이 잦고 온천이 발달되어 있었습니다. 그래서 이곳은 석회석이 많았습니다. 그리고 양을 많이 키워 양모 산업이 발달한 지역이기도 했습니다.

히에라볼리스는 온천이 아주 발달된 곳입니다. 지금도 사람들이 이곳 온천을 찾곤 합니다. 라오디게아는 양모 산업이 발달했고 옛날에는 부요한 도시였던 것 같습니다. 라오디게아에는 히에라볼리스의 온천물이 흘러들어와 이곳의 찬물과 섞여서 미지근한 물이 흘렀다고 합니다. 이런 지형적 특징은 예수님께서 요한계시록에서 소아시아의 일곱 교회들을 책망하실 때 라오디게아 교회를 향해 차지도 덥지도 않은 신앙이라고 말씀하신 것과 놀라운 연관이 있습니다.

라오디게아와 히에라볼리스와 골로새는 인접한 도시들이었습니다. 골로새는 전쟁의 요충지였는데 세월이 흐르면서 그 중요성이 점점 떨어졌습니다. 바울이 생존했던 당시에도 그렇게 유명하거나 중요한 도시는 아니었습니다. 그 후에 이 도시는 사라센 제국의 침략으로 사람들이 모두 흩어지고 완전히 폐허가 되었습니다. 지금은 유적지 몇 개만 겨우 남아 있습니다.

이렇게 별 볼일 없는 골로새가 유명하게 된 건 바로 골로새서라는 바울의 서신 때문입니다. 이런 작은 도시가 복음을 받아들이고 부흥을 경험하게 되었습니다. 그러다가 교회가 시련을 당합니다. 헬라의 미신과 유대교가 혼합된 이상한 이단이 설치기 시작했습니다. 사도 바울은 이 골로새서를 통해서 흔들리는 교인들의 신앙을 붙들어주고 있습니다.

1. 골로새에 있는 성도들

1-2절, "하나님의 뜻으로 말미암아 그리스도 예수의 사도된 바울과 형제 디모데는 골로새에 있는 성도들 곧 그리스도 안에서 신실한 형제들에게 편지하노니 우리 아버지 하나님으로부터 은혜와 평강이 너희에게 있을지어다"

골로새에 에바브로라는 신실한 형제가 와서 복음을 전하면서 사람들이 예수를 믿기 시작했습니다. 주로 이방인들이 복음을 듣고 은혜를 받았습니다. 사람들은 예수를 믿자마자 완전히 변화되어서 신앙의 열매를 맺어갔습니다. 이 와중에 이상한 이단들이 나타나 활동하면서 골로새 교인들의 신앙을 좀 먹기 시작했습니다.

골로새 교회를 목회하던 에바브로는 사도 바울이 로마 감옥에 갇혀 있을 때 찾아와서 교회의 어려움을 이야기했습니다. 아마도 골로새 교회에 침투했던 이단은 아주 복잡한 성격을 띤 이단이었던 것 같습니다. 초등학문, 금욕주의, 천사 숭배 할 것 없이 모두 다루고 가르치는 아주 복잡한 이단이었던 모양입니다. 골로새서는 이런 교회의 사정을 살펴 이단을 물리치고 계속 신앙의 열매를 맺도록 격려하기 위해 쓰인 서신입니다.

한국 교회에서는 골로새서가 많이 사랑받지 못했습니다. 물론 골로새서가 부분적으로는 인용되기도 하고 가끔 설교되기도 했지만 골로새서 자체는 에베소서나 갈라디아서나 빌립보서 같이 많이 사랑받지 못했습니다. 왜 이런 현상이 일어날까요? 여러 가지 이유가 있겠지만 골로새 교회에 들어온 이단의 정체가 모호하고 어려운 것이 가장 큰 이유입니다. 사실 한국 교회의 실정을 보면 이단에 대한 대책이 아주 시급하고 절실합니다. 요즘도 한국 사회에 만연한 이단들은 여기저기서 교리들을 짜깁기를 해왔기 때문에 체계적으로 그들을 이해하는 것이 쉽지 않습니다.

골로새서에서 가장 중요하게 가르치고 있는 것은 '기독론'입니다. 우리 기독교 진리 중에서는 가장 어려운 부분입니다. 음식으로 치면 단단하고 질긴 고기에 해당되는 것입니다. 갈라디아서, 에베소서, 빌립보서가 워낙 인기가 있고 내용이 탁월하다보니까 아무래도 골로새서는 덜 사랑받은 것도 사실입니다.

골로새서는 교회들에게 시사하는 바가 있습니다. 교회가 아무리 부흥하고 아름다운 열매를 맺고 있다 하더라도 이단이 들어오면 신앙이 시들고 병들게 된다는 것입니다. 마치 농사를 지을 때 농작물에 벌레가 많이 생기면 농사를 다 망치게 되는 것과 같습니다.

이단은 신앙적인 암이라고 할 수 있습니다. 해방 이후에 우리나라에는 신앙적으로 뜨거운 부흥이 일어났습니다. 당시에도 많은 이단들이 활동했습니다. 만약 한국 교회가 뜨거운 감정만 있었더라면 이단들의 손아귀에 교회가 넘어갔을 것입니다. 하지만 워낙 튼튼한 성경적 진리에 뿌리를 내리고 있었기 때문에 오히려 교회가 더 부흥할 수 있었습니다. 지금도 많은 이단들은 자본과 열심을 가지고 교회를 무너뜨리려 합니다. 이런 이단들을 막으려면 교회는 복음 증거를 그치지 말아야 하고 한 영혼 한 영혼을 더욱 뜨겁게 사랑해야 합니다. 만약 교회가 방심해서 조금이라도 복음을 소홀히 여기고 습관적인 신앙에 빠진다면 어느새 이단이 침투해서 교회에 큰 손상을 입힐 것입니다.

1절에서 사도 바울은 자기 자신을 '하나님의 뜻으로 말미암아 사도된 바울' 이라고 소개합니다. 이것은 자기가 되고 싶다고 해서 사도가 된 것도 아니요 하기 싫다고 해서 사도직을 그만둘 수 있는 것도 아니라는 의미입니다. 물론 바울의 사도됨이 세상에선 전혀 중요한 문제가 아닐 수 있습니다. 세상에는 누가 총독인가, 누구 황제인가 하는 것이 이슈가 될지는 몰라도 바울이 사도가 되었다는 사실은 그리 주목할 만한 일이 아닙니다. 하지만 하나님 나라의 관점에선 이것보다 더 중요한 일이 없습니다. 사도는 하나님이 세우신 진리의 종이며 하나님의 모든 진리가 쏟아져 나오는 통로이기 때문입니다. 그래서 사도가 하는 말은 하나님이 하시는 말씀과 같은 효력과 능력을 나타냅니다.

하나님은 이 세상에서 사탄의 세력을 무너트리고 하나님 나라의 대 부흥을 일으키시기 위해서 말씀의 종들을 세우셨습니다. 하나님의 말씀 앞에 사탄의 세력이나 이단들은 무너질 수밖에 없습니다. 마치 모세가 뱀의 꼬리를 잡았을 때 딱딱한 막대기가 되었던 것처럼 모든 사탄의 세력은 힘을 잃을 수밖에 없습니다.

이런 막강한 힘을 가진 사도 바울은 형제 디모데의 협력을 받고 있었습니다. 옛날 이스라엘 백성이 아말렉과 싸울 때 모세가 아론과 훌의 도움을 받아서 팔을 들고 있었던 것처럼 바울은 형제 디모데의 협력으로 이 편지를 쓰고 있습니다. 이것이 복음이 가지는 놀라운 특징입니다. 하나님의 진리가 놀라운 신적 영광과 능력을 가지고 있음에도 바울보다 연약한 형제의 도움을 받아서 복음을 전하고 있습니다. 이렇게 함으로써 복음이 더 구체적이고 훨씬 더 부드럽게 전달되어서 어느 누구도 받아들일 수 있는 영적 양식이 되는 것입니다.

바울은 '골로새에 있는 성도들 곧 그리스도 안에서 신실한 형제들에게 편지한다' 고 말합니다. 골로새에 있는 믿는 자들은 모두 성도들입니다. 라오디게아인이든 유대인이든 모두 성도인 것입니다. 그리고 그들은 신실한 자들이었습니다. 여기서 '신실하다' 는 것은 '믿는 자' 들이라는 뜻입니다. 이들은 하나님을 믿는 자들이었습니다. 물론 이 당시에 나름대로 하나님을 믿는 자들은 많이 있었습니다. 이방인들도 나름대로는 하나님을 믿는 자들이었고 유대인들도 하나님을 믿는 자들이었습니다. 하지만 하나님에 대한 진정한 믿음은 오직 예수 그리스도를 통해서만 가능합니다.

예수 그리스도를 믿으면 우리는 하나님과 가족 관계에 들어가게 됩니다. 이 관계 안에서 우리는 확실히 변화를 받습니다. 하나님의 은혜와 진리가 우리를 변화시키기 때문입니다. 하나님의 사랑과 진리는 우리 한 사람 한 사람을 어떤 세상의 유혹이나 세파에도 흔들리지 않는 한결같은 사람으로 만듭니다. 자기 힘으로 살 때는 세상과 사람을 보며 불안해했지만 이제는 하나님을 믿기에 평안할 수 있습니다. 그래서 예수 믿는 사람들은 신실한 사람으로 변화됩니다.

2. 복음이 가져온 변화

골로새인들이 예수 그리스도의 복음을 들음으로써 영원한 축복을 받게 되었습니다. 이들은 지금까지 한 번도 듣지 못하고 보지 못했던 하나님의 세계를 경험하게 되었기 때문입니다.

3-5절, "우리가 너희를 위하여 기도할 때마다 하나님 곧 우리 주 예수 그리스도의 아버지께 감사하노라 이는 그리스도 예수 안에 너희의 믿음과 모든 성도에 대한 사랑을 들음이요 너희를 위하여 하늘에 쌓아둔 소망을 인함이니 곧 너희가 전에 복음 진리의 말씀은 들은 것이라"

사도 바울은 골로새에 가 본 적이 없었습니다. 그 대신 소아시아의 도시 에베소에 두란노 서원이라는 곳을 빌려서 2년 동안 성경을 가르친 일이 있습니다. 그때 거기서 훈련을 받았던 사람들이 터키 내륙지방으로 들어가면서 복음을 전했는데 골로새에는 에바브로라는 사람이 가서 복음을 전했습니다. 골로새 사람들은 에바브로가 전하는 복음을 듣고 은혜를 받아 변하기 시작했습니다.

옛날에는 복음을 전하는 것이 참으로 어려웠습니다. 누군가가 처음 그

도시에 와서 시장이나 거리에서 전도를 하면 야유하거나 쫓아내려고 하는 사람들이 꼭 있었습니다. 그런데 놀라운 것은 그런 가운데서도 복음을 듣고 예수를 믿는 자들이 생긴다는 사실입니다. 이렇게 예수를 믿은 몇몇 사람을 중심으로 사랑방이나 헛간 같은 데서 모여 정기적으로 예배를 드리기 시작하면서 교회가 세워지게 되는 것입니다. 이렇게 세워진 골로새 교회에 부흥이 일어났습니다. 상당히 많은 사람들이 예수를 믿게 된 것입니다.

사도 바울은 기도할 때마다 골로새 교인들 때문에 감사하게 된다고 말합니다. 그 이유가 무엇입니까? 복음의 능력이 골로새에도 나타나서 하나님의 능력이 드러나고 있기 때문입니다. 우리도 어떤 곳에서 놀라운 부흥이 일어나고 있다는 소식을 들으면 굉장히 힘이 나고 기쁘지 않습니까? 모든 성도가 보편 교회의 지체이기 때문입니다.

골로새 교회는 이단 때문에 고통받고 있었지만 사도 바울은 골로새 교회를 생각하며 감사한다고 말합니다. 이단이 판을 치는 모습은 골로새 교회의 전부가 아니었기 때문입니다. 그들에게는 분명한 복음의 승리와 열매가 있었습니다. 골로새 교회에 많은 사람들이 모이는 것만이 열매는 아니었습니다. 본문은 사람들이 얼마나 모였느냐에 대해 전혀 언급하지 않습니다. 그 대신 그들이 하나님의 말씀을 들었을 때 일어난 변화를 말씀하고 있습니다. 교회에서 사람의 수나 건물보다도 중요한 것은 복음의 능력이고 기도의 능력이기 때문입니다.

복음은 골로새 교인들로 하여금 믿음을 갖도록 역사했습니다. "이는 그리스도 예수 안에 너희의 믿음과…." 골로새 교인들은 예수님을 붙잡고 살았습니다. 그들에게 있어서 가장 중요한 분은 예수님이었고 그들은 예수님으로부터 능력을 공급받는 것을 가장 중요하게 생각하고 있었습니다. 이것이 바로 골로새 교인들의 비밀이었습니다.

세상 사람들의 힘은 그들의 재산과 사회적 관계를 통해서 옵니다. 그러나 믿는 자들의 힘은 하나님 보좌 우편에 계신 예수 그리스도에게서 옵니다. 그분의 능력은 가장 순전한 하나님의 능력입니다. 믿는 자들은 예수 그리스도를 알아갈 때나 주님과 가까이 대화할 때, 세상 사람들은 알 수 없는 기쁨을 맛봅니다. 우리의 재산은 하나님 자신입니다.

사도는 "모든 성도에 대한 사랑을 들음이요"라고 말합니다. 예수님은 우리들에게 하나님의 사랑을 가르쳐주셨습니다. 우리가 예수를 믿기 전에는 진정한 사랑이 무엇인지 모른다고 말해야 합니다. 겨우 이성에 대한 관심이나 열정 혹은 가까운 사람들에 대한 호감 정도를 사랑이라고 생각했습니다. 그러나 예수님은 진정한 사랑을 보여주심으로 우리가 얼마나 가치 있는 존재인지 가르쳐주셨습니다. 우리 한 사람 한 사람은 하나님의 아들의 핏 값으로 생명을 얻은 자들입니다. 얼마나 사랑하면 아들을 희생 제물로 삼았을까요? 이 세상에서는 이런 사랑을 받아본 적이 없는 우리입니다.

하나님의 자녀들의 눈빛은 꼭 누군가를 사랑하고 있는 것처럼 반짝입니다. 우리는 지금 모두 하나님과 연애를 하고 있습니다. 하나님과 사랑에 빠진 사람은 다른 사람을 보는 눈도 달라집니다. 다른 사람들도 우리와 똑같이 사랑받을 자격이 있는 사람들로 보이는 것입니다. 무엇보다 그리스도 안에서 한 형제자매가 된 지체들을 볼 때 그 마음이 매우 흐뭇합니다. 서로 하나님의 사랑에 대하여 이야기할 수 있고 하나님의 구원의 축복을 나눌 수 있는 가족이기 때문입니다.

우리에게 믿음의 형제가 있다는 것이 얼마나 좋은지 모릅니다. 우리는 성도들을 통해서 하나님의 구원이 얼마나 풍성한지 알게 됩니다. 만약

이 세상에 사랑이 없다면 이 세상은 너무나 살벌한 곳이 될 것입니다. 하지만 예수님은 우리에게 진정한 사랑을 가르쳐주셨습니다. 그래서 우리의 삶을 아름답게 만드셨습니다.

골로새 교인들은 '하늘에 소망을 쌓아두는' 사람이 되었습니다. 여기서 '하늘에 소망을 쌓아둔다'는 것은 세상에 부를 쌓아두는 것과 반대되는 개념입니다. 세상 사람들은 이 세상에 부를 많이 쌓아둘 때 안심합니다. 반면 골로새 교인들은 이 세상이 끝이 아니라는 것을 알게 되었습니다. 그들은 영원한 하나님의 나라가 있고 저 하나님 나라에서 영원히 복되게 사는 법을 알고 있었습니다. 그래서 골로새 교인들은 하늘에 소망을 쌓아두었습니다.

이 세상 사람들은 결국 미래에 대한 소망이 없는 사람들입니다. 이 세상 살다가 죽으면 모든 것이 끝난다고 생각하기 때문입니다. 우리의 고민은 어떻게 하면 영원히 하나님 앞에서 부요한 자가 될 수 있을까 하는 것입니다. 참으로 부요한 자는 이 세상에서 많은 것을 움켜쥔 사람이 아니라 멋지게 쓰는 사람입니다. 말하자면 멋진 믿음의 연주 속에 참된 부요함이 있습니다. 어려움 중에서 기도로 응답을 받고 아름다운 믿음을 세우도록 서로 격려하고 역경과 환란을 믿음으로 이겨나갈 때 우리는 그리스도 안에 있는 풍성한 것을 맛봅니다. 이런 삶을 살 때 하늘에 보물을 쌓아두게 됩니다.

골로새 교회에 일어난 이런 역사는 그들이 복음 진리의 말씀을 들음으로 일어났습니다. 다시 말해서 골로새 교인들은 복음을 듣기 전에는 소망이 없는 자들이었고 사랑이 무엇인지 모르는 사람들이었습니다. 그들은 다른 사람들과 똑같이 인습이나 미신에 사로잡힌 자들이었습니다. 그런데 복음이 이들을 놀랍게 변화시켰습니다.

3. 변화가 일어나는 단계

::

사도 바울은 골로새 교인들에게 일어난 신앙의 변화를 3단계로 설명합니다.

6절, "이 복음이 이미 너희에게 이르매"

1단계는 복음이 골로새에 오게 된 것입니다.

여기서 사도 바울은 복음이 골로새 교인들에게 오게 된 것이 얼마나 엄청난 일인지 말하고 있습니다. 물론 에바브로가 사명을 따라 골로새에 복음을 전했기에 골로새까지 복음이 닿게 된 것이 사실입니다. 하지만 이 복음의 역사는 오래전부터 하나님께서 계획하신 일이었습니다.

예를 들어서 우리가 가정에서 상수도를 맘껏 사용하기 위해서는 먼저 몇 년에 걸쳐 거대한 댐을 만들고 그 물을 각 가정으로 공급할 수 있는 시설이 있어야 합니다. 마찬가지로 어느 도시나 어느 사람에게나 복음이 전해지는 것도 하나님의 세밀한 계획이 있었기에 가능한 일입니다. 이것은 우리에게 엄청난 복입니다. 하나님의 수도파이프가 골로새에, 그리고 지금 우리에게까지 연결된 것입니다.

이제 '너희가 듣고 참으로 하나님의 은혜를 깨달은 날부터' 라는 말씀에서 2단계로 넘어갑니다. 우리가 하나님의 말씀을 듣고도 잘 깨닫지 못할 때가 있습니다. 그러다가 어느 날 말씀을 깨닫는 은혜를 경험하는 날이 옵니다. 이것은 마치 농부가 밭에 씨를 뿌리면 처음에는 싹이 잘 나지 않는 것 같다가 단비가 내려 온도와 습도가 맞아떨어지면 그때부터 싹이 자라기 시작하는 것과 같습니다. 어떤 사람들은 내내 은혜를 받지 못하다가 부흥회 때 은혜를 받고 완전히 딴 사람이 되는가 하면 어떤 학생은 수련회에서 은혜 받고 새사람이 되어서 말씀의 맛을 알게 되기도 합니다. 그런데 이것은 사람의 힘으로는 되지 않습니다. 농부가 씨를 뿌린 후에 싹이 빨리 나오지 않는다고 매일 땅을 파본다면 아마 씨가 다 말라 죽고 말 것입니다. 그런데 잘 참고 기다리면 어느새 비가 옵니다. 비가 오고 기온이 올라가면서 어느 순간부터 싹이 나고 자라기 시작합니다.

에바브로의 말씀 사역을 통해 골로새 교인들이 하나님의 은혜를 깨닫기 시작한 날이 있었을 것입니다. 아마 에바브로는 이때가 언제였는지 분명히 알았습니다. 모든 성도들의 눈이 반짝거리면서 하나님의 말씀을 그대로 흡수하고 그 말씀에 행복해하면서 눈물 흘리며 기도하던 순간이 바로 골로새 교인들이 진리의 각성을 했던 때입니다.

3단계는 '너희 중에서와 같이 온 천하에서도 열매를 맺어 자란다'는 말씀에서 살펴보겠습니다. 골로새 교인들의 마음속에 생긴 믿음이 이제는 온 세상에 열매로 나타나게 되었습니다. 이들은 절대로 이 세상에서 음란한 짓을 하지 않습니다. 거짓말도 하지 않습니다. 우상 숭배에도 동참하지 않습니다. 언제나, 어느 곳에서나 기뻐합니다. 그 누구라도 사랑합니다. 그러니까 골로새 교인들이 있는 곳에서는 대대적인 변화가 일어나기 시작했습니다. 골로새 교인들 앞에서는 시시한 우스갯소리나 음담패설, 혹은 더러운 속임수나 타락한 사랑이 통하지 않았습니다. 이들은 갑자기 한 순간 고상한 사람들이 되어버렸고 세상 곳곳에서 변화를 가져오기 시작했습니다. 물론 '온 천하에서 열매를 맺어 자란다'는 말은 과장된 표현일지도 모릅니다. 그런데 하나님의 백성들이 한 번 은혜 받고 각자의 처소로 흩어진다고 생각해보십시오. 그들이 미치는 곳 그 어디서나 복음의 열매가 맺힌다고 생각하면 그리 지나친 표현도 아닙니다.

4. 복음의 열매

::

사도 바울은 골로새 교인들에게 한 번의 변화에서 그쳐서는 안 된다고 말합니다. 우리 신앙은 계속 자라야 하고 더 많은 열매를 맺어야 합니다. 만일 식물이 싹만 나고, 더 자라서 열매를 맺지 못한다면 새들의 모이가 되거나 가시덤불의 기운에 스러질 것입니다. 그래서 사도 바울은 하나님의 진리로 더 자라라고 권면합니다.

9절, "이로써 우리도 듣던 날부터 너희를 위하여 기도하기를 그치지 아니하고 구하노니 너희로 하여금 모든 신령한 지혜와 총명에 하나님의 뜻을 아는 것으로 채우게 하시고"

바울은 '모든 신령한 지혜와 총명을 하나님의 뜻을 아는 것으로 채우라' 고 말씀합니다. 여기서 신령한 지혜와 총명은 하나님의 뜻을 알 수 있는 능력을 말합니다. 그러나 능력만 가지고 있다고 해서 다 되는 것이 아니라 실제로 하나님의 말씀으로 채워야 합니다.

누구든지 예수를 믿고 거듭나면 하나님의 말씀을 배우고 싶은 욕망이 생깁니다. 이것이 바로 신령한 지혜와 총명입니다. 이때 이런 욕구를 하나님의 말씀으로 채워주면 쑥쑥 자랄 수 있습니다. 하지만 그 욕구를 채워주지 않으면 이상한 것을 먹게 됩니다. 예를 들어서 아이들이 부모에게서 좋은 것을 배우지 않으면 친구들에게 나쁜 것을 배우는 것처럼 말입니다.

목회자들은 교인들의 왕성한 욕구를 파악하여 하나님의 진리를 물 붓듯 부어주어야 합니다. 그러면 하나님에 대한 의문들이 그분을 아는 지식으로 채워지고 하나님께 충성하게 됩니다. 그리고 신앙적으로 조금 자라게 되면 더 단단한 음식, 더 깊이 있고 풍성한 하나님의 진리로 채워주어야 이단에 빠지지 않고 신앙에 힘이 생기게 됩니다. 영혼의 빈 잔이 하나님의 진리로 채워지면 깊이 있고 능력 있는 신앙을 갖게 됩니다. 그래서 세상의 어떤 시험에도 쉽게 넘어지거나 상처를 입지 않습니다.

그리고 범사에 하나님을 기쁘시게 하는 것을 배워야 합니다. 학교에서도 어떤 이론을 배우면 실습을 하는 것처럼 하나님의 진리도 실천을 해야 합니다. 우리가 하나님의 말씀을 들었으면 작은 데서부터 하나님의 뜻을 실천해 봐야 합니다.

가장 먼저 실천할 것은 소극적인 실천으로서 신자답지 못한 행동을 버리는 것입니다. 10절에 '주께 합당히 행하여' 라고 했습니다. 우리의 행동이 과연 합당한지를 먼저 배워야 한다는 말씀입니다. 내 행동에 조금도 부끄러움이 없었는지 돌아보는 것부터 시작하십시오. 예수님은 처음부터 우리에게 많은 것을 요구하지 않으십니다. 단지 하나님의 자녀답게 행할 것을 요구하실 뿐입니다. 하나님의 자녀답게 살기 위해 끊어야 할 나쁜 습관은 없는지 돌아보십시오. 참으로 그분의 뜻에 합당하게 행하기 원한다면 자신에게 지속적으로 선한 자극을 주어서 나쁜 습관을 뿌리 뽑아야 합니다.

그리고 무엇으로 하나님을 범사에 기쁘시게 할까 생각해야 합니다. 이것은 적극적인 행함입니다. 여기에는 희생과 사랑이 필요합니다. 우리가 갑자기 성자가 되거나 다른 사람을 위해서 많은 것을 희생하기는 어렵습니다. 여전히 자기 것을 아까워하는 이기심이 있고 나쁜 버릇도 단번에 끊기 힘듭니다. 그러므로 하나님을 아는 지식에서 자라가며 경건한 습관을 익혀가야 합니다. 이렇게 선한 일을 찾아 갈 때 우리를 향하신 하나님의 뜻이 점점 구체적으로 드러나게 됩니다.

11절, "그 영광의 힘을 좇아 모든 능력으로 능하게 하시며 기쁨으로 모든 견딤과 오래 참음에 이르게 하시고"

그리고 두 번째로는 하나님 나라의 능력을 구해야 합니다. 기독교 신앙 안에는 인간의 이성으로는 도저히 이해할 수 없는 어마어마한 능력이 있습니다. 사도 바울은 이 능력을 '그 영광의 힘' 이라고 합니다. 이 힘은 믿는 자들에게 부어지는 성령의 능력을 말합니다. 예수 믿는 자들이 함께 모여 말씀을 듣고 기도할 때 엄청난 성령의 능력이 임하게 됩니다. 이것이 대 부흥입니다. 이 능력이 바로 홍해를 갈랐고, 여리고성을 무너뜨렸으며 기브온 골짜기에 태양이 머물게 했습니다.

하나님의 백성들이 말씀을 붙들고 부르짖으며 기도할 때 상상할 수 없었던 능력이 부어지게 됩니다. 이 능력이 우리를 '능하게' 합니다. 감당할 수 없던 일을 감당하게 되고, 이길 수 없었던 시험을 이기게 됩니다.

이제 능력을 받는 것에서 더 나아가 '기쁨으로 모든 견딤과 오래 참음' 에 이르게 됩니다. 전에는 어려움과 고난이 닥치면 억지로 감당했는데 이제는 기쁨으로 이겨냅니다. 성령이 부어지니까 세상 것들이 모두 다 시시해집니다. 전에는 돈과 명예가 중요했는데 하나님의 성령에 매이니까 그런 것들이 아무 것도 아니게 되는 것입니다.

성도는 하나님의 영광에 목마른 것이 정상입니다. 세상 사람들은 술에 미치지만 우리는 하나님의 성령에 미쳐야 합니다. 이 세상은 미지근한 정신으로는 이길 수 없습니다.

12절, "우리로 하여금 빛 가운데서 성도의 기업의 부분을 얻기에 합당하게 하신 아버지께 감사하게 하시기를 원하노라"

세 번째는 빛 가운데서 당당하게 살아가는 것입니다. 하나님의 백성들은 이 세상에서 빛으로 살아가야 합니다. 이 빛은 모든 거짓을 물리치고 선을 밝히는 빛입니다. 세상 사람들은 온갖 궤변과 핑계로 죄를 합리화합니다. 혼자서만 죄의 쾌락을 즐기지 않고 더 많은 사람을 동참시키려 합니다. 이런 세상에 하나님의 백성들의 존재는 그 자체로 빛이 됩니다. 우상과 거짓과 음란이 틀렸음을 그들의 옳은 행실을 통해 말해줍니다. 그래서 세상 사람들은 하나님의 백성을 미워합니다. 어두운 곳에서는 죄를 짓기가 수월하지만 빛이 있는 곳에서는 뭔가 찜찜하기 때문입니다.

그리고 우리는 성도의 기업으로 이 세상을 살아가야 합니다. 우리가 이 세상에서 어떤 직업을 맡았든 그것은 하나님께서 나에게 주신 기업입니다. 단지 돈벌이가 아닙니다. 그러므로 이 기업을 얻기에 합당하기 위해 우리는 세상의 빛으로서 역할을 제대로 감당해야 합니다. 우리가 있는 곳에서 착취, 무시, 폭언, 더러운 농담 등이 없어야겠습니다.

여러분은 세상의 빛입니다. 하나님께서는 여러분에게 성도의 기업을 얻기에 합당하게 하셨습니다. 여러분이 맡은 일이 크든 작든 그것을 성도의 기업으로 알아 그 영역에서 하나님의 영광을 나타내십시오.

골로새서 2

예수를 아는 지식

(골 1:13-23)

얼마 전에

영국의 유명한 우주 물리학자 스티븐 호킹 박사가 우주는 신에 의하여 창조된 것이 아니라 자연의 힘으로 만들어졌다는 발표를 해서 많은 사람들의 관심을 끌었습니다. 그는 전신 마비 상태인데도 뛰어난 두뇌와 재능으로 영국 케임브리지 대학의 교수가 되었습니다. 호킹 박사는 이렇게 뛰어난 지식을 갖고 있지만 하나님의 사랑을 전혀 알지 못합니다.

현대 과학은 인간의 유전자 지도까지 완성할 정도로 발달했습니다. 신의 영역을 넘보며 질주하고 있습니다. 그럼에도 인간은 여전히 하나님의 존재나 하나님의 정체에 대해 명확하게 아는 바가 없습니다. 하나님을 아는 지식은 과학을 탐구하듯 파고들어 얻을 수 있는 지식이 아닙니다. 복음을 듣고 하나님과 그의 아들에 대한 지식의 빛이 들어와야 하나님을 알 수 있습니다.

하나님께서는 당신의 아들을 통해 자신을 보이시고 그 아들을 믿는 자에게 생명과 복을 허락하셨습니다. 우리는 하나님을 직접 대면할 수 없습니다. 거룩하신 그분 앞에 감히 누가 설 수 있겠습니까? 그래서 하나님께서는 우리가 하나님과 교통할 수 있는 길을 여셨는데, 그분이 바로 하나님의 아들 예수 그리스도입니다. 그분은 우리의 친구요, 인간의 모든 것을 체휼하신 참 인간이셨습니다. 그분과 사귀는 자는 하나님을 만날 수 있습니다.

하나님의 세계로 들어갈 수 있는 문과 열쇠는 예수 그리스도에 대한 지식입니다. 그리스도 안에 하나님의 모든 진리와 복이 충만합니다. 그래서 하나님의 아들을 바로 알고 믿으면 하나님의 영생의 세계에 들어가게 됩니다.

그러므로 이 세상에서 가장 중요한 것은 예수 그리스도를 바로 아는 것입니다. 어떤 사람은 자기 체험을, 어떤 사람은 자기 공로나 열심을, 어떤 사람은 자기 사상을 중요하게 생각하는데 이는 모두 자기 교만의 함정에 빠지는 일입니다. 하나님께서는 우리가 하나님의 아들만 바로 알면 완전한 구원을 받을 수 있게 하셨습니다.

1. 우리의 새로운 신분

13-14절, "그가 우리를 흑암의 권세에서 건져 내사 그의 사랑의 아들의 나라로 옮기셨으니 그 아들 안에서 우리가 구속 곧 죄 사함을 얻었도다"

하나님의 아들에 대한 말씀을 듣는 우리는 이미 흑암의 권세에서 사랑하는 하나님의 아들의 나라로 옮겨진 사람입니다. '흑암의 권세' 는 문자 그대로 '캄캄한 어두움의 나라' 입니다. 빛은 전혀 들어오지 않고 개인의 사상이나 자유가 허용되지 않는 감옥과도 같은 세계일 것입니다. 예수님을 믿기 전에 우리는 노예나 인질의 상태에 있었습니다. 우리에게는 마음껏 생각하거나 말할 자유가 없었습니다. 그런데 그때 우리는 자신의 처지를 몰랐습니다. 처음부터 속박 가운데서 태어났고 억압받으며 자랐기 때문에 당연한 줄 알았던 것입니다. 우리는 죄의 노예로 태어났고 죄의 인질로 자랐기 때문에 그런 삶이 옳고 당연한 줄 알았습니다.

그런데 하나님의 아들이 우리를 흑암의 권세에서 건져내어서 하나님의 사랑의 나라로 옮기셨습니다. 이것은 마치 인질로 붙들려 감옥에 갇혀 있는 사람을 구출을 해내어 본국으로 데리고 간 것과 같습니다.

흑암의 권세에서 건짐을 받기 위해 우리는 구속, 곧 죄 사함을 받았습니다. '구속' 과 '죄 사함' 은 그 성격이 완전히 다릅니다. '구속' 은 돈을 주고 인질을 석방시켜 데려오는 것입니다. '죄 사함' 은 책임의 개념인데 누군가가 지은 죄에 대한 값을 받고 죄가 없다고 인정해주는 것입니다. 죄 문제는 단순히 돈으로 해결될 수 있는 문제가 아닙니다. 그에 대한 책임을 반드시 물어야 합니다. 누가 인간의 죄를 책임질 수 있습니까? 인간 중에 그 누구도 죄에 대한 책임일 질 수 없습니다. 인간은 모두가 죄인이기 때문입니다. 하지만 하나님의 아들이 우리를 구속하셨고 죄 사함을 받게 하셨습니다. 우리의 인질 값을 지불하시고 우리의 모든 것을 책임 지신 것입니다.

그러므로 하나님의 아들의 복음을 마음껏 들을 수 있다는 건 엄청난 축복입니다. 더 이상 어둠의 세력에 매인 노예나 인질이 아니라는 뜻이기 때문입니다. 우리는 이제 완전히 하나님의 나라로 옮겨왔습니다. 이제 다시 우리에게 과거의 죄를 들먹여가면서 저주하거나 우리의 책임을 물을 수가 없습니다. 하나님의 아들이신 예수 그리스도께서 그 모든 책임을 담당하셨습니다. 우리의 죄의 빚은 다 청산되었고 죄의 책임도 다 벗어졌습니다.

2. 그리스도의 가치

::

하나님께서 우리에게 아들의 존재를 밝히신 건 정말이지 놀라운 은혜입니다. 하나님께서는 이런 비밀을 우리 인간들에게 공개하실 필요가 전혀 없으십니다. 그럼에도 우리에게 아들을 보이시고 알게 하신 것은 우리로 그 아들과 사귀어 하나님의 가정 안으로 들어오라는 초청입니다.

하나님의 아들은 어떤 분이십니까?

15절, "그는 보이지 아니하시는 하나님의 형상이요 모든 창조물보다 먼저 난 자니"

일단 우리는 하나님을 볼 수 없다는 것을 알아야 합니다. '보이지 않는 하나님'을 다른 말로 표현하면 '우리가 감히 볼 수 없는' 이라는 뜻입니다. 하나님이 우리 눈에 보이지 않는다고 해서 하나님께 아무 형체가 없다는 뜻이 아닙니다. 하나님의 영광이 우리의 시력을 초월하기 때문에 우리가 볼 수 없는 것입니다. 우리 인간들 중에서 하나님 아버지를 본 사람은 아무도 없습니다. 구약 성경에서 인간이 볼 수 있게 나타나셨던 여호와는 전부 하나님의 아들이셨습니다.

하나님의 아들은 '모든 창조물보다 먼저 나신 자'이십니다. 이 한 구절을 말씀은 그리스도께서 어떻게 존재하게 되셨는지 설명해줍니다. 옛날에 아리우스라는 이단은 '그리스도도 언젠가 하나님에 의해서 창조된 피조물'이라고 설명했습니다. 이 말은 옳지 않습니다. 예수님은 하나님에 의해 창조되신 것이 아니라 영원 전에 하나님에 의해 나신 것입니다. 이 부분에 대해서는 C. S. 루이스가 잘 설명한 바 있습니다. 그는 이렇게 말합니다. '엄마가 아기를 만든다'고 하지 않고 '낫는다'고 하며, '공장에서 자동차를 낫는다'라고 하지 않고 만든다고 합니다. 즉 '낳는다'는 것은 동질적인 존재를 진통하면서 만들어내는 것입니다. 그런데 '만든다'는 것은 어떤 재료를 사용해서 나와 다른 존재를 만들어내는 것입니다. 엄마가 낳으신 아이들은 전부 우리와 똑같은 인간이며 인격적으로 모두 똑같은 존엄성을 가집니다. 거기에 비해서 자동차는 아무리 잘 만들어도 자동차이고 인간을 대신할 수는 없습니다.

마찬가지로 이 세상에 있는 모든 것들은 하나님에 의해서 만들어진 피조물입니다. 그러나 아들은 우리와 달리 순수하게 하나님으로부터 동질적인 하나님으로 나신 분입니다. 그래서 아들은 그 가치와 영광과 존엄성이 성부 하나님과 똑같으십니다. 하나님의 아들의 가치는 이 세상 모든 우주와 모든 인간들과 천사들과 모든 피조물들을 합친 것보다 더 값집니다.

16절, "만물이 그에게 창조되되 하늘과 땅에서 보이는 것들과 보이지 않는 것들과 혹은 보좌들이나 주관들이나 정사들이나 권세들이나 만물이 다 그로 말미암고 그를 위하여 창조되었고"

이 세상 모든 만물을 창조하신 분은 하나님이십니다. 하지만 실제로는 그분의 아드님이 다 만드셨습니다. 창조의 책임과 모든 지시는 하나님이 하셨지만 그 모든 작업을 하신 분은 아들이셨습니다.

'모든 만물이 그로 말미암아' 라는 말은 아들의 손에 의해서 만들어졌다는 뜻입니다. 우리가 창세기만 보면 하나님께서 말씀하셨을 때 저절로 모든 것들이 다 만들어진 것 같지만 세부적으로 들어가 보면 아들이 창조의 실무를 맡은 것을 알게 됩니다.

본문에 '하늘과 땅' 은 온 우주를 말합니다. 하나님의 아들은 우주를 만들었습니다. 하나님의 아들은 우주를 수많은 별들로 채우시고 지구에는 특별히 많은 생물체가 살게 하셨습니다.

아들은 많은 피조물들도 만드셨습니다. 그 피조물들 중에는 눈에 보이지 않는 천사들도 있습니다. 천사들 중에서 특별한 권세를 가진 천사들이 있는데 보좌들이나 주관자들이나 정사들이나 권세들 같은 천사들이 있습니다. 이런 천사들도 전부 하나님의 아들이 다 계획하신 것이고 실제로 존재하게 하셨습니다. 그래서 아들은 이 세상 모든 것의 실제적인 창조 기술자이십니다.

그런데 '만물이 그를 위하여 창조되었다' 고 합니다. 이것은 만물이 그의 지시를 듣고 그의 뜻대로 움직여지도록 만들어졌다는 뜻입니다. 그래서 이 세상 모든 피조세계를 주관하시는 분은 아들이십니다.

17절, "그가 만물보다 먼저 계시고 만물이 그 안에 함께 섰느니라"

'그가 만물보다 먼저 계셨다' 는 것은 그의 존재를 말합니다. 즉 그는 만물과 전혀 다른 분이십니다. 이 세상 모든 것은 다 피조물이지만 아들은 피조물이 아닙니다.

'만물이 그 안에 함께 섰다'는 말씀은 하나님의 아들이 모든 피조세계를 통제하셔서 서로 충돌하거나 파괴되지 않고 계속 유지되도록 붙들어 주셨다는 뜻입니다. 예를 들어서 우주에 있는 많은 별들이 서로 충돌해 버리면 피조세계는 존재할 수 없을 것입니다. 지구의 기온 변화가 무질서해지면 모든 생명체가 다 죽게 될 것입니다. 그러나 하나님의 아들은 하나님의 피조세계가 부서지거나 깨어지지 않고 안전하게 유지되도록 지켜주셨습니다.

본문은 인간의 죄가 하나님의 아들에게 얼마나 몹쓸 짓을 했는지 설명하진 않습니다. 하지만 우리가 알다시피 인간의 교만과 죄는 하나님의 아들을 피조세계에서 물러나게 했습니다. 그냥 곱게 물러나게 한 것이 아니라 내어 쫓아버렸습니다. 그래서 하늘에 있는 정사와 권세들 중에서도 일부는 사탄에게 붙어버렸고 모든 피조세계는 고장 난 기계처럼 엉망진창이 되었습니다. 그 중에서 가장 심하게 타락한 것이 인간입니다. 인간들은 모두 제멋대로 살게 되었고 그것을 충동질하고 부채질한 것이 타락한 정사와 권세들이었습니다. 그러나 하나님의 아들은 인간을 포기하지 않으셨습니다.

아들은 인간을 사랑하시는 하나님 아버지의 맘을 헤아렸습니다. 그래서 자기 생명을 버리시고 우리 인간을 구원하러 오신 것입니다. 인간에게 이보다 더 중요한 사실이 없고 이보다 더 위대하고 감사한 일은 없습니다.

3. 하나님의 아들의 책임

::

하나님의 피조 세계는 그냥 두면 영원히 자멸할 수밖에 없는 진노의 상태에 있었습니다. 하나님은 완전하시기 때문에 조금이라도 추하거나 악한 것은 용납하지 않으십니다. 그러나 하나님께서는 하나님의 형상을 닮은 우리 인간들을 사랑하셔서 모두 멸망시키는 것을 기뻐하지 않으셨습니다. 이때 아들이 나서서 인간들을 책임지기로 자청했던 것입니다.

18절, "그는 몸인 교회의 머리라 그가 근본이요 죽은 자들 가운데서 먼저 나신 자니 이는 친히 만물의 으뜸이 되려 하심이요"

여기서 중요한 것은 '친히 만물의 으뜸이 되려 하심이라' 는 말씀입니다. '으뜸이 된다' 는 것은 다시 피조물의 주인이 되는 것을 의미합니다. 이것은 우리의 모든 죄를 책임지는 데 으뜸이 되는 것을 말합니다. 인간이 하나님과 협상하려면 대표자가 있어야 했습니다. 그런데 인간들 중에서도 그럴 만한 사람이 없었습니다. 하지만 하나님의 아들이 인간이 되셔서 우리 죄를 대신하여 죽으시고 부활하셨을 때 예수님은 우리 모든 인간들의 합법적인 대표자가 되셨습니다.

본래 인간들의 대표자는 아담이었습니다. 그런데 아담 자신이 죄를 지음으로 우리 인간 전체를 파멸에 몰아넣었고 인간 중에서는 누구도 인간의 문제를 책임질 수 있는 사람이 없었습니다. 그러나 죄 없으신 하나님의 아들이 죽으셨다가 다시 부활하셨을 때 합법적인 인간의 대표가 되셨습니다.

부활하신 예수님의 못 자국과 창 찔린 상처는 그분이 우리의 주님이 되신 것을 확증합니다. 이제 주님과 우리는 그 누구도 떼려야 뗄 수 없는 사이가 되었습니다. 부부가 결혼식을 하고 반지를 끼면 이제는 서로 절대로 떨어질 수 없는 것과 같습니다. 이 연합은 그분이 교회의 머리가 되시고 우리가 그 몸의 지체가 되는 것으로 나타납니다.

예수님은 부활하시고 난 후 교회와 한 몸이 되셨습니다. 예수님은 교회의 머리로서 당신의 몸 된 교회에 하나님의 모든 것을 아낌없이 부어주십니다. 우리는 보좌 우편에 계신 하나님의 아들과 한 몸으로 연결되어 있기 때문에 하나님의 모든 신령한 은혜와 축복을 받도록 되어 있습니다. 그런데 이 몸이 중풍에 걸린 것처럼 힘과 감각이 잘 전달이 되지 않을 때가 있듯이 교회도 영적 중풍병에 시달릴 때가 있습니다. 이것은 결코 정상이 아닙니다. 우리와 그리스도 사이에는 어떤 장애물도 껴들어서는 안 됩니다.

지금 우리는 하나님의 보좌 우편과 결코 떨어져 있는 것이 아닙니다. 우리 눈에는 보이지 않지만 아주 많은 신경 조직으로 세밀하게 예수님과 연결되어 있습니다. 이것이 바로 교회의 생명이고 우리 믿는 자들의 능력입니다.

19절, "아버지께서는 모든 충만으로 예수 안에 거하게 하시고"

여기서 '모든 충만' 은 그야말로 하나님의 모든 생명과 능력과 축복을 말하는 것입니다. 하나님의 모든 것이 그분의 아들 안에 있습니다. 하나님의 아들은 죽었다가 부활하심으로 더 강해지시고 풍성해지셨습니다. 하나님의 모든 능력과 풍성이 그리스도 안에 있습니다. 그러므로 그리스도와 연결된 우리는 저절로 이 능력을 받게 됩니다.

20절, "그의 십자가의 피로 화평을 이루사 만물 곧 땅에 있는 것들이나 하늘에 있는 것들을 그로 말미암아 자기와 화목케 되기를 기뻐하심이라"

우리를 향한 하나님의 놀라운 계획이 그분의 아들 안에서 나타납니다. 어떻게 하면 하나님과 인간들이 모든 죄의 앙금을 씻고 진심으로 서로 사랑하며 하나가 될 수 있을까요? 이것은 세상에서 가장 보배로운 피가 흘러야 가능한 것입니다.

인간들은 감히 하나님의 의로우심과 거룩하심을 부정했습니다. 우리 인간들은 하나님께 너무 깊은 상처를 안겨드렸습니다. 이것이 치유되려면 인간들이 저지른 죄를 능가하는 희생이 있어야 하는데 이것은 불가능한 일이었습니다. 천사들이 피를 흘릴 수도 없거니와 천사들도 한갓 피조물에 불과하기 때문입니다. 그래서 하나님께서는 지극히 높으신 하나님의 아들을 인간이 되게 하사 우리를 대신해서 피를 흘리게 하셨습니다. 이것은 하나님께서 인간에게 베푸신 최고의 희생입니다.

하나님의 아들이 십자가에 달려서 '하나님, 하나님이 행하신 것이 옳습니다. 우리 인간들은 다 죽어야 할 죄인들입니다' 라고 시인을 했을 때 인간에 대한 하나님의 진노가 풀어졌습니다.

그래서 '화목' 이라고 하는 것은 죄만 씻는다고 해서 되는 것이 아닙니다. 서로 서먹서먹해진 관계까지 해소가 되어야 하는데 그렇게 하려면 먼저 상한 감정이 누그러져야 합니다. 인간과 하나님 사이는 그야말로 팽팽하게 맞선 원수지간이었습니다. 서로가 조금도 감정을 풀 생각도 하지 않고 영원히 평행선을 달릴 수밖에 없었는데 예수 그리스도께서 보배피를 흘리심으로 하나님의 모든 섭섭한 마음이 풀어지게 되었습니다. 그 때부터 하나님께서는 인간들을 사랑으로 하나씩 하나씩 설득하셔서 하나님의 사랑의 나라로 오게 하신 것입니다.

그렇다면 하나님께서 이렇게 우리를 당신의 나라로 부르신 이유는 무엇일까요?

22절, "이제는 그의 육체의 죽음으로 말미암아 화목케 하사 너희를 거룩하고 흠없고 책망할 것이 없는 자로 그 앞에 세우고자 하셨으니"

본문에서 두 가지 과정이 나타납니다. 먼저 우리가 하나님과 감정적으로 완전히 화목하게 되는 것입니다. 우리가 하나님의 용서를 이성으로 인식한다 하더라도 감정적으로 불편하면 여전히 행동이 자연스럽지 못할 것입니다. 하나님은 우리가 하나님 앞에서 조금도 어색하거나 서툴지 않고 완전히 자연스럽고 당당하게 하셨습니다. 그래야 우리가 자신 있게 하나님 앞에서 말하고 행동할 수 있을 것입니다.

예를 들어, 배우들이 무대 위에서나 카메라 앞에서 완전히 자연스럽게 연기를 하려면 연습을 많이 해야 하고, 연기에 몰입해야 합니다. 그리고 운동선수들이 경기장에서 가볍게 뛰려면 부단한 연습을 통해 실력을 키워 자신감을 가져야 합니다.

마찬가지로 하나님 앞에서 우리의 태도가 자연스러워지기 위해서는 안팎으로 하나님의 말씀과 성령의 공급을 받아야 합니다. 맛보기로만 말씀을 경험해서는 하나님과 자연스럽게 교통할 수 없습니다. 하나님의 사랑을 듬뿍 경험하고 그 관계에 대해 자신하지 않고서는 하나님과 친밀해질 수 없습니다. 하나님의 말씀과 그분의 성령으로 충만해야 하는 것입니다.

이런 충만함을 경험한 후에 하나님께서는 우리를 '거룩하고 흠이 없고 책망할 것이 없는 자'로 세우십니다. 태어날 때부터 허물과 죄로 가득한 우리가 어떻게 흠도 책망할 것도 없는 사람이 될 수 있을까요? 이것은 우리 인간의 힘이나 노력으로는 불가능합니다. 하지만 이것을 가능하게 하는 비결을 본문에서 발견합니다.

> 23절, "만일 너희가 믿음에 거하고 터 위에 굳게 서서 너희 들은 바 복음의 소망에서 흔들리지 아니하면 그리하리라"

믿음에 거하고 복음의 소망에서 흔들리지 않는 것이 그 비결입니다. 이것이 복음의 능력입니다. 자기 자신의 부족함에 집중해서 좌절하거나 다른 사람의 말 때문에 흔들려선 안 됩니다. 우리가 하나님의 말씀을 굳게 붙들고 있으면 우리 안에 성령의 진액 즉, 하나님의 진액이 흘러서 과거의 혈기, 기질, 습성을 뛰어 넘을 수 있습니다.

조금만 생각이 있는 그리스도인이라면 과연 내가 그리스도인으로서 완전해질 수 있을까 하는 고민을 늘 안고 살 것입니다. 어떻게 하면 욕심을 벗고 이기적인 자아를 극복하며 나쁜 성질을 버리고 성화될 수 있을까 고민합니다. 하지만 이 문제는 인간적인 노력으로는 절대 해결할 수 없습니다. 우리가 하나님의 말씀만 붙들고 흔들리지 않을 때 우리 안에 흐르는 성령의 진액이 이 문제를 극복할 힘을 주시는 것입니다.

예전의 나와 지금의 나를 한번 비교해보십시오. 여러분이 세워놓은 기준에는 못 미칠지 모르지만 전보다 나아진 면이 많지 않습니까? 예전에는 하나님 앞에서 죄인으로 살다가 철저하게 회개하고 하나님 앞에 나온 여러분입니다. 하나님께서 얼마나 감격하셨겠습니까? 그렇게 하나님을 만나 생명을 얻었다면 여러분은 조금씩 변화되었을 것입니다. 여러분은 지금도 장성한 분량에 이르기 위해 변화되는 과정에 있습니다.

하나님께 받은 은혜는 넘치는데 우리의 삶을 보면 참 부끄러울 때가 많습니다. 어쩌면 그런 부끄러움을 느끼는 것 자체가 여러분이 자랐다는 증거입니다. 우리의 힘으로는 부끄러울 것도 없고 책망할 것도 없는 존재가 될 수 없습니다. 오직 우리의 수치와 허물을 담당하신 주님 덕분에 우리가 완전하게 될 수 있습니다.

그분이 주시는 힘을 의지하고 우리에게 주시는 믿음의 분량 안에서 최선을 다하면 완전히 변화될 수 있습니다.

자기 자신을 보며 소망을 품을 이유도, 절망할 이유도 없습니다. 오직 우리를 온전케 하시는 주를 바라보며 말씀을 붙들고 그분을 뜨겁게 사랑하면서 그분을 향해 나가십시오. 그러면 우리를 향한 하나님의 뜻이 남김 없이 이루어질 것입니다.

Philippians-Colossians

골로새서 3

위대한 비밀

(골 1:24-2:7)

국가의 중요한 계획과 결정은 기밀로 보관됩니다. 국가기밀이 미리 공개되면 국내외적으로 반대에 부딪치거나 제어할 수 없는 변수가 생겨 일을 그르칠 수 있기 때문입니다. 최근 우리나라에서는 어떤 정부의 계획이 미리 발표가 되어 심한 반대에 부딪쳐서 계획 자체가 취소되거나 진행에 어려움을 겪기도 했습니다.

하나님께서도 아주 오래 전부터 비밀리에 중요한 계획을 세우셨습니다. 이 계획은 세워지자마자 비밀에 부쳐져서 아주 오랫동안 아무도 그 계획이 무엇인지 알지 못했습니다. 얼마나 중요한 계획이었던지 '만세와 만대로부터 감추어졌던 비밀' 이 되었습니다. 하나님께서는 이 중요한 계획이 반대 세력에 의해서 방해받거나 실패하지 않도록 하려고 만세전부터 비밀에 부치셨습니다. 그러다가 예수님께서 십자가 위에서 구원을 확실하게 이룬 후에 드디어 공개하셨습니다. 이 비밀은 우리 같은 이방인들이 하나님의 축복의 자녀가 된다는 내용입니다. 이런 하나님의 계획을 가장 잘 이해하고 이 계획에 자신의 몸과 열정을 다 바친 사람이 있었는데 바로 사도 바울이었습니다.

사도 바울은 하나님의 위대한 계획이 실현되기 위해서는 일단 이방인들이 이 사실을 알아야 한다고 확신했습니다. 그래서 온 이방 지역을 돌아다니며 복음을 전했습니다. 사람들은 여전히 이 계획을 몰랐기에 그는 가는 곳마다 엄청난 핍박과 고난을 받았습니다. 그럼에도 바울은 이런 고통을 조금도 마다하지 않고 기쁨으로 감당했습니다.

사도가 온갖 고난을 감내하며 골로새 지방에 전한 복음이 엉터리 가르침에 의해 왜곡되고 있었습니다. 그래서 그는 다시 한 번 하나님의 위대한 계획을 골로새 교인들에게 분명히 가르쳐야겠다고 생각하게 되었습니다.

우리 같은 이방인들이 하나님을 알고 하나님의 위대한 축복에 참여하는 것은 하나님의 가장 큰 비밀입니다. 우리는 이 하나님의 축복을 알아야 하고 또 그 축복을 받기 위해 열심을 내야 합니다. 우리는 세상의 좋은 것을 누리는 것이 복인 줄 알지만 이것은 하나님의 계획과는 무관한 것입니다. 하나님의 위대한 계획은 우리가 하나님의 말씀을 알고 하나님의 축복 가운데 살아가는 것입니다. 그러기 위해 우리는 하나님의 말씀과 지혜 속에 깊이 들어가야 합니다.

1. 하나님의 위대한 비밀

::

누구든지 어떤 일을 처음 시작하는 사람들은 고생을 하게 되어 있습니다. 예를 들어, 회사를 세우거나 혹은 대학에 입학하거나 심지어는 교회를 개척하는 일도 처음 시작할 때는 많은 고생과 수고를 하게 되어 있습니다. 그럼에도 그 일을 하는 이유는 마음속에 사명감이 불타오르기 때문입니다. 사도 바울도 처음 이방인들에게 복음을 전하면서 많은 고통을 받았습니다.

1장 24절, "내가 이제 너희를 위하여 받는 괴로움을 기뻐하고 그리스도의 남은 고난을 그의 몸 된 교회를 위하여 내 육체에 채우노라"

사도 바울은 골로새 교인들을 향해서 '내가 너희를 위하여 받는 괴로움을 기뻐한다' 고 말합니다. 이것은 단지 골로새 교인들만 말하는 것이 아니라 바울이 복음을 전했던 모든 이방인들을 다 포함합니다. 사도 바울은 이방인들에게 복음을 전하면서 많은 고통을 받았습니다. 전혀 복음의 흔적이 없는 곳에서 복음을 전했기 때문입니다.

예수만 아니면 바울은 유대 사회에서 엘리트 학자와 랍비로서 대접받고 존경받을 수 있었을 것입니다. 사도 바울이 예수를 믿은 후에라도 이방인들에게 복음을 전하지만 않았더라면 그렇게 고생하지는 않았을 것입니다. 하지만 사도는 이방인들에게 복음을 전할 수밖에 없었습니다. 그것이 바울에게 주어진 사명이었기 때문입니다.

바울은 사명으로 인해 받는 괴로움을 기뻐한다고 고백합니다. 이방인 복음화가 하나님의 계획 중에서 가장 위대한 계획임을 알았기 때문입니다. 그리고 그는 이 일이 하나님의 축복 중에서 가장 큰 축복이라 확신했습니다. 장사로 비유하면 가장 많이 남는 장사였던 것입니다.

유대 땅에 복음을 전하는 것도 귀한 일이지만 바울은 이방 선교의 긴급성과 중요성을 절실히 깨달았습니다. 그의 예측은 그대로 적중했습니다. 그래서 이방 교회가 예루살렘 교회보다 더 크게 부흥되었고, 나중에는 이방인 교인들이 전 세계 기독교인의 대부분을 차지하게 되었습니다. 오늘 우리가 이렇게 마음껏 은혜 받고 축복을 받을 수 있는 것은 바로 이 바울의 고생이 있었기 때문입니다.

본문에서 사도 바울은 '그리스도의 남은 고난을 그의 몸된 교회를 위하여 내 육체에 채우노라' 고 말합니다. 어떤 사람들은 예수 그리스도의 고난이 부족하기 때문에 우리 육체에 고난을 더 채워야 한다고 합니다. 가톨릭에는 그런 교리가 있다고 합니다. 하지만 예수님의 십자가 고난은 우리의 죄를 사하는 데 충분합니다. 사도의 말은 이방인들에게 복음을 전하는 것이 자기 혼자만의 일이 아니고 그리스도의 사역의 연장이라는 것입니다.

예수님의 십자가 없이는 사도 바울이 죽어라고 복음을 전하고 고난을 받아도 아무 소용이 없습니다. 중요한 것은 예수님께서 십자가 위에서 고난을 받으셔서 우리의 구원을 완전히 이루시는 것입니다. 그러고 나서 누군가가 이 복음을 이방인들에게 전해주는 일이 필요한 것입니다.

예수님께서 십자가 위에 죽으셨지만 누군가가 이방인들에게 이 복음을 전해주지 않으면 아무도 이 하나님의 축복을 알지 못할 것입니다. 우리가 해야 할 일은 다른 사람의 구원을 위해서 어떤 큰일을 하는 것이 아닙니다. 우리가 할 수 있는 일은 단지 예수님이 어떤 분이신지, 그분이 어떤 일을 하셨는지 소문을 내기만 하면 되는 것입니다.

예를 들어서, 어떤 한의사가 환자를 위해 약을 지어놓았는데 그것을 그대로 두면 환자는 살지 못할 것입니다. 그런데 사환이 그것을 환자에게 갖다 주면 환자는 그것을 먹고 살게 됩니다. 이때 환자에게는 한의사만큼 사환도 중요한 사람입니다.

사도 바울이 이방인들에게 복음을 처음 전하는 일은 너무나도 힘든 일이었습니다. 일단 이방인들에게 복음을 들려주기 위해서는 그들이 있는 곳을 찾아가야 했습니다. 바울은 옛날 보부상들처럼 복음의 불모지를 찾아 이 동리 저 동리로 옮겨 다녔습니다. 말하자면 그는 복음의 보따리 장사였습니다. 자기 본거지가 아닌 곳에서는 어떤 시련이 기다릴지 모릅니다. 유대 땅에서는 하나님의 선택된 민족이 아닌 이방인들에게 복음을 전한다는 이유로 여러 번 테러를 당했습니다. 심지어는 유대인들이 고소하는 바람에 죄수의 신분으로 로마로 압송돼 재판을 받아야 했습니다.

그래서 '그리스도의 남은 고난을 내 육체에 채운다' 고 하는 것은 예수님이 십자가 위에서 죽으시면서 이루신 이 엄청나게 소중한 일을 사도 바울도 목숨을 걸고 감당해왔다는 뜻입니다. 하나님의 아들이 목숨을 잃어버리면서 하신 일을 우리가 가볍게 생각해서 아무렇게나 취급할 수 없습니다. 사도 바울은 예수님이 십자가를 지시면서 느끼셨던 그 심정을 가지고 복음을 전하려고 애를 썼습니다. 그래서 우리가 하나님의 일을 제대로 하려면 세상에서 성공하거나 유명해지려는 마음으로 해서는 안 됩니다. 우리도 예수님처럼 십자가 위에서 죽는 심정으로 하나님의 일을 해야 합니다.

하나님은 오래전부터 사도 바울을 복음을 위해 준비시키셨습니다. 처음에 사도는 이 사실을 알지 못했습니다. 하지만 갈수록 분명히 알 수 있었습니다.

1장 25절, "내가 교회에 일군된 것은 하나님이 너희를 위하여 내게 주신 경륜(개역개정:직분)을 따라 하나님의 말씀을 이루려 함이니라"

사도 바울은 자기에게도 하나님의 경륜이 있었던 것을 알게 되었습니다. 그는 세상 정욕을 따라 달려가고 있었고 열심히 교회를 핍박했습니다. 사실 그것도 하나님께서 사도 바울을 준비시키시는 과정이었습니다. 하나님께서는 때가 될 때까지 바울을 그냥 내버려두셨습니다. 그러다가 바울이 기고만장해서 예수 믿는 사람들을 잡으려고 다메섹을 지날 때에 한 순간에 예수님을 만나게 하셔서 거꾸러뜨리셨습니다. 이것도 하나님의 놀라운 경륜이지만 하나님은 바울을 모태에서부터 준비시켜놓으셨습니다. 그는 나고 자란 배경 덕분에 구약 성경에 능통했고 이방 문화에 대해서도 깊이 이해할 수 있었습니다.

이런 주도면밀하고 철저한 준비과정은 우리에게도 해당됩니다. 우리는 모두 하나님을 부인하며 열심히 우상숭배하고 음란을 행하며 술 취하고 세상 정욕과 야망을 위해 살아가던 사람들입니다. 그런데 하나님은 어느 한 순간 우리로 복음을 듣게 하시고 그 복음 앞에 거꾸러지게 하셨습니다. 이때부터 우리는 하나님의 손에 붙잡혔고 축복의 자녀가 되었습니다. 정말 불가능한 일이 일어난 것입니다. 생각해보면 우리와 같은 사람들이 예수를 믿게 된 사실에 어리둥절할 때가 많습니다. 어쩌다 보니 예수를 믿은 것 같지만 알고 보면 하나님의 치밀한 계획 가운데 우리가 구원을 받게 된 것입니다.

1장 26-27절, "이 비밀은 만세와 만대로부터 옴으로 감취었던 것인데 이제는 그의 성도들에게 나타났고 하나님이 그들로 하여금 이 비밀의 영광이 이방인 가운데 어떻게 풍성한 것을 알게 하려 하심이니라. 이 비밀은 너희 안에 계신 그리스도시니 곧 영광의 소망이니라"

그리스도는 하나님의 가장 큰 비밀로서 만세와 만대 전부터 감추인 것이었습니다. 하나님께서는 수천, 아니 수만, 아니 수억 년 전부터 이 계획을 세우시고 비밀에 부쳐 놓으셨습니다. 그러다가 때가 되자 우리로 그 아들을 믿게 하셔서 복을 받게 하셨습니다.

하나님께서는 우리 같이 무지하고 가치 없는 인간들을 위해 상상할 수도 없는 계획을 가지고 계셨습니다. 이 계획을 처음부터 공개하지 않으신 건 사탄의 훼방과 인간들의 반발을 막으시기 위해서였습니다.

하나님은 모든 복의 창조자이십니다. 하나님 안에 모든 존귀와 영광과 능력과 건강과 부와 지혜가 있습니다. 그런데 인간들은 하나님께 나아갈 수가 없습니다. 하나님과 우리 인간은 질적으로 다르기 때문에 인간이 하나님께 접근하는 것 자체가 불가능했습니다. 특히 죄인들은 하나님께 접근하기만 하면 불에 타죽을 수밖에 없습니다. 하나님은 소멸하는 불이시기 때문입니다. 하나님은 태양보다 수천만 배 더 뜨거우신데 어떻게 죄인들이 하나님의 세계에 들어가서 그 모든 축복을 상속받을 수 있겠습니까? 그런데 하나님께서는 우리 죄인들이 하나님께 나아갈 수 있는 비밀 통로를 만들어 놓으셨습니다. 그것은 바로 십자가에 못 박힌 예수를 믿는 것입니다. "이 비밀은 너희 안에 계신 그리스도시니 곧 영광의 소망이니라." 우리가 예수를 믿는 것이 하나님의 세계 안에 들어가는 비밀 통로입니다.

예수 그리스도는 '영광의 소망' 이십니다. 예수를 믿기만 하면 우리는 하나님의 어마어마한 복음을 소유할 수 있습니다. 하나님께서는 이방인들 중에 하나님의 이 비밀의 영광이 얼마나 풍성한지 보여주셨습니다. 그래서 사도 바울이 이방인들에게 하나님의 아들 예수님에 대하여 전할 때마다 폭발적인 부흥이 일어났던 것입니다. 우리가 생각하기에 조상 대대로 미신이나 믿고 우상이나 섬기던 자들이 하나님의 아들을 믿는다는 건 거의 불가능해 보입니다. 하나님을 모르는 자들이 어떻게 하나님의 아들까지 믿을 수 있겠습니까? 그런데 놀라운 것은 복음이 증거 되는 곳마다 수많은 이방인들이 예수를 믿었다는 사실입니다. 그들이 예수를 믿을 때 폭발적인 부흥이 일어났습니다. 이방인들은 복음을 듣고 울고 가슴을 치면서 회개하기도 하고 기뻐하기도 했는데 이것은 유대인들에게서는 볼 수 없었던 일이었습니다. 이방인들은 예수를 믿고 난 뒤에 모든 우상이나 미신을 버리고 오직 예수님만 믿으면서 하나님의 말씀에 순종해서 살기 시작했습니다. 이런 부흥의 증거가 하나님의 말씀이 진리인 것을 보여줍니다.

옛날 우리나라 사람들은 하나님의 이름을 들은 적도 없고 예수님에 대해서도 전혀 알지 못했습니다. 처음에 우리나라에 서양 선교사들이 들어와서 예수를 전했을 때 우리나라 사람들은 '서양 귀신을 전한다' 고 생각했습니다. 이런 상황에서 선교사님들이 '우리는 서양귀신을 전하는 것이 아니요 온 천지를 지으신 하나님을 전하는 것이며 그 하나님의 아들이 여러분들의 죄를 대신해서 십자가에 못 박혀 죽으셨습니다. 누구든지 예수를 믿으면 죄 용서를 받습니다' 라고 하는 말이 납득이 됐을 리가 만무합니다. 하지만 우리나라 사람들은 폭발적으로 이 복음을 받아들였고 결국 평양 대 부흥이 일어나게 됩니다. 우리에게 이런 대 부흥이 있었기 때문에 일제치하에서도 민족정신이 죽지 않았고 우리나라는 독립할 수 있었습니다. 그리고 그 후에도 어마어마한 복을 받았습니다.

복음은 영광의 소망입니다. 이 복음 안에 모든 미래와 축복과 능력이 있습니다. 이 복음 안에 세상 사람들은 도무지 알지 못하는 어마어마한 하나님의 세계가 있습니다.

1장 28-29절, "우리가 그를 전파하여 각 사람을 권하고 모든 지혜로 각 사람을 가르침은 각 사람을 그리스도 안에서 완전한 자로 세우려 함이니 이를 위하여 나도 내 속에서 능력으로 역사하시는 이의 역사를 따라 힘을 다하여 수고하노라"

복음의 결과는 위대하지만 사람들이 이 복음을 받아들이게 되기까지는 너무도 힘든 과정이었습니다. 처음에는 복음을 전해 들어도 알아듣지 못하기 때문입니다. 그러므로 우리는 복음을 듣는 자들이 알아들을 수 있는 언어로 그들의 수준에서 전해야 합니다.

본문에서 '각 사람을 권하고' 라는 말씀에 주목해봅시다. 물론 여러 사람들에게 복음을 전하기도 해야 하지만 결정적으로 중요한 것은 한 사람 한 사람이 복음을 믿고 예수를 믿어야 한다는 것입니다. 누군가가 복음을 듣고 예수를 믿는다는 것은 이미 성령께서 그 마음에 감동을 주셨다는 증거입니다. 그럼에도 불구하고 우리는 '모든 지혜로 각 사람을 가르쳐야' 합니다. 여기서 '모든 지혜' 는 세상 철학이나 학문을 의미하는 것이 아닙니다. 이것은 각 사람들마다 이해하는 수준이 다르기 때문에 그 수준에 맞게 떠 먹여 주라는 말입니다. 우리 같은 이방인들이 하나님을 알고 하나님의 축복의 자녀가 되는 데는 우리 수준에 맞게 복음을 전해주고 권했던 전도자들이 있었기 때문입니다. 그러므로 우리도 복음의 초보 상태에 머물지 말고 열심히 하나님의 말씀을 배우고, 성숙한 신자가 되고, 모든 지혜를 동원하여 복음을 전하는 자들로 자라야 합니다.

2. 그리스도 안에 있는 보물

::

2장 1절, "내가 너희와 라오디게아에 있는 자들과 무릇 내 육신의 얼굴을 보지 못한 자들을 위하여 어떻게 힘쓰는 것을 너희가 알기를 원하노니"

여러분의 가까운 친척이나 친구가 엄청난 재산을 갖고 있는데 본인이 그 가치를 잘 몰라 사기꾼에게 빼앗길 지경이 되었다고 합시다. 아마 여러분은 절대로 가만히 있지 않을 것입니다. 직접 달려가든지 사람을 보내든지 해서라도 절대로 재산을 빼앗기지 못하게 막을 것입니다.

골로새 교인들과 라오디게아 교인들은 에바브로라는 사람을 통해서 복음을 듣고 예수를 믿었습니다. 아마 골로새 교인들도 처음 예수 믿고는 뛸 듯이 기뻤을 것입니다. 예수를 믿으니까 성령을 경험하고 죄를 용서받아서 심령이 시원하고 무언가 말할 수 없는 기쁨이 있었기 때문입니다. 이 모든 복을 아무 대가 없이 받았기에 더더욱 감사했을 것입니다.

하지만 사람들은 거저 주어진 것에 대해서 처음에는 좋아하다가 시간이 지날수록 홀대하는 경향이 있습니다. 그리고 뭔가 현학적인 것이나 눈에 보이는 종교의식을 더 숭고하게 생각합니다. 골로새 교인들도 예수를 믿고 나서 시간이 조금 지나자 복음으로 말미암아 누리는 복이 별 볼 일 없게 느껴졌습니다.

사실 예수를 믿은 것 때문에 세상에 자랑할 것이 생기는 건 아닙니다. 갑자기 큰 부자가 되는 것도 아니고 노예였던 사람이 귀족이 되는 것도 아닙니다. 그렇다고 단번에 유식해지는 것도 아닙니다. 이 틈을 타서 사탄은 지적인 종교들을 동원해 교회를 공격하기 시작했습니다. 그들은 예수를 믿는 것은 무식한 신앙이라고 비아냥거렸습니다. 그리고 누구나 예수를 믿을 수 있게 되어 있기 때문에 수준이 떨어진다고 비난했습니다. 그러면서 자기들의 고차원적인 철학을 내세우고 거기에 구원이 있다고 소리를 높였습니다.

원래 사람의 눈에는 이 세상 지식이 무엇인가 대단한 것처럼 보입니다. 물론 세상 지식은 우리를 유능하고 똑똑하게 합니다. 지식을 많이 가진 사람을 인정하는 게 이 세상의 현실입니다. 골로새 교회나 라오디게아 교회도 이런 현실에 철저히 굴복해서 그리스도 안에 있는 엄청난 보물을 빼앗길 지경에 이르렀습니다. 사도 바울은 어떻게 해서든지 이런 위기에서 교회들을 지켜내려고 골로새서를 기록하고 있는 것입니다.

2장 2절, "이는 저희로 마음에 위안을 받고 사랑 안에서 연합하여 원만한 이해의 모든 부요에 이르러 하나님의 비밀인 그리스도를 깨닫게 하려 함이니라"

'마음에 위안을 받고' 라는 말은 '보혜사' 라는 말과 같은 어근을 가지고 있습니다. '보혜사' 를 '파라클레토스' 라고 하는데 '위안을 받고' 는 '파라클레도신' 입니다. 어린아이들이 어머니의 보살핌을 잘 받는다는 것과 같은 의미입니다. 어린아이들은 자기보다 힘센 사람이 와서 때리거나 물건을 빼앗으면 지킬 수가 없습니다. 그때 울면서 엄마를 부르면 엄마가 와서 나쁜 아이를 쫓아주고 아이를 달래줍니다.

지금 골로새 교인들은 자신들도 모르는 사이에 아주 나쁜 사람이 와서 그들에게 겁을 주고 윽박질러 가진 것을 다 빼앗길 판입니다. 사도 바울은 일단 이 나쁜 사람들의 정체를 폭로해서 쫓아내고 겁에 질린 골로새 교인들을 달래주려고 합니다.

사도는 이어서 '사랑 안에 연합하여' 라고 말합니다. 여기서 '연합 한다' 는 것은 천을 이을 때 쓰는 표현이라고 합니다. 골로새 교인들은 지금 그리스도의 몸에서 찢겨나가는 고통을 받고 있습니다. 옷으로 비유하면 옷의 일부가 찢어지는 중이었습니다. 정말이지 심각한 상태입니다. 사도 바울은 다시 찢어진 곳을 이어 붙이려고 합니다.

다음으로 사도는 '원만한 이해의 모든 부요함에 이르게' 하려고 한다고 말합니다. '원만한 이해' 라는 것은 온전한 앎이 아닙니다. 뭔가 부족한 앎을 말합니다. 마치 공기가 빠져 탄력이 없는 상태의 공처럼 온전하지가 않습니다. 케케묵은 진리로는 시대를 감당할 수 없습니다. 날로 교묘해지는 마귀의 공격을 이겨낼 수 없습니다. 그런데 우리가 하나님의 진리로 꽉 차게 되면 모든 것이 부요해집니다.

하나님의 진리로 가득 채워진다는 건 무엇일까요? 단순히 머리만 커지는 것이 아닙니다. 진리로 가득한 사람은 그 존재 가치가 달라집니다. 사람은 빈병과 같아서 그 속에 들어 있는 것이 뭐냐에 따라 가치가 달라집니다. 세상의 탐욕이나 더러운 정욕으로 빈병을 채우면 겉은 번지르르할지 몰라도 유치한 사람이 됩니다. 하지만 우리 속사람을 하나님의 말씀으로 채우면 우리는 가장 존귀한 사람이 됩니다. 여기에서 그치지 않고 그가 소유한 진리로 하나님의 뜻을 분별하고 그분의 뜻을 구하면 하늘의 온갖 신령한 기적과 부흥을 이 땅 가운데 가져오게 됩니다. 이것이 바로 하나님의 말씀과 세상 지혜의 차이입니다.

물론 세상 지혜도 귀합니다. 삶에 있어서 정말 유용한 지식들도 많습니다. 하지만 세상 지혜로는 죄를 이길 수 없습니다. 그리고 그 지식을 통해서는 하나님의 능력이 나타나지 않으며 기도가 응답되거나 부흥을 불러오는 일은 더더욱 일어나지 않습니다.

이 구절에서 마지막으로 사도는 '하나님의 비밀인 그리스도를 깨닫게 하려 함이라'고 말합니다. 그리스도는 하나님께 들어가는 비밀 열쇠입니다. 어느 누구도 그리스도를 통하지 않고는 하나님께 들어갈 수 없습니다.

2장 3절, "그 안에는 지혜와 지식의 모든 보화가 감춰어 있느니라"

하나님은 천국의 모든 축복과 능력과 지혜를 그리스도에게 주셨습니다. 그리고 놀라운 것은 그리스도께서 이 모든 것을 말씀을 통해 우리에게 주셨다는 사실입니다. 예수 그리스도 안에 모든 지혜와 지식의 보화가 들어 있습니다. 그리스도 안에 천국의 모든 복이 다 있는데도 여기서 특히 '지혜와 지식'을 강조하는 것은 골로새 교인들이 이것 때문에 시험에 들었기 때문입니다. 이 사람들은 지식의 열등감이 있었습니다. 그래서 누군가가 이 시시한 진리 말고 너희들을 엄청나게 똑똑하게 만드는 지혜와 지식을 가르쳐주겠다고 하니까 귀가 솔깃해진 것입니다.

예수 믿는 사람들 중에도 지식이나 학벌에 대한 열등감을 가진 사람이 많습니다. 우리가 아무리 세상에서 많이 공부해도 성경 안에 있는 진리를 아는 것은 별개 문제입니다. 세상에서 배우는 것은 단지 어떤 전문적인 지식을 배우는 것에 그칩니다. 그런데 많은 하나님의 백성들이 스스로를 똑똑하게 만드는 세상 지식을 지나치게 추구하는 것은 참 안타깝습니다. 스스로 똑똑하다고 생각하는 사람은 하나님의 말씀을 시시하게 생각하기가 십상입니다. 결국 세상 지식과는 비교할 수 없는 하나님의 지혜와 지식의 가치를 아는 사람이 그리스도 안에 있는 보물을 소유할 수 있습니다.

그리스도께서 얼마나 놀라운 분이신지 생각해보십시오. 하나님의 아들이신 그분은 인간이 되셨고 죽었다가 부활하셨습니다. 지금에 하늘에 오르셔서 하나님 보좌 우편에 계십니다. 이것이 가장 큰 지혜요 제일 높은 지식입니다. 바울은 예수 그리스도를 아는 지식이 참으로 고상해서 세상의 모든 자랑들을 배설물같이 버린다고 했습니다.

예수님을 아는 지식은 우리로 하여금 하나님을 알게 하고 죄를 이기고 기도하고 응답받게 합니다. 그리고 우리는 그 지식으로 말미암아 성령을 받습니다. 이것보다 더 귀한 지식이 어디에 있습니까? 왜 이것을 빼앗기려고 합니까? 한 번 세상 지식으로 인해 교만해진 마음은 좀처럼 회복되지 않습니다. 교만은 하나님의 은혜에 대한 목마름을 느끼지 못하게 하기 때문입니다.

3. 진리에 굳게 서야 한다

::

우리가 이 세상에서 믿음으로 승리하고 하나님이 주신 축복을 빼앗기지 않으려면 온 힘을 다해 하나님의 말씀만 붙잡아야 합니다.

2장 4절, "내가 너희에게 이것을 말함은 아무도 공교한 말로 너희를 속이지 못하게 함이니"

여기서 '공교한 말' 은 그럴듯한 가르침을 말합니다. 즉 아주 설득력 있는 가르침입니다. 사람의 지식욕 또한 탐욕스러워서 한 가지 진리를 배우는 것으로 만족하지 못합니다. 할 수 있으면 이것저것 많은 것을 배우고 싶어 합니다. 그러나 하나님의 진리는 오직 하나, 성경뿐입니다. 하지만 사람들은 성경에서 가르쳐주지 않은 것들에 호기심을 갖고 탐구하려고 합니다.

당시에는 그리스 철학이 사람들의 호기심을 자극했습니다. 유대교에도 심오한 가르침들이 많았습니다. 이 모든 사상들은 전부 그럴듯했지만 하나님의 백성들을 미혹하는 지식이었습니다. 본문에 쓰인 '속인다' 라는 단어는 장사할 때 쓰는 말입니다. 상대방을 현혹시켜서 사기를 치는 행위를 가리킵니다. 결국 손해를 보는 쪽은 물건을 사는 사람입니다. 우리가 거짓된 교훈에 속으면 그만큼 손해를 보는 것입니다. 사기를 당하는 사람들은 대개 지나치게 욕심을 부리는 경우가 많습니다. 아무리 사기를 치려해도 욕심을 부리지 않는 사람을 속이기는 어렵습니다. 마찬가지로 우리가 그리스도 안에서 만족한다면 다른 지식에 현혹되지 않을 수 있습니다. 그러므로 우리는 그리스도의 은혜로 늘 충만해야 합니다.

2장 5절, "이는 내가 육신으로는 떠나 있으나 심령으로는 너희와 함께 있어 너희의 규모와 그리스도를 믿는 너희 믿음의 굳은 것을 기쁘게 봄이라"

이런 위기 상황에서도 골로새 교인들의 신앙에는 질서가 있었습니다. 사도 바울은 골로새 교인들과 떨어져 있었지만 항상 같이 있는 것과 같다고 말합니다. 그들이 같은 복음을 소유했기 때문입니다. 그리고 바울이 그들을 위해서 기도하고 있었기 때문에 더욱 그랬습니다. 다시 말해 성령 안에서 연결되어 있었던 것입니다. 우리도 마찬가지입니다. 떨어져 있는 형제나 자매나 자녀들을 위해 할 수 있는 최선은 바로 끊임없이 그들을 위해 기도하는 것입니다. 그리고 할 수만 있으면 그들이 하나님의 말씀을 듣도록 도와주는 것입니다.

본문에 보면 골로새 교인들의 신앙에는 '규모'가 있다고 했습니다. 여기서 '규모'라고 하는 것은 군대 용어인데 질서가 있다는 뜻입니다. 즉 군인들이 서 있거나 행진을 하는데 제 멋대로 하는 것이 아니라 줄을 맞추어서 행진하는 것을 말합니다. 그야말로 군기가 살아 있는 군인들인 것입니다. 군의 기강이 무너지면 군대는 오합지졸이 되고 맙니다. 하나님의 말씀을 붙드는 성도들은 기강이 살아 있어서 사탄이 파고 들어올 틈이 없습니다.

명목상 신앙생활을 하지만 얼마든지 자기 정욕으로 할 수 있습니다. 하나님의 말씀 없이 규모를 잃은 교인들을 보면 심하게 말해서 '바람난 여자' 같습니다. 그들은 여기저기서 주워들은 것은 많고, 에너지는 남아 돌아서 교회를 휘젓고 다니는데 정작 하나님의 말씀에는 관심이 없습니다. 이들이 아예 신앙이 없지는 않겠지만 그 뿌리가 얕기 때문에 조금이라도 자기 생각이나 기분에 맞지 않으면 교회를 등지고 떠나버리는 예를 자주 보았습니다.

그리고 골로새 교인들은 그리스도를 믿는 믿음이 굳은 사람들이었습니다. '굳다'는 건 적의 공격에 언제든지 맞설 준비가 되어 있다는 말입니다. 우리나라 군대 중에 가장 경비가 삼엄한 곳은 전방 부대들일 것입니다. 그곳 부대들은 언제든지 호각과 나팔 소리에 즉시 완전 무장하고 연병장에 집합할 수 있는 기동력을 갖췄습니다. 믿음이 굳은 사람들은 기동력이 뛰어난 부대처럼 어떤 신앙적 위기 상황에도 민첩하게 대처합니다. 이런 민첩성을 갖기 위해서는 언제나 깨어 있어야 합니다. 죄악에 빠져 영적으로 깊이 잠들어 있는 영혼으로는 굳은 신앙을 소유할 수 없습니다. 언제나 기도와 말씀으로 각성된 상태를 유지해야 합니다.

이어서 사도 바울은 골로새 교인들이 이방 세계에서 믿음으로 승리하는 비결을 가르쳐줍니다.

2장 6절, "그러므로 너희가 그리스도 예수를 주로 받았으니 그 안에서 행하되"

골로새 교인들은 예수를 믿었습니다. 예수를 믿는다는 것은 예수님을 주인으로 받아들이는 것입니다. 옛날에 나를 지배하던 탐욕과 야망과 세상 정욕은 이제 더 이상 내 주인 행세를 할 수 없습니다. 이제는 예수님이 나의 주인이 되셨고 예수님이 내 삶을 인도하실 것입니다. 그러므로 모든 것을 그리스도 안에서만 행하게 됩니다. 그리스도 안에서 행한다는 건 그리스도와 멀어지게 하는 모든 죄악을 끊고 버리는 것입니다. 예수 믿는 사람들은 예수님의 말씀만 따라야 합니다.

하지만 이것으로는 충분치 않습니다. 이 세상에는 명백히 선과 악으로 구별되지 않는 미묘한 일들이 많기 때문입니다. 그래서 사도는 다시 권면합니다.

2장 7절, "그 안에 뿌리를 박으며 세움을 입어 교훈을 받은 대로 믿음에 굳게 서서 감사함을 넘치게 하라"

'그 안에 뿌리를 박으라'는 말은 주님의 지혜에 깊이 뿌리를 내려서 신령한 진액을 마음껏 빨아들이라는 말입니다. 나무의 생명력은 그 진액에서 비롯됩니다. 돌감람나무에는 돌감람나무 진액이 흐릅니다. 우리는 이스라엘의 참감람나무입니다. 참감람나무의 진액을 열심히 빨아들여 참감람나무 열매를 맺어야 합니다. 그리고 뿌리를 박고 세움을 입으라는 말씀처럼 우리의 믿음이 뿌리를 제대로 내려 곧게 세워져야 합니다. 우리의 신앙이 그리스도의 진리에 뿌리를 박고 우뚝 서야겠습니다.

우리는 복음을 듣고 깨닫고 믿었습니다. 그리고 그리스도를 구주로 영접하여 구원을 받았습니다. 하지만 여기서 그쳐서는 안 됩니다. 더 깊이 뿌리를 내리도록 그리스도를 아는 지식에서 더 깊어지고 견고해져야 합니다. 여기에 그리스도인의 승리의 비밀이 있습니다. 오늘 많은 그리스도인이 시험의 태풍에 넘어지는 것은 뿌리가 얕기 때문입니다.

하나님의 진리에 깊이 뿌리내리도록 기도하고 끊임없이 진리를 추구합시다. 그러면 우리에게 지속적인 부흥과 축복의 열매가 맺힐 것입니다. 그 풍성한 열매들로 인해 여러분 안에 감사가 넘쳐서 감사하라는 사도의 당부를 기쁨으로 따르게 되시기 바랍니다.

골로새서 4

골로새의 이단들

(골 2:8-23)

얼마 전,

모 신문에 수천 쌍의 젊은이들이 통일교 주관으로 합동결혼식을 하는 사진이 실렸습니다. 전 세계에서 이렇게 많은 젊은이들이 통일교라는 이단에 속아서 인생을 망치는 것을 보면서 안타까운 마음을 금할 길이 없습니다. 이단은 진짜가 아니라 가짜입니다.

진짜라고 믿고 물건을 샀는데 나중에 가짜라는 사실을 알게 되면 얼마나 억울하고 속상하겠습니까? 혹은 결혼을 했는데 신랑의 학력과 신분이 가짜라고 생각해보십시오. 엄청난 배신감이 몰려올 것입니다. 무엇보다 가장 무서운 속임은 바로 거짓된 진리에 속는 것입니다. 거짓된 진리의 속임수에 넘어가면 우리의 온 영혼이 사기를 당하게 됩니다.

가짜라는 건, 진짜와 비슷하게 생겼지만 값어치는 진짜와 비교할 수 없을 정도로 엉터리입니다. 그럼에도 사람들이 가짜에 속는 이유는 충분한 대가를 지불하지 않고 쉽게 효과를 보려고 하기 때문입니다.

우리 몸에 있는 기관들은 아주 복잡하고 정밀합니다. 이렇게 복잡하고 민감한 인체를 다루는 의사가 되려면 예과, 의과, 인턴, 레지던트 과정을 거치면서 무섭게 공부하고 혹독하게 훈련을 받아야 합니다. 하물며 우리의 몸과는 비교할 수 없을 정도로 정밀한 생각과 영혼을 다루는 일에는 얼마나 세밀하고 정확한 지식이 필요하겠습니까? 하지만 사람들은 생각과 영혼의 문제를 쉽게 다루려고 합니다. 그래서 영혼에 대한 막연한 엉터리 지식을 무작정 믿고 따를 때가 많습니다.

골로새에는 새로운 이단이 등장해서 사람들의 신앙을 잡아먹고 있었습니다. 그리스 신화에 보면 몸은 하나이고 머리가 여럿인 히드라라는 뱀이 나옵니다. 골로새의 이단은 마치 히드라처럼 아주 다양한 진리를 가지고 있었습니다. 그들은 그리스 철학을 따르면서도 유대교 전통을 믿기도 했으며 천사 숭배도 하고 여러 가지 금욕적인 계율을 지키면서도 초보적인 종교들도 받아들였던 것 같습니다.

사도 바울은 이런 가르침들이 그들의 순수한 신앙을 빼앗아가고 전혀 유익이 없다고 말합니다. 어떤 의미에서 골로새의 이단들은 좋은 건 모두 섞어 만든 잡탕찌게와 같았습니다. 이들은 무서운 독기를 가지고 기독교를 공격했습니다. 바울은 그리스도의 지식으로 이들의 공격에 대항했습니다.

1. 헛된 철학과 그리스도의 진리

::

모든 학문의 기초라는 철학은 인류의 역사와 함께하면서 끊임없이 신의 존재에 대한 물음에 답하려 애썼지만 아직도 명확한 해답을 제시하지 못합니다. 인간은 엄청난 지식으로 신의 영역을 캐내려고 부단히 애를 쓰지만 늘 한계에 부딪힙니다. 결국 인간은 종교의 힘을 빌려 신에 대해 알아내려고 합니다. 그런데 종교적인 지식은 둘 중 하나입니다. 하나는 신의 계시이며 다른 하나는 인간의 추측입니다.

8절, "누가 철학과 헛된 속임수로 너희를 노략할까 주의하라. 이것이 사람의 유전과 세상의 초등학문을 좇음이요 그리스도를 좇음이 아니니라"

원래 철학은 나쁜 것이 아닙니다. 철학이란 인간의 본질에 대하여 생각하는 학문이기 때문에 불건전할 것이 없습니다. 하지만 철학을 하는 인간의 태도가 문제입니다. 신의 본질, 인간의 본질을 스스로 알 수 없음을 인정하고 철학을 해야 하는데, 사람들은 자기 생각을 체계화해서 그것이 진리라고 믿어버립니다. 이것은 자기 지식에 속아 넘어가는 꼴입니다. 분명 모르면서 마치 아는 것처럼 속이는 것입니다.

그래서 사도는 노략질당하지 않도록 주의하라고 말합니다. 멀쩡한 사람을 쇠사슬로 묶어 포로로 만들어 끌고 가는 것이 노략질입니다. 산적이나 해적은 멀쩡하게 지나가는 사람을 붙들어서 쇠사슬로 묶어갑니다. 그러고는 몸값을 요구합니다. 누구든 일단 포로로 붙들리면 꼼짝없이 시키는 대로 끌려가야 합니다.

원래 그리스 사람들은 우주의 본질이나 인간의 본질에 대하여 많이 생각했습니다. 그런데 이들이 생각한 건 그야말로 그들만의 추측이었습니다. 하지만 그들에 비해 상대적으로 무식한 사람들은 그들의 지식을 우러러보고 그들을 따르려고 했습니다.

본문에 나온 '세상의 초등학문'은 헬라어로는 '스토케이온'이라고 합니다. 이 말은 초등학교에서 배우는 지식을 뜻하는 게 아닙니다. 이것은 종교적인 초등학문으로서 아주 미신에 관한 간단한 이론을 말합니다. 예를 들어, 점을 보려고 주역이나 토정비결을 읽는 사람들이 얻게 되는 깊이 없는 지식 정도로 생각하면 됩니다

골로새에 갑자기 등장한 이단은 겉으로는 멋진 철학으로 포장되어 있었지만 그 내용은 대단히 미신적인 종교 행위였던 것입니다.

하나님의 말씀이 없는 인간은 미신적인 가르침을 따라가게 되어 있습니다. 그래서 공부를 많이 하고 똘똘한 사람들이 밑도 끝도 없는 이단과 미신에 빠지는 것을 종종 보게 됩니다. 인간은 이토록 어리석은 존재입니다. 인간에겐 종교적인 본성이 있습니다. 그래서 인간은 신에 대한 막연한 동경과 두려움을 가지고 있습니다. 이런 본성 때문에 인간은 불안해하고 그것을 달래기 위해 전혀 엉뚱한 것을 찾아 거짓된 평안에 안주하기도 합니다. 오늘 말씀은 이런 인간상을 정확하게 지적합니다.

8절, "이것이 사람의 유전과 세상의 초등학문을 좇음이요 그리스도를 좇음이 아니니라"

인간의 종교적인 본성은 하나님의 말씀을 들을 때 가장 바르게 작동합니다. 하나님의 말씀을 듣고 반응하는 것 이외의 모든 체험이나 사색은 일시적 흥분이나 만족감에 불과합니다. 이런 것들은 결코 '그리스도에게

서 난 것' 이 아닙니다.

9절, "그 안에는 신성의 모든 충만이 육체로 거하시고"

하나님의 아들이신 예수님은 그분의 육체 안에 하나님의 능력과 지혜와 신성을 충만히 가지고 이 세상에 오셨습니다. 하나님의 지혜와 능력과 축복은 가만히 정체하지 않고 겉으로 한없이 뿜어져 나옵니다.

예수님은 하나님과 똑같은 분이신데 육체를 입고 우리에게 오셔서 우리와 교제하셨습니다. 이것이 진리 중의 진리이고 이것이야말로 참된 종교이며 참된 영성입니다. 이 세상의 모든 철학과 종교는 인간의 정체를 파헤쳐보고 신에게 더 접근하려고 몸부림치는 것에 불과합니다. 이런 몸부림이 오래 지속되고 아무리 강력한 종교체험을 했다고 해도 모두 인간의 막연한 추측일 뿐이지 진짜 하나님과 조우한 건 아닙니다.

10절, "너희도 그 안에서 충만하여졌으니 그는 모든 정사와 권세의 머리시라"

'너희도 그 안에서 충만하여졌다' 는 말은 우리가 받은 것이 바로 하나님의 능력이고 지혜이며 축복이라는 의미입니다. 다시 말해 이 세상의 다른 어떤 것으로도 오염되지 않은 순수한 하나님의 축복을 받은 것입니다. 그런데 우리는 이것을 조금만 받은 게 아니라 충만히 받았습니다. 하나님의 능력과 신성으로 속사람이 꽉 찬 상태가 되었습니다.

이어서 '그는 모든 정사와 권세의 머리시라' 고 합니다. 보통 '정사와 권세' 는 천사 중에서 높은 계급에 있는 천사를 가리킵니다. 대개 '정사와 권세' 는 정치나 권력을 지배하는 천사인데 여기서는 철학이나 지식 혹은 종교를 관계하는 천사를 말합니다. 제아무리 철학의 대가이며 종교계의 대부라 하더라도 그들을 지배하는 천사들의 우두머리는 바로 예수님이십니다.

이 말씀을 통해 우리는 한 가지 사실을 더 알게 됩니다. 철학이나 종교 분야의 큰 인물은 정사나 권세 같은 천사가 지식과 능력을 줌으로써 나온다는 것입니다. 예를 들면 플라톤, 아리스토텔레스, 칸트 혹은 서산대사 같은 큰 인물이 나오는 것도 정사나 권세가 지식을 주고 또 그럴만한 영감을 주어서 나오는 것입니다. 그런데 정사나 권세 중에 나쁜 천사도 있었다는 것을 알아야 합니다. 그들은 거짓된 종교나 체험을 줍니다.

한밤중에 예수님을 찾아온 니고데모는 유대 사회에서 대 학자로 인정받는 사람이었습니다. 그러나 그는 예수님 앞에서 완전히 어린 아이 같은 소리만 했습니다. 예수님께서 니고데모에게 '네가 거듭나지 않으면 하나님 나라를 볼 수 없다' 고 하시니까 니고데모는 예수님에게 '제가 이렇게 늙었는데 어떻게 어머니의 뱃속에 들어갔다가 나올 수 있습니까?' 라고 물었습니다. 여러분 중에 혹시라도 세상 지식이 부족해서 열등감을 갖고 있는 사람이 있습니까? 그럴 필요가 전혀 없습니다. 우리는 예수 그리스도 안에 있는 참 지식을 소유했기 때문입니다.

> 11절, "또 그 안에서 너희가 손으로 하지 아니한 할례를 받았으니 곧 육적 몸을 벗는 것이요 그리스도의 할례니라"

아마 골로새의 이단들은 철학도 강조하면서 할례도 반드시 받아야 한다고 주장했던 것 같습니다. 사도 바울은 우리 예수 믿는 사람들은 훨씬 수준 높은 할례를 받았다고 말합니다.

원래 할례는 두 가지 의미가 있습니다. 하나는 하나님의 소유인 표를 몸에 가지는 것이고 또 다른 하나는 인간의 부패한 본성을 잘라낸다는 상징입니다. 하나님이 택하신 이스라엘 백성이라 하더라도 그 마음속에는 아주 못되고 악한 본성이 있습니다. 이것을 믿음으로 고백하고 잘라내는 것이 할례의 중요한 의미입니다.

우리는 육체의 할례가 아니라 영적인 할례를 받았습니다. 성령께서 우리 마음에 오셔서 우리 안에 있는 죄를 다 입으로 고백하게 하시고 하나님의 성품을 우리 안에 심으신 것입니다.

본문은 할례를 '육적 옷을 벗는 것'이라고 설명합니다. 이것은 노예들이 입던 냄새나는 헌 옷을 벗는 것을 말합니다. 결국 우리는 헌 옷을 벗고 새 옷을 입게 되었습니다. 예수를 믿지 않을 때 입고 있었던 못되고 악한 본성은 벗고 그리스도 안에서 성령의 새 본성을 입었습니다. 이것이 그리스도의 세례입니다.

우리들은 세례를 받을 때 하나님의 명령에 순종하겠다고 약속했습니다. 우리가 하나님의 말씀에 순종할 때 하나님께서는 우리 안에 성령으로 불세례를 주십니다. 이것이 바로 그리스도인들의 할례인데 유대인들의 할례에는 비할 것이 없습니다. 그럼에도 불구하고 당시 기독교인들 중에는 할례를 또 받아야 한다고 생각하는 사람들이 많이 있었습니다.

2. 유대교의 문제

골로새의 이단들은 그리스 철학에 바탕을 두면서 유대교도 받아들였습니다. 이 당시 그리스도인들은 이미 유대교의 제사나 할례를 인정하지 않았습니다. 그래서 이단들은 그리스도인들이 제사도 드리지 않고 율법에 정해진 그 많은 율법도 지키지 않는다면 결국 하나님의 명령을 무시하는 것이 아닌가 하는 식으로 공격했습니다. 그것에 대하여 사도 바울은 사람이 신분에 따라서 적용되는 법이 다르듯 하나님의 자녀가 되면 따라야 할 법도 달라진다고 답변했습니다.

로마인들은 법을 아주 중요시하는 사람들이었습니다. 로마에는 로마 시민권을 가지고 있는 사람들에 대한 법(시민법)이 있고 로마 시민이 아닌 사람들이 지킬 법(만민법)이 따로 있었습니다. 마찬가지로 율법이라고 하는 것은 그리스도 밖에 있는 자들 그 중에서도 특히 이스라엘 백성들에게 적용되던 법이었습니다. 그러나 누구든지 예수를 믿는 자는 하나님 안에 들어와 있기 때문에 하나님의 법에 다스림을 받습니다.

12절, "너희가 세례로 그리스도와 함께 장사한 바 되고 또 죽은 자들 가운데서 그를 일으키신 하나님의 역사를 믿음으로 말미암아 그 안에서 함께 일으키심을 받았느니라"

우리는 원래 하나님과 관련이 없었습니다. 우리는 하나님을 모르는 이방인이었고 하나님과는 거리가 먼 사람들이었습니다. 그런데 예수를 믿음으로 하나님의 자녀가 되었습니다. 율법은 자녀에 대한 규정이 아니고 종에 대한 규정입니다. 물론 율법을 통해서 하나님을 알 수 있고 하나님이 우리에게 원하시는 것도 깨달을 수 있습니다. 하지만 우리는 율법의 통치를 받는 종이 아닙니다. 아직도 율법을 철저하게 지키는 것을 의로 알고 있는 유대인들은 이스라엘 민족으로 태어났지만 여전히 종으로 남아있는 것입니다.

성령으로 세례를 받은 우리의 옛 사람은 그리스도와 함께 죽었다가 예수님과 함께 죽은 자들 가운데서 살아남으로 하나님의 자녀가 되었습니다. 그래서 더 이상 우리들에게 종의 규정은 적용되지 않습니다.

13-14절, "또 너희의 범죄와 육체의 무할례로 죽었던 너희를 하나님이 그와 함께 살리시고 우리에게 모든 죄를 사하시고 우리를 거스르고 우리를 대적하는 의문에 쓴 증서를 도말하시고 제하여 버리사 십자가에 못 박으시고"

예수 믿기 전에는 우리는 범죄와 육체의 무할례로 정죄 받는 상태에 있었습니다. 못된 본성과 이미 우리가 저지른 죄에 의해서 정죄 받았다는 말입니다. 그 모든 것이 의문의 증서에 기록되어 있었습니다. 이것이 바로 율법입니다. 하지만 예수님은 십자가 위에서 죽으시면서 이 법조문을 다 성취하셨습니다. 그래서 더 이상 이 법조문은 필요가 없습니다. 본문은 이런 사실을 두 가지로 비유합니다. 하나는 법조문을 찢어버렸다고 표현하고 또 하나는 십자가에 못 박았다고 말합니다. 아예 찢어버려서 무효로 만들고 그것을 십자가에 못 박아서 공포까지 한 것입니다.

예수를 믿는 자에게는 이 놀라운 사실이 성취되었습니다. 예수 믿는 자들은 예수님의 죽음을 통과해서 하나님의 자녀가 되었습니다. 이제부터 우리는 자라기만 하면 됩니다. 몸 바쳐 하나님을 위해 일하는 것보다 더 중요한 일은 진리를 먹고 쑥쑥 자라는 것입니다. 그리고 성장에 맞춰 아버지께서 하라고 하시는 일을 하나씩 감당하면 그걸로 충분합니다.

15절, "정사와 권세를 벗어버려 밝히 드러내시고 십자가로 승리하셨느니라"

이 본문에서 정사와 권세는 율법을 가지고 사람들을 지배하고 정죄하는 권세인 것 같습니다. 예수님도 이것들을 벗어버리셨고 우리도 그분의 의를 덧입었기에 이제 우리는 하나님의 자녀이며 더 이상 율법의 저주아래 있지 않습니다. 하나님께서 이 사실을 밝히 드러내셨습니다. 이것이 바로 십자가의 승리입니다.

앞서 말한 대로 골로새의 이단들은 유대교의 전통을 강하게 주장했던 것 같습니다. 그래서 유대교에서 행하는 모든 할례, 안식일, 절기를 철저하게 지킬 것을 강조했습니다. 하지만 하나님의 자녀들에겐 그것보다 더 중요한 것이 있었습니다.

> 16-17절, "그러므로 먹고 마시는 것과 절기나 월삭이나 안식일을 인하여 누구든지 너희를 폄론하지 못하게 하라 이것들은 장래 일의 그림자이나 몸은 그리스도의 것이니라"

유대인들은 율법을 통해 음식을 제한받았습니다. 그리고 반드시 지켜야 할 기념일이 참 많았습니다. 그러나 사도 바울은 이런 것을 가지고 폄론하지 못하게 하라고 말합니다. 여기서 '폄론'은 비판하는 것을 말합니다. 유대인들은 이런 율법과 절기를 지킴으로써 앞으로 하나님의 아들이 오실 때 종이나 이방인들이 하나님의 자녀로 인정받을 수 있는 공로를 세우게 됩니다. 이들은 하나님 앞에서 인정받으려고 힘겹게 분투하지만 우리는 그 아들을 믿음으로 단번에 하나님의 자녀가 되었습니다. 이것이 바로 역사의 아이러니입니다.

지금도 예수를 믿으면서 종처럼 믿으려는 사람들이 있습니다. 물론 그의 열심은 높이 살 만합니다. 하지만 그들은 아직도 열심히 그림자를 좇고 있지는 않은지 돌아볼 필요가 있습니다. 하나님의 축복의 모든 실체는 그리스도이고 하나님의 말씀입니다. 이 세상에 있는 복들도 사실은 그림자입니다. 진정한 복은 하나님 자신이고 그리스도입니다.

18-19절, "누구든지 일부러 겸손함과 천사 숭배함을 인하여 너희 상을 빼앗지 못하게 하라. 저가 그 본 것을 의지하여 그 육체의 마음을 좇아 헛되이 과장하고 머리를 붙들지 아니하는지라 온 몸이 머리로 말미암아 마디와 힘줄로 공급함을 얻고 연합하여 하나님이 자라게 하심으로 자라느니라"

본문에는 골로새 이단들의 지나친 열심을 언급합니다. 그리고 이들은 일부러 겸손하려고 했습니다. 일부러 겸손하다는 말은 일체 사회나 교회의 직책과 직분을 인정하지 않는 것을 뜻합니다. 자신들은 오직 모든 사람의 형제에 불과하다는 논리입니다. 장로나 목사라는 직책이 뭐 그리 대수냐는 말입니다. 그리고 이들은 격의 없이 모든 사람들과 편하게 어울리고 일체 재산도 소유하지 않고 심지어는 결혼도 하지 않았습니다. 정말 거룩해 보이지 않습니까? 게다가 천사까지 숭배했습니다. 신비적인 체험을 좋아했던 모양입니다. 이 사람들은 어쩌면 너무나도 거룩해서 이 세상 사람들이 아닌 것 같았을 것입니다. 하지만 이들은 분명히 자신들의 생각이나 체험들을 헛되이 과장했습니다. 쉽게 말해서 폼을 너무 많이 잡은 것입니다. 다른 사람들 앞에 성스럽게 보이기 위해서 그럴싸한 모습으로 가장한 것입니다.

이들의 가장 큰 실수는 머리를 무시한 것입니다. 즉 머리되신 그리스도가 없는 경건과 열정을 앞세웠습니다. 온 몸의 지체는 머리를 통해서 신경 조직으로 연결됩니다. 그리스도가 없는 경건, 그리스도가 없는 수도 생활은 모두 죽은 경건입니다. 하지만 사람들은 이것에 열광합니다.

죽은 경건은 자라지 않습니다. 아이를 키우면서 정말 신기했던 건, 애가 어쨌거나 자란다는 사실이었습니다. 얼마나 감사한지 모릅니다. 멋진 대리석으로 만든 아이의 형상을 집에 세워놓는다고 생각해보십시오. 참 조용하고 성스럽고 아름다운 분위기를 자아내겠지만 그 석상은 죽었고, 고로 자라지 않을 것입니다.

우리는 때론 하나님의 마음을 아프게 하지만 그분의 자녀인 우리는 예수님으로부터 하나님의 능력을 공급을 받아서 더 아름답게 자랄 것입니다. 나중에는 정말 흠도 티도 없는 멋진 모습으로 세워질 것입니다.

3. 극단적인 금욕주의

골로새의 이단들은 교인들을 인간적인 규칙에 복종하도록 만들어 극단적인 금욕주의에 빠지게 했습니다.

20-21절, "너희가 세상의 초등학문에서 그리스도와 함께 죽었거든 어찌하여 세상에 사는 것같이 의문에 순종하느냐 곧 붙잡지도 말고 맛보지도 말고 만지지도 말라하는 것이니"

골로새 이단들의 주장은 결국 '붙잡지도 말고 맛보지도 말고 만지지도 말라' 는 것이었습니다. 이 세 가지가 바로 가르침의 핵심이었습니다. 여기서 붙잡지 말라는 것은 세상에 있는 것들은 다 헛된 것이니까 세상의 재물에 대한 욕심을 다 버리라고 했습니다. 그리고 맛보지 말라는 것은 음식을 맛으로 먹지 말라는 것입니다. 죽지 않을 만큼만 먹어야지 음식을 맛으로 먹으면 죄를 짓는다는 얘기입니다. 마지막으로 만지지 말라는 것은 이성 관계를 말하는 것입니다. 이성은 아예 만질 생각도 하지 말고 결혼도 하지 말고 세상에 있는 것들은 전부 다 손도 대지 말라는 것입니다. 그렇게 하려면 결국 보따리를 싸가지고 산으로 올라가는 수밖에 없습니다. 이것이 과연 바른 경건일까요?

극단적인 금욕주의는 결코 진정한 경건이 아닙니다. 이것은 하나님께서는 요구하시는 것이 아니기 때문입니다. 이 세상이 모두 죄로 인해 더럽혀진 것은 사실이지만 그럼에도 하나님은 이 세상을 사랑하시고 특별히 돌보십니다. 하나님께서는 우리가 하나님의 사랑에 감사하면서 이 땅에서도 풍성한 삶을 살기를 원하십니다. 하나님은 우리에게 금욕을 요구하시는 것이 아니라 우리가 죄를 짓지 않기 바라십니다.

22-23절, "이 모든 것은 쓰는 대로 부패에 돌아가리라 사람의 명과 가르침을 좇느냐 이런 것들은 자의적인 숭배와 겸손과 몸을 괴롭게 하는 데 지혜 있는 모양이나 오직 육체 좇는 것을 금하는데 유익이 조금도 없느니라"

'이 모든 것이 쓰는 대로 부패에 돌아간다'는 말씀은 다른 말로 표현하면 이들이 아무리 노력해도 부패를 막을 수 없다는 뜻입니다. 세상의 출세를 포기하고 금식을 하고 이성을 멀리한다 해도 인간의 부패를 막을 수 없습니다. 인간은 본성이 부패했기 때문입니다. 다른 사람보다 부패할 위험에 덜 노출될지는 몰라도 아예 막을 수는 없습니다. 오히려 더 심각한 정신적 부패인 교만에 빠질 수 있습니다. 자신의 금욕적인 생활이 자기 의가 되어서 다른 사람을 우습게 여기고 자기는 높게 보는 교만에 빠질 수 있다는 말입니다.

부패하지 않는 유일한 방법은 그리스도 안에서 말씀을 붙드는 것입니다. 말씀은 우리를 부패로부터 막아주시고 그리스도로부터 오는 성령의 능력이 우리로 부패하지 않도록 지켜주십니다.

이들은 나름대로 철저하게 기도 생활을 하고 명상의 시간도 지켰을 것입니다. 수도원 생활처럼 잡담도 없고 매사에 겸손한 모양새를 했을 겁니다. 하지만 이들과 조금만 이야기를 나누어보면 자기는 옳고 다른 사람은 틀렸다는 생각으로 가득했을 게 분명합니다. 수도원 생활을 하는 사람들을 보면 엄청나게 자기 학대를 합니다. 자기 육체를 채찍질 하면서 고행하지만 그런 방법으로는 결코 하나님의 진리를 깨닫지도 못하고 진정한 은혜의 세계 안에 들어가지도 못합니다.

우리는 철저히 금욕하면서 자기 의로 무장할 필요가 없습니다. 우리는 이미 그리스도의 의로 덧입은 하나님의 성전입니다. 하나님께서 우리를 가장 아름다운 모습으로 만드실 것입니다. 이것이 우리에게 유일한 소망입니다.

골로새서 5

그리스도인이 다른 점

(골 3:1-11)

입시 때가 되면 신문에 나란히 실리는 두개의 사진이 있습니다. 염주를 쥐고 기도하는 불교신자 사진과 두 손을 모아 기도하는 기독교인 사진입니다. 입시철이 되면 사람들은 없던 신앙심이 생기기라도 하듯 간절한 마음을 종교적 행위로 승화시키곤 합니다. 이 사진들을 평범하게 넘기면 아무 문제가 없지만 종교 간의 화해와 대화를 시도하는 요즘 세태를 반영하면 그냥 보아 넘길 것은 아닙니다. 사람들은 모든 종교가 표현 방식만 다를 뿐 궁극적으로 지향하는 바가 같다고 주장합니다.

기독교는 예수 그리스도만이 길이요 진리요 생명이라고 외치기 때문에 세상은 기독교를 독단적인 종교라고 비난합니다. 이런 상황 속에서 우리는 참된 진리가 무엇인지 바르게 정립해야 하고, 우리가 이 세상 사람들과 다른 점이 무엇인지 알고 정체성을 확립해야 합니다.

1. 예수님과의 관계

::

원래 착하고 종교적인 성향이 강하다고 해서 쉽게 그리스도인이 되는 건 아닙니다. 그리스도인들은 모두 한번 죽었다가 살아난 체험들이 있는 사람들입니다.

1절, "그러므로 너희가 그리스도와 함께 다시 살리심을 받았으면"

저는 어렸을 때부터 신앙생활을 했습니다. 어릴 때는 기독교적 수양을 쌓는 데 열심을 냈던 것 같습니다. 그래서 기도도 많이 하고 성경도 많이 읽고 철저한 종교 생활을 하려고 애썼습니다. 집에서 교회 까지는 걸어서 한 시간 넘게 걸리는데 어떤 때에는 걸어서 새벽기도를 갈 때도 있었습니다. 철야기도도 자주 했습니다. 하지만 저는 조금도 착해지지 않았습니다.

아무리 수양을 해도 생각과 마음속에 더러운 죄악이 늘 가득했습니다. 그래서 저는 참 많이 고민했고 정신적으로 방황했습니다. 그러다가 어느 날 죄에서 벗어날 수 있는 길은 바로 내가 죽는 것임을 알게 되었습니다. 내가 죽지 않으면 이런 번민과 갈등과 욕망은 절대로 없어지지 않는 것을 깨달은 것입니다.

사람들은 자기 인생의 여러 문제들을 싸안고 고민하다가 술독에 빠지거나 다른 것들을 탐닉하다가 최악의 경우 자살에까지 이르게 됩니다.

그러나 주님은 우리에게 말씀하십니다. "네 죄 때문에 내가 십자가에 못 박혀 죽었다." 우리는 예수님의 십자가 죽음을 믿고 그분과 함께 십자가에 못 박혀 죽어야 합니다.

『몽테크리스토 백작』이라는 소설을 보면 주인공이 엘바 섬에 갇혀 있는 나폴레옹의 편지를 다른 사람에게 전달했다는 혐의를 뒤집어쓰고 평생을 절대로 살아나올 수 없는 바위섬 감옥에 갇히게 됩니다. 그는 거기서 세월이 얼마나 지났는지 알 수 없었습니다. 그러다가 자기와 함께 갇혀있던 신부님이 병들어 죽게 되자 탈출을 결심합니다. 간수들이 신부님의 시체를 자루에 넣어 바다에 버리려고 하자 그는 신부님의 시체를 꺼내고 자기가 그 부대에 들어가서 바다에 던져집니다. 그는 평생을 보낸 감옥에서 기적적으로 나오게 됩니다.

인간들이 이 세상의 음탕하고 더러운 것과 추잡한 욕망에서 벗어날 수 있는 유일한 길은 오직 예수 그리스도와 함께 죽는 것 밖에 없습니다. 아무리 몸부림을 치고 노력해도 그 길밖에는 없습니다.

겉모양이 같은 계란이라도 부화될 수 있는 유정란이 있고, 아무리 품어도 병아리가 나오지 않는 무정란이 있습니다. 마찬가지로 이 세상 사람들이 모두 똑같아 보이지만 분명히 두 종류의 사람이 있습니다. 하나는 아직 이 세상의 죄와 정욕의 감옥에 갇혀 있는 사람이 있고, 다른 하나는 거기서 풀려나와 자유롭게 돌아다니는 사람이 있습니다.

예수 믿는 사람들은 겉으로 보기에는 다른 사람들과 다를 바가 없는 것 같습니다. 같은 아파트에 살고 같은 직장에 다니고 있고 백화점에서 쇼핑을 하고 같은 음식점에서 식사를 합니다. 하지만 예수 믿는 사람들은 예수와 함께 죽었었다는 점에서 뭔가 다른 사람들입니다.

인간이 모든 죄와 더러운 욕망과 타락한 상태에서 벗어날 수 있는 유일한 방법은 죽는 것입니다. 그러면 도대체 우리는 어떻게 죽을 수 있습니까? 우리는 자기 마음대로 죽을 수도 없고 또 죽는 것이 그렇게 간단하지도 않습니다. 그러나 하나님은 우리에게 쉽게 죽을 수 있는 방법을 가르쳐주셨습니다. 그것은 바로 십자가에 못 박히신 예수를 믿는 것입니다. 그러면 하나님께서는 예수님이 달리셨던 십자가에 내가 달려 죽은 것으로 인정해 주십니다.

우리가 예수를 믿을 때, 죄와 더러움과 음란을 좋아하던 우리는 십자가 위에서 죽습니다. 그리고 예수님의 부활과 함께 우리는 죄에서 해방됩니다. 우리는 이제 새 사람으로서 새 삶을 시작하게 됩니다.

2. 그리스도인의 삶의 목표

::

아기들은 세상에 태어나자마자 누가 가르쳐주지 않아도 본능적으로 엄마의 젖을 찾아 빨기 시작합니다. 또 오리 새끼들은 태어나고 얼마 되지 않아 엄마 오리를 졸졸 따라다닙니다. 그렇다면 우리 예수 믿는 사람들은 거듭난 후에 어떻게 살아야 할까요?

1절, "그러므로 너희가 그리스도와 함께 다시 살리심을 받았으면 위엣 것을 찾으라 거기는 그리스도께서 하나님 우편에 앉아계시느니라"

우리가 예수님과 함께 새 생명으로 태어나게 되었다면 우리는 위의 것을 찾아야 합니다. 하나님은 우리를 위하여 무궁무진한 것들이 준비해 놓으셨습니다. 우리가 죄에서 벗어나기만 하면 하나님은 우리에게 할 일을 주십니다.

'위의 것' 은 '땅의 것' 과 비교되는 개념입니다. 우리는 지금까지 모든 좋은 것은 이 세상에 있는 줄 알았습니다. 그런데 성경은 위에 있는 복을 찾으라고 말합니다. '찾으라' 는 말은 마치 금광이나 유전을 찾듯이 탐색하라는 것입니다.

왜 성경은 우리에게 위의 것을 찾으라고 말합니까? 이 땅의 복이 진짜 복이 아니기 때문입니다. 이 세상의 모든 복은 진짜가 아니라 모조품에 불과합니다. 진짜 복은 하나님 자신이며 하나님께서 주시는 말씀입니다. 하나님은 우리의 외모가 아니라 우리 속사람을 하나님의 복덩어리로 만들기 원하십니다.

하나님의 복은 먼저 하나님이 주신 말씀에서 찾을 수 있습니다. 하나님의 말씀을 연구해 나가는 것은 금광 속을 파고 들어가는 것과 같습니다. 우리가 하나님의 말씀을 찾아 들어갈수록 하늘의 신령한 복을 발견하게 될 것입니다.

이어서 '거기는 그리스도께서 하나님 우편에 앉아계시느니라' 는 말씀은 하나님이 우리에게 주시는 약속입니다. 주님께서는 하나님의 보좌 우편에서 전혀 이 세상의 것으로 오염되지 않은 하나님의 복으로 우리에게 채워주십니다.

최고의 복은 바로 하나님 자신이십니다. 하나님은 자신의 모든 좋은 것을 예수 그리스도를 통하여 우리에게 주십니다. 그러므로 가장 복된 삶은 그리스도와의 친밀한 연합의 상태에 있는 삶입니다. 그리스도와 우리 사이에 전혀 틈이 없이 완전히 하나가 되었을 때 우리에게 부흥이 일어나게 됩니다. 기도가 응답되고 기적이 일어납니다. 이 세상에 속한 줄로만 알았던 돈과 명예와 학식이 모두 하나님의 복으로 변화됩니다. 전에는 이것들이 하나님을 대항하고 죄짓기 위하여 사용되었었는데 이제는 하나님을 높이고 하나님의 영광을 나타내는 도구로 변화됩니다. 이것이 진정한 복입니다.

2절, "위엣 것을 생각하고 땅엣 것을 생각지 말라"

이 말씀은 아예 이 세상일은 생각도 하지 말고 오직 신앙에만 몰두하라는 말씀으로 충분히 오해받을 수 있습니다. 우리가 예수님과 함께 다시 살리심을 받았으면 세상일은 완전히 내팽개치고 말씀 보고 기도만 해야 할까요? 그렇지 않습니다.

우리는 이 세상 가치로 완전히 무장한 사람입니다. 그래서 하나님이 아무리 신령한 복을 부어주셔도 세상 사람들과 비교하면서 불평합니다. 이 세상에서 성공한 사람과 비교하면서 열등감을 느끼거나 자기도 모르게 세상 사람들을 따라가려고 하는 것입니다. 성경은 '땅엣 것을 생각지 말라' 고 분명히 말합니다. 이제 우리는 세상적인 비교 기준을 완전히 버려야 합니다. 그리고 새로운 기준을 세워야 합니다.

우리가 세워야 할 새로운 기준은 무엇입니까? 그것은 바로 '위엣 것을 생각하는 것' 입니다. 하나님의 기준에서 행복이란, 성공이란, 복이란 무엇입니까? 어떻게 하는 것이 위엣 것을 찾는 것입니까? 이것은 눈에 보이는 것이 아니기에 '이것이다' 하며 제시할 수는 없습니다. 하지만 확실한 것은 주님과 더 가까워지는 것이며 믿음에 있어서 참된 부요함이라는 사실입니다. 그리고 하나님에 대한 신령한 지식에서 더 풍성히 자라는 것이 참된 복이라는 것입니다.

세상은 눈에 보이지 않는 것은 인정하지 않습니다. 눈에 보이지 않는

데도 그것이 존재한다고 말하는 사람들은 세상에서 무시를 당합니다. 그렇다고 우리가 실망할 필요가 없습니다. 세상은 눈이 멀었기에 그렇게 반응할 수밖에 없습니다. 우리에게 중요한 것은 하나님께 인정받는 것입니다. 가치관 자체를 완전히 바꾸고 자기만의 기준을 깨트리고 그분을 온전히 사랑하는 자를 하나님은 인정하십니다. 하나님의 은혜와 사랑에 사로잡히지 않으면 절대로 위엣 것을 따르는 가치관을 지킬 수가 없습니다. 그러므로 우리는 하나님의 사랑과 말씀에 집중해야 합니다. 그래야 세상이 뭐라고 해도 영향 받지 않을 수 있습니다.

3절, "이는 너희가 죽었고 너희 생명이 그리스도와 함께 하나님 안에 감춰었음이니라"

이 말씀은 거의 결론적인 말씀입니다. 우리는 이 세상의 죄에 대하여 죽었고 이 세상의 더러운 정욕에 대하여 이미 죽었습니다. 아무리 죄가 우리를 붙잡아 가려고 해도 소용이 없습니다. 죄나 유혹이 절대로 찾을 수 없는 곳, 즉 하나님 안에 우리의 생명이 감추어져 있습니다. 다시 말해서 우리의 생명은 하나님의 보물입니다. 그래서 우리는 세상의 즐거움들이나 자랑에 대해서도 죽어야 합니다. 우리는 오직 하나님 안에서 살아 움직여야 합니다. 그리고 하나님 안에 있는 모든 좋은 것을 취하여야 합니다. 이것은 결코 영원히 빼앗기지 않을 것입니다.

이 세상의 모든 자랑이나 돈은 다 육체를 위한 것입니다. 사람이 죽으면 함께 썩어질 것들입니다. 우리의 육체는 후패해도 우리 속사람은 날로 새롭기 때문에 우리 안에 부어진 하나님의 축복은 영원히 소멸되지 않습니다.

3. 우리가 바꾸어야 할 것

::

성경은 이미 우리가 그리스도 안에서 죽었다고 말씀하면서도 우리가 더 죽여야 할 것이 있다고 말합니다.

5절, "그러므로 땅에 있는 지체를 죽이라 곧 음란과 부정과 사욕과 악한 정욕과 탐심이니 탐심은 우상 숭배니라"

우리는 분명히 예수님의 십자가를 믿음으로 죄의 감옥에서 빠져 나왔습니다. 하지만 우리는 죄의 감옥에서 뭔가를 가지고 나왔습니다. 무엇일까요? 죄를 사랑하고 더럽고 음탕한 것들을 좋아하며 이 세상의 욕심을 포기하지 못하는 땅의 지체입니다. 그래서 성경이 우리에게 '땅에 있는 지체를 죽이라' 고 말씀하는 것입니다.

'땅에 있는 지체' 를 죽이라는 건 육체 자체를 죽이라는 말이 아닙니다. '죄를 짓고 싶어 하는 욕망' 을 죽이라는 의미입니다.

사실 이 문제가 믿는 자들에겐 가장 심각할 것입니다. 우리는 모두 죄짓고 싶어 하는 욕망과 본성을 말끔히 정리하지 못했습니다. 예수를 믿고 난 뒤에도 마음으로는 거룩하게 살고 싶지만 여전히 우리에게는 더러운 육체의 욕망과 죄짓고자 하는 죄의 충동이 살아있습니다.

여기서 우리는 한 가지 중요한 사실을 깨달아야 합니다. 우리가 예수를 믿고 난 뒤에는 죄의 노예가 아니라는 사실입니다. 예수 믿기 전에 우리는 죄의 지배를 받고 있었기 때문에 결코 죄에서 벗어날 수가 없었습니다. 예수 믿기 전에는 죄에서 벗어나고 싶은 마음은 있었지만 불가능했습니다. 그러나 이제 우리는 죄의 지배를 벗어나 죄를 거부할 수 있게 되었습니다. 더 이상 죄에 복종하지 않아도 되는 존재라는 말입니다.

그래서 땅에 있는 지체를 죽이는 가장 중요한 방법은 죄의 유혹이 찾아왔을 때 담대하게 거부하는 것입니다. 그렇지만 아예 죄를 짓지 않을 수 없는 게 우리의 현실입니다. 하지만 우리는 놀라운 사실을 발견하는데, 전과는 달리 죄를 짓는 게 더 이상 기쁘지 않다는 것입니다. 예수 믿기 전에는 죄를 지으면서 느끼는 쾌락이 있었습니다. 그런데 이제는 죄를 지으면 마음이 답답하고 뭔가 꽉 막힌 것처럼 찝찝합니다. 결국 우리는 회개의 눈물을 흘리며 하나님 앞에 나올 수밖에 없습니다. 이것이 땅에 있는 지체를 죽여 가는 과정입니다.

이전에 행하던 육체의 욕망이나 습관은 결코 한 순간에 없어지지 않습니다. 그래서 우리는 낙심하지 말고 계속 그 행위를 죽여 나가야 합니다. 이렇게 육체의 욕망을 죽이면 죽일수록 하나님의 능력이 더 강하게 역사합니다. 말로 다할 수 없이 힘든 과정이지만 이 고비를 넘으면 말로 표현할 수 없는 기쁨이 우리 안에 넘칩니다.

본문은 땅의 지체의 대표적인 것들을 예로 들고 있는데, 먼저 음란을 지적합니다. 물론 인간에게 이성에 대한 호감과 사랑하는 감정을 주신 분은 하나님이십니다. 하지만 인간들은 이 감정을 더러운 것으로 변질시켜 음행을 저질렀습니다. 사람들은 이상하게 바른 것보다는 뒤틀어진 것을 더 좋아합니다. 옳은 것을 옳다고 말하면 거부반응부터 일으킵니다. 뭔가 비틀고 꼬이고 유별난 것에 마음이 끌리는 모양입니다. 이런 세상 풍조를 분별하고 이길 수 있는 힘은 오직 하나님 안에 있습니다. 하나님의 강력한 은혜만이 우리의 가치관과 생각들을 바르게 합니다.

다음으로 사욕은 바르지 못한 욕심을 말합니다. 자기 것이 아님에도 탐을 내서 자기 배를 불리려는 것입니다. 사람이 무엇인가를 욕망하는 것이 반드시 나쁘지만은 않습니다. 무기력한 것보다는 의욕적인 것이 좋습니다. 하지만 나쁜 정욕이 문제인데, 이는 바르지 못한 목표를 두고 질주하는 것입니다. 남을 망하게 한다든지 반드시 죄를 짓고야 말겠다는 목표를 세우는 것입니다. 결국은 탐심이라 할 수 있습니다.

탐심은 자기에게 주어진 것으로 만족하지 못하는 마음입니다. 하나님에 대한 마음이 비뚤어져 있기 때문 하나님의 선하심을 인정하지 못하고 감사할 수도 없습니다. 사실 우리가 이 땅에서 숨 쉬고 사는 것만으로 우리는 감사해야 합니다. 게다가 하나님의 전적인 은혜로 주님과 동행하며 살 수 있으니 얼마나 감사합니까? 우리는 죽어도 여한이 없습니다. 단지 우리가 하나님을 충성스럽게 섬기지 못한 아쉬움이 있어서 이 땅에서 좀 더 기회를 주셨으면 좋겠다는 마음을 가질 수는 있습니다. 이 마음은 탐심이라기보다는 선한 욕망이라 할 수 있을 것입니다.

본문에서 '탐심은 우상 숭배' 라고 했습니다. 하나님이 계셔야 할 자리에 탐심이 있다는 말입니다. 탐심이 가득한 사람의 삶은 탐심의 지배를 받으므로 자기 욕심이 가장 중요한 가치가 됩니다. 사람들이 임의로 만들어낸 신들을 보십시오. 돈, 인기, 명예, 권세, 지식 등. 이것들을 신처럼 숭배한 결과는 무엇입니까? 바로 철저한 파멸입니다.

6절, "이것들을 인하여 하나님의 진노가 임하느니라"

정욕을 따라 사는 사람들은 결국 하나님의 진노로 망하게 됩니다. 미국의 가수 엘비스 프레슬리는 전 세계적인 여성들의 우상이 되었습니다. 그는 엄청난 부와 인기를 누렸습니다. 하지만 그의 말년이 어땠습니까? 부족할 것 없는 생활을 하면서도 영혼의 곤고함을 극복할 수 없어서 마약에 빠져 약물쇼크로 생을 마감했습니다. 몇 년 전에 죽은 마이클 잭슨도 엘비스 프레슬리와 비슷한 전철을 밟지 않았습니까?

이 세상이 제시하는 행복의 조건이 충족될지라도 영혼의 허전함과 공허는 채워질 수 없습니다. 이 세상의 행복은 끊임없이 인간의 탐심을 채워줘야만 이룰 수 있는 것인데, 그것은 아무리 마셔도 갈증을 해소할 수 없는 소금물과 같기 때문입니다. 하지만 주님의 자녀에게는 세상이 말하는 행복의 조건이 채워지지 않아도 만족할 수 있습니다. 그들의 영혼은 이제 방황을 끝내고 하나님 안에서 안식을 찾았기 때문입니다. 하나님 안에서 자신을 발견한 자들에게는 넘치는 만족이 있습니다.

그럼에도 우리가 이 땅에 발을 딛고 있는 한, 우리는 다시 세상 욕심을 좇아 살아갈 가능성이 많습니다. 세상의 정욕과 습관에 익숙하기 때문입니다.

7-8절, "너희도 전에 그 가운데 살 때에는 그 가운데서 행하였으나 이제는 너희가 이 모든 것을 벗어버리라 곧 분과 악의와 훼방과 너희 입의 부끄러운 말이라"

예전에 우리는 분과 악의와 훼방과 부끄러운 말들을 좋아했습니다. 이런 것들에 길들어져 있었습니다. 단번의 결심만으로는 일정한 습관이 형성될 수 없습니다. 죄의 습관이 생긴다는 건 '길이 생기는 것' 입니다. 다시 말해 우리 안에 죄를 향해 달려가는 고속도로가 생긴 것이기 때문에 일단 그 고속도로에 올라가기만 하면 자기도 모르게 끝까지 달려가게 되어 있습니다. 그 길은 유턴도 불가능한 길입니다. 그러므로 우리는 옛날 길을 부숴야 합니다. 정욕과 탐욕으로 가는 길을 부수고 막아야 합니다.

9-10절, "너희가 서로 거짓말을 말라 옛 사람과 그 행위를 벗어버리고 새 사람을 입었으니 이는 자기를 창조하신 자의 형상을 좇아 지식에까지 새롭게 하심을 받은 자니라"

더러운 습관을 버렸으면 이제 새 습관을 들여야 합니다. 새로운 습관에서 가장 중요한 건 하나님의 말씀을 듣는 것입니다. 우리의 새 옷은 모두 하나님의 말씀을 듣는 데서 나옵니다. 하나님의 말씀이 우리 속사람을 아름답고 깨끗하게 하기 때문입니다. 아무리 훌륭한 크리스천이라 하더라도 하나님의 말씀을 지속적으로 듣지 못하면 마음속에 더러운 감정이 쌓이고 영적으로 침체가 옵니다.

우리는 하나님의 은혜를 지속적으로 공급받지 않으면 세상의 더러운 죄악을 이겨낼 수 없습니다. 하나님은 우리로 말씀을 듣게 하심으로 힘과 능력을 공급해 주십니다. 깨닫는 것이 없이는 옛 사람으로부터 벗어날 수가 없습니다. 하나님의 말씀이 채워져야 우리 자신의 영적인 상태를 깨닫게 됩니다. 그 동안 마귀에게 속고 있었으며 엉뚱한 데서 헤매고 있었다는 것을 알게 됩니다. 하나님의 말씀을 먹지 못하는 동안 하나님의 축복에 굶주렸다는 사실도 깨닫습니다.

말씀에 각성했을 때 우리는 눈물을 흘립니다. 여태까지 마귀에게 속아서 산 게 억울해서 울고 무엇보다 하나님의 은혜를 되찾은 것이 감사해서 눈물을 흘립니다. 말씀의 각성과 함께 눈물이 흐르고 하나님을 향한 마음이 뜨거워지면서 우리의 심령에 부흥이 오는 것입니다. 이렇게 신앙의 용광로에 불이 붙으면 이제 웬만한 시험이 와도 넘어지지 않고 이길 수 있게 됩니다.

11절, "거기는 헬라인이나 유대인이나 할례당이나 무할례당이나 야인이나 스구디아인이나 종이나 자유인이나 분별이 있을 수 없나니 오직 그리스도는 만유시요 만유 안에 계시니라"

하나님은 정말 위대한 일을 행하셨습니다. 이 세상 모든 사람들을 죄에서 해방시키신 것입니다. 죄에서 해방되는 길은 오직 한 길 예수 그리스도를 통해 우리를 자유롭게 하셨습니다.

헬라인의 지식이나 유대교의 율법이나 스구디아인의 강력한 힘도 인간을 죄에서 구원하지 못했습니다. 그리스도는 만유시고 만유 안에 계십니다. 이 말은 온 천하에 예수 외에는 구원받을 길이 없다는 뜻입니다.

예수 믿는 사람들은 겉보기에 세상 사람들과 별 차이가 없습니다. 하지만 우리 안에서 놀라운 일이 일어났습니다. 죄의 감옥에서 해방되었고, 하나님 보좌 우편에 계신 주님과 연합되었습니다. 하나님께서는 우리를 통해 하늘의 복을 이 세상에 쏟아 부으시겠다고 약속하셨습니다. 철저하게 세상의 성공 기준을 부수고 말씀으로 새 인생을 열어갈 힘을 주시겠다고 말씀하셨습니다.

우리는 앞으로도 오직 하나님의 말씀만 앞세우고 세상의 눈치를 살피지 않고 전진할 것입니다. 마치 이스라엘 백성들이 하나님의 언약궤를 앞세우고 요단강도 말리고 여리고성도 무너뜨리고 가나안 땅을 정복했던 것처럼 말입니다.

사랑하는 여러분, 하나님의 복을 받을 수 있는 길은 오직 예수와 함께 죽는 것 밖에 없습니다. 하나님의 말씀으로 땅의 지체를 죽이고 가나안의 축복을 다 차지하시기를 바랍니다. 세상에 대해 죽고 예수로 말미암아 사는 여러분이 되시기 바랍니다.

Philippians-Colossians

골로새서 6

그리스도인의 생활

(골 3:12-4:1)

예수를 믿는 것도 중요하지만 그 후의 삶에 대한 진지한 고민도 필요합니다. 예수를 믿으면 있는 재산을 다 헌금해야 할까? 복음을 전하라는 성경 말씀을 따라 선교사가 되어야 하나? 거룩하게 살아야 하니까 세상 문화에는 눈을 감고 살아야 하는가? 바울이 독신으로 사는 걸 권했으니까 결혼하지 말까? 이처럼 우리는 삶의 양태를 달리 해서 세상 사람들과 구별되려고 시도하기도 합니다.

그런데 예수 믿는 사람들과 믿지 않는 사람들의 차이를 가장 잘 보여주는 유비는 동물적 본성과 식물적 본성의 차이인 것 같습니다. 우선 야생 동물의 세계는 철저하게 약육강식입니다. 아프리카 초원을 보면 사자나 표범 같은 육식동물이 노루나 사슴 같은 초식동물들을 무참히 죽이고 뜯어먹으며 생존을 합니다. 그래서 약한 동물들은 육식동물들이 나타나면 있는 힘껏 도망쳐야 살 수 있습니다. 반면에 식물은 어떻습니까? 남을 밟고 잡아먹는 방식으로 사는 것이 아니라 땅 속에 깊이 뿌리를 내려서 수분을 흡수하고 태양 빛을 받아 광합성으로 열매를 만들어 생존합니다.

하나님의 백성들은 식물적인 방식으로 살아갑니다. 다른 사람을 짓밟기보다는 스스로 절제하고 훈련하면서 하나님의 축복의 열매를 많이 맺는 것이 그리스도인의 삶의 방식입니다.

그리스도인들은 동물성으로 살아가는 이 세상 사람들에 비하면 세상살이가 불리한 것이 사실입니다. 동물적인 본성을 가진 자들이 날카로운 이빨이나 발톱으로 나무줄기를 해치기도 하고 뿌리를 손상시키기도 할 것입니다. 하지만 나무가 죽으면 동물도 살 수 없다는 것을 알아야 합니다. 나무가 없으면 그늘도 없고 열매도 없고 온 땅이 황무지로 변해서 동물들도 생존할 수 없기 때문입니다.

이 시대는 대단히 공격적입니다. 사람들은 강력한 언변과 목청으로 남의 기를 죽여 주도권을 장악합니다. 그리고 서로 유리한 조건을 차지하려고 수단과 방법을 가리지 않습니다. 인간들은 이렇게 안간힘을 쓰지만 결국 하나님이 복을 주시지 않으면 그 누구도 행복할 수 없습니다.

1. 하나님의 사랑이 가져온 변화

::

우리가 예수를 믿고 나서 일어난 가장 큰 변화는 우리에게 하나님의 사랑이 주어졌다는 사실입니다.

12절, "그러므로 너희는 하나님의 택하신 거룩하고 사랑하신 자처럼 긍휼과 자비와 겸손과 온유와 오래 참음을 옷 입고"

아이들은 밥만 먹고 자라는 것이 아니라 부모의 사랑을 먹고 자랍니다. 부모의 사랑을 듬뿍 받을 때 아이들은 자신의 존재 의미를 깨닫고 건강한 자아상을 갖게 됩니다. 그런데 부모에게 사랑을 받지 못하거나 학대를 받으며 자란 아이들은 자칫 잘못하면 마치 야생 동물처럼 성격이 사나워질 수 있습니다.

하나님의 사랑은 우리의 인격 저 깊은 곳에서 변화를 일으킵니다. 그래서 우리를 완전히 다른 사람으로 만듭니다. 어떻게 해야 이렇게 귀한 하나님의 사랑을 알 수 있을까요? 예수께서 내 죄를 대신하여 십자가 위에서 죽으셨다는 사실을 믿으면 우리는 하나님의 사랑을 알 수 있습니다. 그리고 그 사랑을 경험할 수 있습니다. 잠겼던 밸브를 열어 물이 파이프를 타고 흐르듯 예수 그리스도의 십자가를 믿는 순간 우리 안에 하나님의 사랑이 임합니다. 그 사랑을 경험할 때 우리는 진노하시는 하나님을 사랑의 하나님으로 믿게 됩니다. 하나님에 대한 올바른 태도를 갖게 되는 것입니다.

여기서 하나님에 대한 잘못된 태도 두 가지를 살펴보고자 합니다.

하나는 율법적인 자세입니다. 이것은 인격적으로 하나님을 만나지 못한 상태에서 자기 힘으로 하나님을 믿고 사랑하기 위해 애쓰는 신앙을 말합니다. 이런 사람들은 자기 힘으로 신앙의 높은 경지에 오르려고 안간힘을 씁니다. 기도도 많이 하고 성경도 많이 읽습니다. 때론 밤을 새가면서 기도합니다. 그런데도 악하고 추한 생각이 들면 금식을 하든지 자기에게 무슨 벌을 주어서 스스로 죄를 심판하기도 합니다.

그런데 이상한 것은 아무리 기도를 하고 금식을 하고 몸부림을 쳐도 마음에 평안이 없습니다. 하나님을 너무나도 사랑해서 밤마다 하나님을 찾고 부르짖는데 하나님은 너무나 멀리 계신 것 같습니다. 결국 어느 순간에는 이 율법의 짐을 다 감당하지 못해 지쳐 쓰러집니다. 그래서 사도 바울은 "오호라 나는 곤고한 사람이로다. 이 사망의 몸에서 누가 나를 건져내랴"(롬 7:24)라고 고백했습니다. 이런 율법적인 태도로는 하나님의 사랑을 알지 못합니다.

두 번째는 신비적인 체험을 추구하는 신앙입니다. 자의적으로 신비체험을 추구하다보면 황홀경에 빠지거나 독특한 체험을 하기도 합니다. 이들은 소위 광신도라도 부릅니다. 자기의 체험이 중요한 나머지 정상적인 교회 생활이나 상식적인 생활을 무시하고 인정하지 않기 때문입니다.

특히 이단들이 광신도적인 특징을 보입니다. 이들은 평범한 신앙으로는 만족하지 못합니다. 그래서 모든 일상적인 삶은 정죄하고 어떤 특별한 지식이나 체험을 찾아서 뭔가에 홀린 듯이 믿는 것입니다. 스스로 하나님과 깊이 만나고 있고 어떤 경지에 올랐기 때문에 일상적인 생활을 영위할 필요성을 느끼지 못합니다. 이렇게 뜨겁게 뭔가를 느끼고 체험하지만 이런 태도로는 하나님의 사랑을 경험할 수 없습니다. 스스로의 열정에 도취되어 있을 뿐입니다.

사람들은 자기도취의 열정과 성령의 열정을 잘 구별하지 못합니다. 그래서 이런 광신도들을 은혜를 많이 받은 사람으로 착각하기도 합니다. 이것을 구별하는 중요한 잣대가 있는데, 바로 그 사람 안에 남을 쉽게 판단하는 마음이 있는가 하는 것입니다. 만일 그렇다면 그는 성령의 열정이 아니라 광신적인 열정에 빠져 있다고 할 수 있습니다. 또 한 가지 잣대는 바로 그 사람의 마음속에 하나님의 사랑이 있느냐 하는 것입니다.

하나님의 사랑 안에 거하는 자는 함부로 남을 비판하지 않습니다. 오히려 다른 사람을 잘 인정하고 존중합니다. 그리고 현실을 무시하지 않습니다. 물론 처음에는 은혜를 많이 받은 나머지 흥분해서 현실을 조금 소홀히 할 때도 있지만 금방 정신을 차리고 자기에게 주어진 일을 열심히 합니다. 주부는 집안일을 열심히 하고 아이들은 부모에게 잘 순종하고 공부도 열심히 하며 직장인들은 직장 일을 더 열심히 하게 됩니다. 하나님은 일상을 완전히 벗어나라고 요구하시지 않습니다. 오히려 생활 가운데 하나님과 동행하기 원하십니다.

본문에 하나님의 뜻이 잘 나타나 있습니다. "그러므로 너희는 하나님의 택하신 거룩하고 사랑하신 자처럼 행동하라." 우리는 하나님이 사랑하시고 택하신 구별하신 자들입니다. 마치 신랑이 신부를 모든 여자 중에서 하나를 택해 구별함과 같이 우리를 택하셨습니다.

마음속에 하나님의 사랑이 있는 사람은 다른 사람에 대한 태도도 확실히 달라집니다. 그래서 본문은 '긍휼과 자비와 겸손과 온유와 오래 참음으로 옷을 입고' 라고 말합니다.

우리는 먼저 긍휼로 옷 입어야 합니다. 우리가 하나님의 사랑을 모를 때에는 일단 다른 사람에게 지면 잡아먹히게 되니까 공격적이고 잔인하고 참을성이 없습니다. 어떤 사람이 잘 싸웁니까? 은혜를 받지 못한 사람, 은혜가 떨어진 사람이 자주 싸웁니다. 날이 갈수록 싸움의 강도가 세집니다. 무한 경쟁 시대에 자원은 점점 희소해지니까 서로 악다구니를 씁니다. 한번 밀리기 시작하면 한도 끝도 없으니까 목숨을 걸고 싸웁니다. 하나님의 사랑을 모르기 때문에 이러는 겁니다. 하나님의 사랑을 아는 사람은 다른 사람을 긍휼히 여깁니다. 남을 인색하게 대하지 않고 관용의 정신으로 용납합니다. 우리에게는 무한한 하나님의 사랑이 있기에 굳이 다른 사람을 악착같이 따라잡을 이유가 없습니다.

다음으로 자비입니다. 자비는 다른 사람에게 무엇인가 주려는 마음입니다. 마음속에 사랑이 있으면 자꾸 다른 사람에게 뭔가를 주고 싶습니다. 반면에 사랑이 없으면 자기 것도 안 내놓고 남의 것까지 빼앗으려고 정신이 없습니다.

세 번째는 겸손입니다. 하나님의 사랑을 받은 자들은 자기가 죄인인 줄 알기 때문에 겸손할 수밖에 없습니다. 나 같은 죄인이 하나님의 귀한 자녀가 되고 주님의 몸 된 교회를 섬기는 직분까지 받았으니 감사할 뿐이라는 맘으로 늘 겸손히 행합니다.

네 번째는 온유함으로 옷 입습니다. 예수를 믿으면서 그 사나운 야만성은 사라지고 하나님만 의지하는 한 마리 양으로 변화됐기 때문입니다. 자기주장을 앞세우다가 이 사람과 충돌하고 저 사람과 싸우던 모습을 버리고 할 수 있으면 모든 사람과 화평하고 싶어 합니다.

마지막으로 오래 참아야 합니다. 내가 하나님께로 돌아오기까지 그렇게 많은 시간이 걸렸는데 다른 사람들은 단번에 변화될 거라 기대하는 건 옳지 않습니다. 그들에게도 시간이 필요합니다. 사람은 쉽게 변하지 않습니다. 여러분이 스스로 잘 알고 있지 않습니까?

본문에서 옷을 입으라는 건, 긍휼과 자비와 겸손과 온유와 오래 참음으로 자기 자신을 완전히 에워싸서 전혀 맨살이 보이지 않도록 하라는 뜻입니다. 그리스도인은 앞에 열거한 덕목으로 철저히 자신을 에워싸서 이전의 나쁜 성질과 본성이 나오지 않도록 주의해야 합니다.

그런데 문제는 우리가 그렇게 옷을 입으면 이 세상을 살기가 만만치 않다는 점입니다. 세상 사람들은 겸손하고 온유한 사람에게 함부로 대하기가 일쑤입니다. 우리가 바보도 아닌데 그런 취급을 받으면 얼마나 속상하고 억울한지 모릅니다. 하지만 새로운 본성으로 옷을 입음으로 말미암아 고난당하는 것이야말로 우리가 진정 변화되었다는 증거인 것을 기억합시다. 싸워야 마땅한 상황에서도 화평하고 오래 참을 수 있는 건 우리 안에 하나님의 사랑이 있다는 증거입니다. 그리고 이런 고통과 아픔을 통해 우리는 더 성장할 수 있습니다.

그래서 진정으로 예수님을 만난 사람들의 마음에는 사람을 향한 분노가 없습니다. 자기 열정만 가지고 신앙생활을 해왔던 사람들의 마음에는 다른 사람에 대한 미움과 원망이 가득합니다. 그들을 움직인 것이 하나님의 사랑이 아니라 자기의 열심이었기 때문입니다. 그들은 남에게 아주 엄한 잣대를 들이댑니다. '나는 이렇게 열심히 하는데 너희는 왜 그렇게 태만하냐?' 하는 분노가 늘 이들을 괴롭힙니다.

그러므로 우리는 율법적 잣대와 자기 열정만 가지고 신앙생활 하는 위험을 늘 경계해야 합니다. 하나님의 사랑이 동기가 되어 살고 그분의 사랑이 이유가 되어 긍휼과 자비와 겸손과 온유와 오래 참음으로 옷 입어서 우리 자신이 하나님의 사랑의 열매가 되는 여러분이 되시기 바랍니다.

13절, "누가 뉘게 혐의가 있거든 서로 용납하여 피차 용서하되 주께서 너희를 용서하신 것 같이 너희도 그리하고"

진정으로 하나님을 만난 사람은 다른 사람을 용서합니다. 용서란 남의 입장을 이해하는 것입니다. 그가 그렇게 할 수밖에 없었던 이유를 잘 헤아려 주는 것이 용서입니다. 하나님의 나라는 용서의 나라입니다. 용서에 인색한 사람은 그 나라에 합당치 않습니다.

14절, "이 모든 것 위에 사랑을 더하라 이는 온전하게 매는 띠니라"

하나님의 자녀들은 무엇을 하든 하나님의 사랑으로 힘입어야 합니다. 우리 맘속에 하나님의 사랑이 없으면 우리에게 긍휼, 자비, 온유, 겸손, 오래 참음은 기대할 수 없습니다. 하나님의 사랑이 동기가 되어 이 모든 행실을 할 수 있었다면, 그 위에 다시 사랑을 더하라는 사도의 권면을 잊지 맙시다. 다시 말해 우리의 속과 겉이 모두 하나님의 사랑으로 옷 입어야 함을 꼭 기억하시기 바랍니다.

2. 풍성한 속사람

15절, "그리스도의 평강이 너희를 주장하게 하라 평강을 위하여 너희가 한 몸으로 부르심을 받았나니 또한 너희는 감사하는 자가 되라"

평소에는 사람의 외적인 조건에 따라서 그 사람이 얼마나 부유한지 평가받습니다. 그런데 일단 위기가 발생하면 외적인 조건은 전혀 도움이 되지 않는 예가 흔합니다. 예를 들어, 부와 권력을 거머쥔 사람이 그렇지 못한 사람에 비해 훨씬 여유롭고 풍족해 보이지만 일단 위기가 닥치면 두려워 떨기는 마찬가지입니다. 하지만 하나님의 백성들의 부요함은 위기때 빛을 발합니다. 하나님의 백성들에겐 믿음이 있습니다. 어떤 어려움이 와도 하나님께서 도와주실 것이며 결코 우리를 비참하게 하시지 않을 거란 자신감이 있습니다. 그래서 하나님의 백성들은 오히려 위기가 찾아왔을 때 더 담대하게 정신을 차립니다.

그래서 성경은 '그리스도의 평강이 너희를 주장하게 하라' 고 말씀하셨습니다. 그리스도의 평강이 모든 것을 지배하게 하라는 뜻입니다. 모든 불안이나 두려움을 다 내어 쫓고 절대적으로 평안한 상태를 지키라는 뜻입니다. 하나님은 절대로 우리를 멸망가운데 내 팽개치지 않으십니다. 그리고 어떤 상황에서도 우리를 지키실 것이고 위기에서 건져주실 것입니다. 우리는 이 믿음이 있기 때문에 어떤 위기 가운데서도 절대적으로 평안할 수 있습니다. 이것이 바로 우리의 재산입니다.

아무리 하나님의 자녀라 하더라도 이 세상을 살아가면서 불안과 두려움이 우리 마음을 파고 들 때가 왜 없겠습니까? 미래에 대한 두려움과 염려로 잠 못 이룰 때가 왜 없겠습니까? 그럴 때마다 우리는 그리스도의 평강으로 모든 두려움을 이겨야 합니다. 하나님은 우리가 의지할 든든한 반석이십니다.

이어서 본문은 '너희가 한 몸으로 부르심을 받았나니 또한 너희는 감사라는 자가 되라' 고 말합니다. 우리는 따로 떨어진 개체가 아닙니다. 전체가 한 몸으로 부르심을 받았습니다. 그래서 위기를 극복하려면 하나가 되어야 합니다. 우리는 무엇으로 하나가 됩니까? 바로 하나님의 말씀으로 하나가 됩니다. 말씀을 의지하고 마음을 합해 기도하면 하나님은 우리의 기도에 응답해주십니다. 이렇게 든든한 보장이 있는데 우리가 어찌 두려워하겠습니까?

그리고 사도가 권면하기를 감사하는 자가 되라고 했습니다. 왜 우리가 감사해야 합니까? 우리는 혼자가 아니기 때문입니다. 혼자는 쉽게 넘어지지만 여럿이 한 몸을 이루고 있기에 우리는 사탄의 궤계에 쉽게 농락당하지 않습니다. 더욱이 우리가 하나님께 서로 감사할 때 하나님은 우리 안에 능력을 베푸십니다. 원망과 불평은 하나님 앞에서 교만한 것입니다. 하나님이 원망과 불평을 얼마나 엄하게 다루시는지 가나안 입성을 앞둔 이스라엘 백성들을 보아 알지 않습니까? 그처럼 원망과 불평은 우리에게 임할 하나님의 능력을 마비시킵니다.

16절, "그리스도의 말씀이 너희 속에 풍성히 거하여 모든 지혜로 피차 가르치며 권면하고 시와 찬미와 신령한 노래를 부르며 마음에 감사함으로 하나님을 찬양하고"

우리가 하나님의 능력으로 충만해지는 비결은 우리 안에 하나님의 말씀이 풍성히 거하는 것입니다. 교회를 하나의 그릇으로 생각할 때 교회에 틈이 있으면 안 됩니다. 우리가 하나님의 말씀으로 하나가 되고 말씀을 가득 채울 때 우리에게 하나님의 능력이 부어집니다. 부흥이 일어나고 기적이 일어나며 기도가 응답됩니다.

그리고 성도들 사이에도 하나님의 말씀의 역사가 풍성하게 나타나야 합니다. 본문에서 사도는 모든 지혜로 피차 가르치며 권면하라고 말합니다. 성도들의 입술에서 하나님의 말씀이 넘쳐나야 합니다. 강단에 선 목회자의 입에서만이 아니라 어린 아이에서 노년에 이르기까지 모든 교인들의 입술에서 하나님이 말씀이 줄줄 흘러나와야 합니다. 이것이 바로 부흥의 증거입니다.

요엘 선지자는 이렇게 예언했습니다. "그 후에 내가 내 영을 만민에게 부어 주리니 너희 자녀들이 장래 일을 말할 것이며 너희 늙은이는 꿈을 꾸며 너희 젊은이는 이상을 볼 것이며"(욜 2:28). 이것이 출애굽의 열 가지 재앙보다 더 큰 기적입니다.

다음으로는 시와 찬미와 신령한 노래를 부르며 마음에 감사함으로 하나님을 찬양하라고 합니다. 은혜 받은 사람들은 모이면 하나님을 찬양합니다. 세상 노래가 시시해지고 자꾸만 입에 하나님을 높이는 말과 노래를 하게 됩니다. 또 혼자 있으면 하나님의 말씀을 읽고 기도하는 것을 좋아합니다. 그러면서 점점 세상의 시시한 이야기와 남의 험담을 즐기던 옛 습관을 버리고 우리 생활에 늘 감사와 찬양이 넘치게 됩니다.

17절, "또 무엇을 하든지 말에나 일에나 다 주 예수 그리스도의 이름으로 하고 그를 힘입어 하나님 아버지께 감사하라"

무엇을 하든지 말에나 일에나 다 주 예수 그리스도의 이름으로 하는 것이 무엇입니까? '나' 라는 존재가 없는 것처럼 된다는 말입니다. 이제 나 자신은 일체 없어지고 예수님만이 우리를 통해 말씀하시고 일하시게 하라는 것입니다. 예수님께서 말씀하시고 일하시니까 사람들 사이에 마찰이나 다툼이 일체 없습니다. 이것이 기적입니다. 우리가 죽고 성령의 감화를 따라 말하고 행할 때 큰 은혜가 있습니다. 이 은혜로 우리는 하나님께 더욱 감사하게 되고, 하나님은 우리에게 더 많은 축복을 부어주시는 것입니다.

이제까지 진정으로 예수를 믿는 사람의 모습을 살펴보았습니다. 남을 미워하거나 저주하거나 판단하는 것은 그리스도인에게 일체 있을 수 없습니다. 우리 안에 계신 예수께서 말씀하시게 하고, 그분이 모든 것을 행하시도록 우리 자신을 내어드리면 되는 것입니다. 나머지는 전부 예수님께서 책임져주실 것입니다. 모든 것을 완전하게 해주실 것입니다. 내 알량한 자존심을 버리고 오직 예수께서 일하시게 합시다.

3. 변화된 새로운 관계

::

우리 안에 있는 기쁨과 은혜는 다른 사람과의 관계를 통해 나타납니다. 이것이 기독교의 아주 중요한 특징입니다. 기독교는 이단이나 극단적인 사상가들처럼 가족을 버리거나 현실을 부정하는 등의 치우친 행동을 일삼지 않습니다. 이 땅의 현실도 하나님이 우리에게 주신 삶의 한 부분이며 믿음으로 살아내야 할 영역이기 때문입니다.

예수를 믿으면 먼저 생각이 정리되고 감정이 치유를 받습니다. 우리의 인격이 제자리를 잡으면 우리가 속한 가정, 직장, 그리고 모든 대인관계에 변화가 옵니다. 이처럼 하나님의 사랑은 우리를 전인격적으로 치료하십니다.

우리 마음에 평화가 있으면 우리는 다른 사람에게도 평안을 전할 수 있습니다. 자기 마음이 편치 못한 사람은 다른 사람에게 엄격한 잣대를 내밀기 마련입니다. 일단 다른 사람에게 많은 것을 요구한다는 건 상대를 진정으로 사랑하지 않는다는 의미입니다. 하나님은 아무런 조건 없이 우리를 사랑하십니다. 있는 모습 그대로를 받으시는 것입니다. 그 사랑을 깨달은 우리는 진정한 평안을 누립니다. 그리고 다른 사람도 용납할 수 있는 여유를 갖게 됩니다.

18절, "아내들아 남편에게 복종하라. 이는 주 안에서 마땅하니라"

가장 가까운 사람에게 어떻게 대하는지를 보면 그 사람의 됨됨이를 알 수 있습니다. 가장 가까이에 있는 사람이 배우자입니다. 하나님께서 우리에게 배우자를 허락하실 때는 사랑하라고 주신 것입니다. 그런데 사람들은 한편으로는 사랑하면서도 다른 한편으로는 편안한 화풀이 대상으로 삼거나 혹은 무시하거나 너무 많은 것을 요구하면서 달달 볶을 때가 많습니다.

본문에서 '아내'에게 먼저 말하는 것은 교회에 여성들이 더 많았기 때문입니다. 여성들이 하나님의 은혜를 받지 못하면 남편에게 너무 많은 것을 요구하게 됩니다. 그러면서 남편에게 잔소리가 많아지고 또 남편을 이기려고 할 때가 많습니다. 그러면 부부관계가 점점 악화되게 됩니다. 하지만 아내가 하나님의 은혜를 많이 받으면 남편에게 요구할 것이 별로 없습니다. 아내의 마음에 사랑이 넘치면 남편의 부족한 면이 큰 문제가 되지 않고 오히려 사랑으로 감싸고 싶은 마음이 들기 때문입니다. 그래서 은혜 받은 부인은 남편을 두려워하지 않고 사랑합니다.

아내가 남편에게 복종하는 이유는 자신이 부족하거나 남편이 두려워서가 아닙니다. 오히려 남편을 사랑하고 싶어서 복종하게 됩니다. 한마디로 남편을 남편으로 인정해주는 것입니다. 마음 가득 사랑을 가지고 남편을 대하면 아무리 목석같은 남편이라도 조금씩 마음을 열게 되어 습니다.

19절, "남편들아 아내를 사랑하며 괴롭게 하지 말라"

우리나라는 아직도 가부장적인 전통이 남아 있어서 남편이 아내에게 큰소리 내는 것을 자연스럽게 생각하는 것 같습니다. 하지만 하나님의 은혜를 받은 남성들은 전통을 능가하는 사랑의 능력을 발휘합니다. 그래서 아내를 불쌍히 여기고 더 사랑하게 됩니다. 남편이 아내를 위해 해줄 수 있는 최고의 섬김은 보석이나 옷을 사다 바치는 것이 아니라 하나님의 은혜를 받고 아내를 사랑하는 것입니다.

남편과 아내는 이 세상에서 가장 가까운 이웃입니다. 자기의 배우자를 사랑하지 않으면서 다른 사람을 사랑할 수 없습니다.

20절, "자녀들아 모든 일에 부모에게 순종하라 이는 주 안에서 기쁘게 하는 것이니라"

사람들과 얘기를 나눠보면 부모로부터 상처를 받지 않은 사람이 거의 없습니다. 우리 어릴 때도 그렇지만 아이들은 자기 부모와 친구의 부모를 비교하면서 마음속에 원망과 불평을 품습니다. 도가 지나치면 부모에게 반항하고 대들기도 합니다. 이것은 평범한 집안에서도 흔히 일어날 수 있는 일입니다. 하지만 우리가 상식적으로 이해할 수 없는 부모들도 많고 그런 부모들 때문에 아이들이 깊이 상처받고 고통스런 삶을 살기도 합니다.

부모가 살아계시지만 부모로부터 고임 받지 못한 자녀들은, 하나님을 만나고 그분으로부터 부모님의 사랑의 빛을 발견합니다. 육신의 부모로부터 받지 못했던 사랑을 하나님께서 넘치도록 부어주십니다. 그래서 어린 시절의 상처를 모두 씻고 복된 삶을 누릴 수 있게 됩니다. 더 나아가 육신의 부모를 사랑하고 용납할 힘을 얻습니다

21절, "아비들아 너희 자녀를 격노케 말지니 낙심할까 함이니라"

이 세상엔 완전한 부모가 없습니다. 목소리를 높이고 매를 들지 않으면서 아이들을 키우기란 거의 불가능합니다. 이뿐입니까? 그러지 말아야

지 하면서도 내가 못다 이룬 꿈을 자녀에게 투사시키기도 하고, 다른 아이들과 비교하면서 아이를 다그치기도 합니다. 자기 분신과도 같은 자식을 괴롭게 할 정도로 이 세상은 죄로 오염되었습니다. 부모들도 자기의 죄악을 깨닫고 깊이 회개해야 합니다.

이 모든 문제가 자식을 자기 소유물로 생각하는 데서 옵니다. 우리는 하나님의 아이를 맡아서 키우는 것뿐입니다. 그러므로 자녀를 귀하게 다루어야 합니다. 자식을 통해 자기 욕심을 채우려고 하는 건 아이를 학대하는 것과 같습니다. 자녀는 하나님의 선물인 것을 꼭 기억하십시오.

22-23절, "종들아 모든 일에 육신의 상전들에게 순종하되 사람을 기쁘게 하는 자와 같이 눈가림만 하지 말고 오직 주를 두려워하여 성실한 마음으로 하라 무슨 일을 하든지 마음을 다하여 주께 하듯 하고 사람에게 하듯 하지 말라"

이제 종에게 명령합니다.

하나님의 백성들은 현실을 무시해선 안 됩니다. 그리스도인들인 현실을 냉정하게 받아들이고 인정할 때 우리의 신앙은 더 실제적이면서도 아름다울 수 있습니다. 신앙은 결코 허공에 떠 있는 구름 같이 헛된 것이 아닙니다. 우리의 현실 속에서 하나님의 뜻이 이루어지게 할 책임이 우리에게 있습니다.

요즘 기업들을 보면 노사관계가 점점 극단적 이기주의로 치닫는 것 같습니다. 서로의 입장은 전혀 고려하지 않고 자기 밥그릇만 챙기려고 지나치게 권익을 주장하는 모습을 보면서 눈살이 저절로 찌푸려집니다. 노조를 부정한다는 말이 아닙니다. 노사가 각자 자기 할 책임을 다하는 것이 더 중요하다는 것입니다.

어딘가에 고용되어서 일하는 사람은 '마음으로' 일해야 합니다. 주인은 마음을 실어 일하는 종에게 감동을 받습니다. 하나님께서는 사랑과 믿음을 실천하는 장으로서 이 세상을 주셨습니다. 그러므로 무슨 일을 하든, 노예든 주인이든, 하나님의 사랑을 실험하고 실천한다는 맘으로 최선을 다해야 합니다. 그러면 하나님께서 유업의 상을 주신다고 약속하셨습니다.

25절, "불의를 행하는 자는 불의의 보응을 받으리니 주는 외모로 사람을 취하심이 없느니라"

우리는 이 세상에서 하나님의 청지기로 충성스럽게 살아야 합니다. 하나님께서 잠시 맡겨주신 것을 영원히 자기 것인 양 제멋대로 부리는 사람은 불의한 사람들입니다. 이들은 하나님의 큰 복을 받을 수 없는 자들입니다.

4장 1절, "상전들아 의와 공평을 종들에게 베풀지니 너희에게도 하늘에 상전이 계심을 알지어다."

주인은 종을 공평하게 대해야 합니다. 이 땅에서 주인 노릇을 하는 사람들에게도 하늘에 상전이 있음을 늘 생각하면서 자기가 부리는 사람들을 존중해주어야 합니다.

예수를 믿는 순간 우리에겐 하나님의 사랑이 임했습니다. 이 사랑은 사람에 대한 우리의 태도를 근본적으로 고칩니다. 우리는 하나님의 심판이 두려워서 하나님을 믿고 따르는 것이 아니라 하나님의 자녀이기에 하나님을 의지하고 믿습니다. 세상 사람들이 알 수 없는 어마어마한 복을 받은 우리는 주위 사람들을 하나씩 사랑으로 정복해야 합니다.

겸손과 온유함으로 긍휼과 자비와 오래 참음으로 옷 입고 우리의 가정과 교회와 일터에서 하나님의 사랑을 증거 하는 성도들이 다 되시기 바랍니다.

Philippians-Colossians

골로새서 7

끝까지 최선을 다하라

(골 4:2-18)

운동 경기를 하다보면 중간에 부상을 당하거나 너무 힘들어서 경기를 포기하고 싶은 생각이 들 때가 있습니다. 하지만 훌륭한 선수들은 모든 위기를 넘기고 끝까지 최선을 다합니다. 신앙생활은 마치 운동 경기와 같아서 중간에 낙심하거나 영적 질병에 걸려 주저앉고 싶은 맘이 들 때가 많습니다. 이럴 때마다 우리는 충분히 일어날 수 있는 시험으로 알고 꿋꿋이 이겨내야 합니다.

골로새서는 이단적 성향을 가진 자들에 의해 위기에 처한 골로새 교회에 남긴 서신입니다. 교회 안에 거짓된 가르침이 들어오면 이 가르침이 핏줄을 타고 몸 전체로 퍼집니다. 이것을 막기 위해 사도 바울은 골로새서를 통해 강력한 진리로 골로새 교인들의 신앙을 바로 잡으려 했습니다.

사도 바울은 골로새서에서 주로 예수 그리스도에 대한 진리를 말합니다. 신학적으로는 기독론으로서 기독교 진리 중에서 가장 어려운 부분입니다.

이상하게도 기독교가 활발히 꽃피우는 곳에는 이단도 더 극성을 부립니다. 교회의 건강함을 헤치려는 이단을 물리치고 순수한 복음을 유지해야 했던 골로새 교회의 숙제는 참된 진리를 상실해가는 오늘의 교회에도 고스란히 남아 있습니다.

1. 이단을 이기는 믿음

::

골로새에 나타난 이단은 혼합적인 성격을 지녔던 것 같습니다. 골로새의 이단들은 초등학문이라는 것을 믿었습니다. 골로새서 강해를 시작하면서 언급했듯이 초등학문은 미신에 대한 가장 기초적인 지식을 말합니다. 골로새의 이단들은 미신과 유대교의 율법 규정을 묘하게 섞어놓았습니다. 거기에다가 그리스 철학과 천사도 숭배도 조금씩 가미해서 대단히 금욕적인 계율을 강조하는 특성까지 가지고 있었습니다. 좋다는 건 이것저것 다 갖다 붙인 격입니다.

사람들은 이런 혼합적인 것을 좋아했던 모양입니다. 다양한 종교적 욕구를 충족시켜 줄 수 있어서 그랬던 것 같습니다. 이들은 사람들에게 인기를 얻으니까 기독교 진리를 업신여기기 시작했습니다.

그래서 사도는 그리스도의 탁월함을 이야기합니다. "그 안에는 신성의 모든 충만이 육체로 거하시고"(골 2:9). 기독교는 어떤 사람의 사상을 믿는 게 아니라 하나님의 아들 예수를 믿습니다. 지식이나 행위의 높은 수준을 지향하는 게 아니라 예수 그리스도를 믿고 그의 말씀을 믿고 따릅니다.

사도 바울은 그리스도 안에 모든 지혜와 지식의 보화가 다 들어 있다고 말하고 있습니다(골 2:3). 사람들은 고행을 자처함으로써 구도의 길을 가는 자들을 숭고하고 위대하게 생각합니다. 하지만 하나님이 보시기에는 '도토리 키 재기' 처럼 다 그만그만합니다. 인간의 노력이나 지식으로는 절대로 하나님께 가까이 갈 수 없기 때문입니다. 오직 그리스도의 십자가를 통해서만 하나님을 만날 수 있습니다. 하나님의 아들이신 예수님의 육체 안에 하나님의 모든 복과 능력이 충만히 부어졌습니다. 그 복과 능력은 그대로 그 아들을 믿는 자들에게 부어집니다.

그러므로 우리는 다양한 사상을 배우거나 신비적인 체험을 추구할 것이 아니라 예수님 한 분만을 붙들어야 합니다. 예수님을 붙잡을 때 우리 안에 하나님의 생명이 흐르게 됩니다. 세상의 그 어떤 것으로도 이길 수 없었던 죄와 탐욕을 이기게 됩니다. 그것은 예수 이름에 능력이 있기 때문입니다.

기독교의 핵심에는 하나님의 사랑이 있습니다. 이 사랑에 승복한 사람은 자기의 열심과 율법적인 의를 내세우지 않습니다. 그리고 다른 사람들을 판단하거나 정죄하지도 않습니다. 하나님의 사랑은 자기만족적인 사랑이 아닙니다. 반드시 자기를 넘어 이웃에게 흘러가는 사랑입니다. 그러므로 자기 의를 내세우며 남을 자기보다 낮잡아 보는 사람은 진정으로 하나님의 사랑을 경험한 사람이라고 할 수 없습니다.

기독교의 구원은 영혼에만 국한되지 않습니다. 하나님께서는 우리의 몸까지 구원하셨습니다. 그래서 우리가 이 땅에서 사람들과 맺는 관계도 신앙의 아주 중요한 부분입니다. 영혼만 중요시 하는 이단들은 일상적인 생활을 등한시합니다. 가정생활 등의 사회생활을 무시하고 현실을 인정하지 않으려고 합니다. 반면에 기독교 신앙은 이 세상 현실을 아주 중요하게 받아들입니다. 이 현실도 하나님께서 주신 것이기 때문입니다.

현실을 받아들이는 기독교의 교리는 이웃과의 관계에 대한 가르침에서 나타납니다. 성경은 아내에게 남편을 인정하고 남편에게 순종하라고 합니다. 남편에게는 자기 아내를 업신여기지 말고 귀하게 여기라고 가르칩니다. 자녀들에게는 부모를 업신여기지 말라고 당부합니다. 종과 주인의 관계에서도 종이 주인에게 복종할 것을 권면합니다. 그 이유는 종으로 사는 현실 또한 하나님께서 주신 현실이기 때문입니다. 주인도 종을 함부로 대하지 않아야 합니다. 하늘에 주인의 상관이 있다는 것을 알기 때문입니다.

기독교는 결코 이상주의를 추구하지 않습니다. 하나님 앞에서 자신에게 주어진 현실을 살아내면서 하나님의 심판을 생각하며 최선을 다하는 삶을 추구합니다.

2. 기도로 도우라

사도 바울은 골로새 교인들에게 신앙생활에 대한 두 가지 관점을 소개해주고 있습니다. 첫 번째는 모든 믿는 사람들이 예수님을 중심으로 거대한 몸을 이루고 있음을 말하면서 어떻게 하면 이 몸 전체가 튼튼해질까 하는 관점을 제시합니다. 두 번째는 세상과의 관계를 어떻게 할 것인가 하는 관점입니다.

2장 19절, "머리를 붙들지 아니하는지라. 온 몸이 머리로 말미암아 마디와 힘줄로 공급함을 얻고 연합하여 하나님이 자라게 하심으로 자라느니라"

우리가 그리스도의 몸으로서 굳건해지려면 예수 그리스도에게 단단히 결속이 되는 것이 필요합니다. 이 결속에 있어서 가장 중요한 것은 말씀과 기도입니다.

우리는 따로 떨어진 고깃덩어리가 아닙니다. 그리스도의 몸에 붙어 있는 지체라면 머리와 다른 지체가 단단하게 붙어 있어야 합니다. 우리가 그리스도와 다른 지체에 단단히 붙는 방법은 더 하나님의 말씀 속에 깊이 들어가는 것입니다. 말씀을 붙들기만 하면 아무리 분열된 교회라도 서로 교통하고 연합될 수 있습니다. 그러므로 우리는 교회의 분열을 보면서 걱정하기보다는 정신을 차리고 하나님의 말씀을 더욱 붙들도록 힘써야겠습니다.

4장 2절, "기도를 항상 힘쓰고 기도에 감사함으로 깨어 있으라."

그리고 본문은 우리는 자신을 위해서나 다른 성도들을 위해서 기도하라고 명합니다. 성경은 왜 그렇게 기도를 강조할까요? 능력이 우리에게서 나오는 것이 아니라 하나님으로부터 말미암기 때문입니다. 그러므로 우리가 이 세상에서 살고 승리하기 위해서는 하나님의 능력을 항상 힘입어야 합니다. 그럼에도 우리는 왜 기도하지 않을까요? 평소에는 기도하지 않아도 거뜬히 살아지기에 기도의 필요성을 별로 느끼지 못합니다. 하지만 하나님의 말씀을 깨닫고 은혜를 받으면 우리가 먹는 것만으로 사는 게 아님을 깨닫게 됩니다. 먹고 사는 것보다 더 중요한 것은 하루하루를 살아가게 하는 믿음이요 성령의 능력이며 하나님의 축복입니다. 그러므로 우리 삶에서 가장 중요한 것은 하나님의 능력을 충만히 덧입는 것입니다. 그래야만 참된 삶을 살 수 있고 마귀의 시험을 능히 이길 수 있습니다.

그러므로 말씀과 기도가 항상 균형을 이뤄야 합니다. 말씀에 대한 감화 없이 기도만 하려고 하면 하나님의 참된 뜻을 구할 수 없습니다. 그리고 기도를 많이 하는 것을 자신의 공로로 생각하기 쉽습니다. 말씀을 깨달을 때 무엇을 기도해야 할지 분명히 알게 되는 신앙생활의 원리를 꼭 기억하시기 바랍니다. 말씀은 우리로 하나님의 뜻에서 내가 얼마나 벗어나 있는지 깨닫게 합니다. 그러면 하나님이 원하는 자리에 있고 싶은 소원이 생기고 하나님의 뜻을 따르게 해달라는 기도를 하게 됩니다.

이어서 사도는 '감사함으로 깨어 있으라' 고 말합니다. 하나님과 우리가 바른 관계에 있다면 감사가 넘치기 마련입니다. 내가 살아 있는 것도 감사하고 건강한 것도 감사하고 바른 믿음을 가지고 있는 것도 감사합니다. 때로는 병이 들거나 시련을 만난 것도 감사합니다. 내가 교만하지 못하도록 가시를 주신 하나님의 사랑을 깨닫고 그 어려움을 통해 더욱 정금 같이 정결해질 수 있기 때문입니다.

반면에 불평이 느는 것은 신앙이 깊은 잠에 빠졌다는 증거입니다. 남들이 알아주지 않는 것도 불평이고 돈이 없는 것도 불만이고 집에 비가 새는 것도 불평이고 교인들이 똑똑하지 못한 것도 불평이고 지방에 살고 있는 것도 불평이라면 그 신앙은 지금 잠들어 있는 것입니다.

깊이 잠든 밤에 홍수가 나면 미처 피하지 못하고 물에 빠져 죽습니다. 그런데 낮에 홍수가 나면 빠져나올 시기를 놓치지 않고 물을 피할 수 있습니다. 우리는 깨어 있어야 합니다. 지금은 영적 전쟁이 치열하게 벌어지고 있는 말세의 때입니다. 하나님으로부터 능력을 공급받고 기도를 통해 하나님의 뜻을 구해야 할 때입니다.

하나님께 기도하는 자는 자신의 상태를 확인받을 수 있습니다. 그리고 매일 매일 필요한 힘과 지혜를 하나님으로부터 공급받을 수 있습니다. 지금 우리에겐 기도의 부흥이 일어나야 합니다. 구약의 이스라엘 백성들이 번제단의 불을 꺼뜨리지 않았던 것처럼 우리의 기도의 불이 꺼지지 않도록 주의해야 합니다.

그러면 무엇을 위해 기도해야 합니까? 먼저 말씀을 전하는 종들을 위해 기도합시다.

3절, "우리를 위하여 기도하되 하나님이 전도할 문을 우리에게 열어 주사 그리스도의 비밀을 말하게 하시기를 구하노라 내가 이것을 인하여 매임을 당하였노라"

골로새 교인들은 사도 바울을 만난 적이 없었지만 그들에게 바울은 정말 훌륭한 사도가 되었습니다. 거의 예수님과 같은 능력을 행하는 사도가 교인들에게 겸손하게 기도 부탁을 합니다. 구체적으로 전도의 문을 열어주시도록 기도해 달라고 합니다. 전도는 무작정 전한다고 되는 것이 아닙니다. 하나님께서 전도자의 입을 열어주셔야 하고 또 듣는 자의 마음을 열어주셔야 합니다. 또 복음을 들을 만한 자를 만나야 합니다. 우리가 열심히 하는 것도 중요하지만 성령님의 강력한 도우심이 없이는 복음이 역사할 수 없습니다.

교회의 최고의 축복은 영적인 결실을 많이 맺는 것입니다. 그러므로 교회는 이 문제를 위해 가장 열렬히 기도해야 합니다. 그러면 하나님께서 말씀을 전할 자나 듣는 자 모두를 준비시키셔서 폭발적인 전도의 효과가 일어날 것입니다.

대개 교회 안에서 하나님의 은혜가 충만하고 말씀의 역사가 강력하면 교인들이 전도에 자신감을 가지게 됩니다. 그래서 주위 사람들에게 교회를 소개하고 복음을 전하면서 폭발적인 전도가 일어나게 됩니다. 하지만 교인들이 침체되면 자기 문제에만 빠져서 다른 영혼을 돌아볼 생각조차 하지 않습니다.

그리고 사도 바울은 두 번째 구체적인 기도제목을 얘기합니다. 바로 그리스도의 비밀을 말할 수 있도록 기도해 달라고 합니다. 그리스도의 비밀은 모든 구원이 예수 안에 있다는 것과 이 축복이 모든 이방인들에게 열렸다는 것입니다. 지금은 누구든지 예수 이름을 믿기만 하면 구원을 얻고 하나님의 자녀가 되는 축복의 시대입니다. 이것을 모든 사람들에게 말할 수 있도록 기도해달라는 것입니다.

4절, "그리하면 내가 마땅히 할 말로써 이 비밀을 나타내리라"

'마땅히 할말' 이라는 말은 사도 바울이 감옥에 갇혀서 제대로 할 말을 하지 못했던 상황과 관련이 있는 것 같습니다.

감옥에 갇혀 있는 죄수는 묻는 말에만 답을 할 수 있지 자기 마음대로 길게 자기주장을 말할 수 없습니다. 우리가 길에서 전도할 때에도 마음껏 전할 수 없을 때가 많습니다. 복음을 반대하는 사람들도 있고 훼방하는 사람들도 있기 때문입니다. 하지만 교회에서는 얼마든지 진리를 충분히 말할 수 있습니다. 모든 교회는 설교 시간에 예수님의 비밀을 증거 해야 합니다. 인간의 사상을 말하지 말고 천국의 비밀을 이야기해야 하는 것입니다.

전체적인 그리스도의 몸으로서 교회를 생각할 때 성도 하나하나가 하나님의 진리 안에서 그리스도의 몸에 단단히 부착되어 있는 것이 중요합니다. 그리고 한 사람이라도 마귀에게 빼앗기지 않도록 기도로 지켜야 합니다. 그러기 위해서는 부흥의 역사가 일어나서 그리스도의 복음이 담대하게 증거 되고 많은 사람들이 교회로 와서 그 은혜에 동참할 수 있도록 기도해야 합니다. 그러면 우리는 영혼의 튼튼한 성채로서 교인들을 지킬 수 있습니다.

3. 세상과의 관계

사도는 5절에서 교인과 세상과의 관계에 대해 언급합니다.

5절, "외인을 향하여서는 지혜로 행하여 세월을 아끼라"

여기서 '외인' 은 이 세상의 믿지 않는 사람들을 말합니다. 어떤 의미에서는 세상 전체를 일컫는다고 할 수 있습니다.

이 세상에 대한 태도에는 상당한 주의가 필요합니다. 일단 성경은 우리로 하여금 무조건 이 세상을 배척하라고 말하지 않습니다. 그렇다고 무조건 세상에게 복종하라고 말씀하시지도 않습니다. 본문에서 '지혜로 행하라' 고 하는데, 이 말은 그리스도인이 세상을 살아가는 데는 고도의 지혜의 필요하다는 말입니다.

일단 우리는 몸을 가지고 있기 때문에 이 세상에서 먹고 사는 것을 공급받습니다. 그래서 우리는 이 세상을 무시할 수 없습니다. 우리가 이 세상에 속한 사람은 아닐지라도 세상에 대해 어떤 일정한 의무를 가지고 삽니다. 우리에게는 가정이 있습니다. 사회에서 나름대로 신분이나 지위도 있습니다. 그리고 다양한 인간관계를 맺어야 하고 서로 도움을 주고받을 수밖에 없습니다. 그만큼 우리가 세상에 이웃하여 있기에 무작정 세상의 성공만을 향해 달려갈 위험을 늘 염두에 두어야 합니다. 하나님의 뜻을 잘 분별해야 하는 것입니다. 그래서 오늘 본문에도 '세월을 아끼라' 고 말씀합니다. 이 세상에서 쓸데없는 일만 실컷 하다가 하나님이 주신 시간을 다 허비하지 말라는 뜻입니다.

우선 우리는 이 세상에 대하여 긍정적인 생각을 가질 필요가 있습니다. 이 세상도 하나님의 세상인 것은 분명합니다. 물론 이 땅의 모든 사람이 하나님의 백성은 아니지만 하나님께서는 당신의 백성들로 이 땅을 딛고 살게 하셨습니다. 그러므로 하나님께서 우리를 이곳에 두시는 동안에는 성실하게 살아야 합니다. 성공하느냐 실패하느냐를 떠나서 세상에서 마땅히 가져야할 태도는 성실함입니다.

세상은 하나님을 알지 못하지만 우리가 성실히 행할 때 세상은 하나님에 대해 좋은 인상을 갖게 됩니다. 그리고 작은 일도 성실하게 한다면 반드시 성실함의 열매를 거두게 될 것입니다. 무엇보다 이 세상이 우리의 도움을 필요로 한다는 것입니다. 하나님은 당신의 백성들을 축복의 통로로 사용하십니다. 우리가 하나님 앞에서 바른 믿음을 가지고 뜨겁게 기도하면 이 세상 사람들이 복을 받게 됩니다. 요셉이 애굽에서 노예로 팔려가서 보디발의 집에서 열심히 일했을 때 그 주인의 집이 복을 받았습니다. 그 주인이 요셉 때문에 복을 받는다는 사실을 인정했을 정도로 하나님께서 요셉을 통해 그 집에 복을 부어주셨습니다. 물론 세상 사람들은 그리스도인들의 도움이 필요한지조차도 모릅니다. 하지만 우리는 이 세상이 복을 받을 수 있도록 기도해야 합니다.

또 한 가지 주의해야 할 것은 우리가 세상을 맹목적으로 따라가다가 세월을 허비하는 것입니다. 먹고 사는 문제에 너무 빠져버리거나 출세에 눈이 어두워져서 믿음이 전혀 자라지 못할 수 있습니다. 그래서 우리는 하나님의 일과 세상 일 사이에서 균형을 잘 잡아야 합니다. 자칫 잘못하면 영적인 일에만 치우치거나 세상일에만 집착할 수 있습니다. 균형을 잡으려면 일단 말씀으로 잘 자라야 합니다. 말씀은 우리의 전 인격을 균형 있게 합니다.

우리가 균형 있는 신앙을 떠올리면 차갑게 생각하는 경우가 많은데 오히려 균형 잡힌 신앙은 더 뜨겁습니다. 그리고 세상일에 성실히 최선을 다합니다. 쓸데없는 일에 끌려 다니거나 연루되지 않습니다. 예수님은 포도나무 비유에서 열매 맺는 가지는 더 열매를 맺게 하기 위해서 가지를 깨끗케 하신다고 말씀하셨습니다(요 15:2). 세상일에는 어느 정도 선을 긋고 가지를 쳐줘야 더 많은 열매를 맺을 수 있는 것입니다.

6절, "너희 말을 항상 은혜 가운데서 소금으로 고르게 함같이 하라. 그리하면 각 사람에게 마땅히 대답할 것을 알리라"

소금으로 고르게 함같이 말하는 게 무엇일까요? 어떤 사람이 쓸데없는 말을 많이 하면 '저 사람, 참 싱겁다' 고 합니다. 말을 할 때 싱겁게 아무 말이나 내뱉지 말고 필수적인 말만 하는 것을 의미합니다.

그리스도인들은 싱겁고 허탄한 대화로 시간을 낭비하지 않도록 주의해야 합니다. 꼭 필요한 말이 아니면 하지 않는 훈련을 받아야 합니다. 그렇다고 말을 꾹 참고 있다가 한꺼번에 폭발하듯 내뱉는 것도 덕스럽지는 않습니다. 경우에 맞게 적절히 말하기가 얼마나 어려운 일입니까? 하지만 성경에는 지혜로운 언어생활에 대해 얼마나 중요하게 다루는지 모릅니다. 꼭 필요한 최소한의 말만 하겠다고 각오하면 성령님의 도우심을 구하십시오. 그러면 성령님께서 할 말을 주실 거라 약속하셨습니다.

말에는 능력이 있습니다. 말은 곧 기도이기 때문입니다. 간이 고루 배인 음식처럼 그 맛이 절제된 말은 설득력이 있습니다. 위안이 됩니다. 그리고 선한 열매를 맺습니다.

4. 성도의 교제

::

서두에서도 말씀을 드렸지만 골로새 교회는 그렇게 유명하거나 대단한 교회가 아니었습니다. 사도 바울이 직접 세운 교회도 아니고 교인들이 사도와 직접적인 접촉이 있었던 것도 아닙니다. 그럼에도 교계의 아주 많은 사람들이 골로새 교회에 관심을 가지고 문안하고 있었습니다.

사도 바울은 편지의 마지막 부분에서 골로새 교회에 관심을 가지고 기도하는 많은 교계 지도자들의 이름을 열거하고 있습니다.

먼저 두기고라고 하는 사람이 문안을 했습니다.

7–8절, "두기고가 내 사정을 다 너희에게 알게 하리니 그는 사랑을 받는 형제요 신실한 일군이요 주 안에서 함께 된 종이라 내가 저를 특별히 너희에게 보낸 것은 너희로 우리 사정을 알게 하고 또 너희 마음을 위로하게 함이니라"

두기도는 아마도 이 편지를 골로새 교회에 전해줄 사람이었을 것입니다. 그래서인지 아주 자세하게 소개하면서 그에 대해 전적인 신뢰를 보입니다. 이 사람은 교회 안에서 사랑받고 존경받는 형제였습니다. 인격적으로 훌륭했던 모양입니다. 그리고 신실한 일꾼이었습니다. 교회 안에서 말만 앞서는 사람이 아니라 자기에게 주어진 일에 아무 불평 없이 최선을 다하는 사람이었습니다. 그래서 주 안에서 함께 종이 되었습니다. 말씀을 전하는 사명까지 맡은 것입니다. 두기고는 골로새에 가서 사도 바울의 사정을 자세히 알려줄 것입니다.

사도 바울은 자신의 감옥 생활을 장황하게 쓰는 것을 원치 않았습니다. 아마도 직접 보고 이야기하는 게 좋다고 생각한 것 같습니다. 교회가 크게 걱정할 것을 우려했기 때문입니다. 그래서 바울은 자신이 감옥에 갇힌 것이 꼭 나쁜 것은 아니었다고 말합니다.

오네시모도 두기고와 골로새 교회로 가게 되었습니다.

9절, "신실하고 사랑을 받는 형제 오네시모를 함께 보내노니 그는 너희에게서 온 사람이라 저희가 여기 일을 다 너희에게 알게 하리라"

오네시모는 사람이 얼마나 많이 변할 수 있는지 보여주는 산 증거였습니다. 오네시모는 골로새 출신이었습니다. 그래서 너희에게서 온 사람이라고 했습니다. 오네시모는 빌레몬의 노예였는데 주인의 돈을 훔쳐 도망쳤습니다. 당시에는 오네시모와 같은 행동을 가장 악하게 생각했습니다. 그런데 오네시모는 감옥에서 사도 바울을 만나 새 사람이 되었습니다. 이제는 모든 과오를 뉘우치고 옛 주인 빌레몬에게로 돌아가기로 합니다. 이제 그는 '신실하고 사랑받는 형제' 입니다.

10-11절, "나와 함께 갇힌 아리스다고와 바나바의 생질 마가와 (이 마가에 대하여 너희가 명을 받았으매 그가 이르거든 영접하라) 유스도라 하는 예수도 너희에게 문안하니 저희는 할례당이라 이들만 하나님 나라를 위하여 함께 역사하는 자들이니 이런 사람들이 나의 위로가 되었느니라"

바울은 아리스다고와 함께 로마 감옥에 갇혔습니다. 아리스다고는 사도 바울의 몸종 노릇을 했던 것 같습니다. 아리스다고는 바울을 위해서 자기 몸을 아끼지 않았습니다.

마가도 바울을 헌신적으로 돕고 있었습니다. 바울은 일전에 마가를 잘 대하라고 골로새 교회에 명했던 모양입니다. 마가가 사도 바울의 첫 번째 선교 여행을 감당하지 못하고 중간에 포기하고 돌아온 것이 교회에 좋지 않은 인상으로 남아 있었을 것입니다. 게다가 마가가 훌륭한 전도자가 된 후에도 옛날 일을 들추면서 그를 우습게 여기는 사람들도 있었던 것 같습니다. 그래서 특별히 그런 부탁을 한 것 같습니다.

유스도라는 사람은 할례당으로 소개됩니다. 보통 바울이 할례당이라고 말할 때는 좋지 않은 의미였습니다. 그런데 유스도에 대해서는 좋은 의미로 말합니다. 유스도는 제대로 할례 받은 사람입니다. 유스도는 세상 욕심을 잘라내고 혈기나 분노에 있어서 할례를 받은 사람입니다.

하나님의 나라는 누구에게나 열려있는 것 같지만 철저하게 배타적입니다. 다시 말해, 복음을 듣고 그리스도의 주권에 자기를 내맡겨 참된 변화를 경험한 사람만이 하나님의 일꾼이요 동역자입니다. 사도가 열거한 교계의 사람들은 바로 그런 사람입니다. 이전에 그들의 삶이 어떠했든지 지금은 그리스도 안에서 참으로 변화된 사람들, 그들이 사도의 진실한 동역자가 되었습니다.

12-13절, "그리스도 예수의 종인 너희에게서 온 에바브라가 너희에게 문안하니 저가 항상 너희를 위하여 애써 기도하여 너희로 하나님의 모든 뜻 가운데서 완전하고 확신 있게 서기를 구하나니 그가 너희와 라오디게아에 있는 자들과 히에라볼리에 있는 자들을 위하여 많이 수고하는 것을 내가 증거하노라"

에바브라는 골로새에 복음을 전한 사람이었습니다. 에바브라는 아마도 두란노 서원에서 바울에게 말씀으로 훈련받은 것 같고 그 후에 라오디게아와 히에라볼리와 골로새에 와서 복음을 전하고 교회를 세웠습니다. 사도 바울은 에바브라를 소개할 때에도 '그리스도 예수의 종' 이라고 소개하고 있습니다. 에바브라는 골로새에서 바울에게로 오고 두기고는 이 편지를 가지고 골로새로 가고 있는 것입니다. 한 사람은 가고 한 사람은 오면서 임무를 교대하고 있습니다.

그런데 에바브라는 골로새 교인들을 위해 구합니다. '하나님의 모든 뜻 가운데서 완전하고 확신 있게 서기를' 기도합니다. 어떤 사람은 당시 골로새에 큰 지진이 나서 에바브라가 그것을 걱정하는 거라 말합니다. 물론 그럴 수도 있지만 이 지진은 어쩌면 영적인 지진을 일컫는 것일지도 모릅니다. 비성경적인 신앙으로 큰 타격을 입은 골로새 교회가 완전하게 서 있기를 바라고 있는 것입니다.

14-16절, "사랑을 받는 의원 누가와 또 데마가 너희에게 문안하느니라 라오디게아에 있는 형제들과 눔바와 그 여자의 집에 있는 교회에 문안하고 이 편지를 너희에게서 읽은 후에 라오디게아인의 교회에서도 읽게 하고 또 라오디게아로서 오는 편지를 너희도 읽으라"

누가는 의사로서 바울의 선교 여행이 동참했고 가장 중요한 두 개의 성경, 누가복음과 사도행전을 기록했습니다. 그리고 데마는 이때까지는 중요한 사역자였던 것 같은데 나중에는 변질되어서 세상으로 가게 됩니다. 그리고 사도 바울은 골로새 교인들에게 라오디게아 교인들에게도 문안을 하라고 합니다. 또 그 부근에 있었던 눔바라는 여자의 집에서도 교회가 모였는데 그 집에도 문안을 하라고 권면하고 있습니다.

그리고 골로새 교인들에게 이 편지를 라오디게아 교회에도 보내서 읽게 하고 또 라오디게아에서 오는 편지도 받아서 읽으라고 합니다. 그런데 이상하게도 신약성경에는 라오디게아에 보내는 편지가 남아 있지 않습니다. 그래서 어떤 사람은 사도 바울이 라오디게아 교회에 보낸 편지가 분실되었을 거라고도 하고 어떤 사람은 에베소서가 에베소와 라오디게아 교회가 함께 읽으라고 보낸 편지일 거라고도 합니다.

에베소서와 골로새서는 비슷한 부분이 많습니다. 차이가 있다면 에베소서는 교회론을 강조하고 골로새서는 기독론을 강조한다는 점입니다. 아마 이 두 서신을 함께 읽으면 많은 도움이 되었을 것입니다. 오늘날은 로마서와 에베소서를 함께 공부할 것을 많이 권하고 있습니다. 로마서는 기독교의 가장 중요한 교리가 들어 있고 에베소서는 교회론과 우리의 실천적인 생활에 대하여 자세하게 가르치고 있기 때문입니다.

17-18절, "아킵보에게 이르기를 주 안에서 받은 직분을 삼가 이루라고 하라 나 바울은 친필로 문안하노니 나의 매인 것을 생각하라 은혜가 너희에게 있을지어다"

아킵보가 빌레몬서에 기록된 바울의 인사 중에 나오는 것을 보면 빌레몬의 아들인 것 같습니다(몬 1:2). 사도 바울은 빌레몬서에서 아킵보를

'우리와 함께 군사된 아킵보' 라고 말합니다. 그런데 무슨 이유에서인지 몰라도 아킵보는 이제 그 직분을 그만두려고 합니다. 아마도 아킵보는 여러 이단들이 교회에 상처를 주었고 아킵보도 그들 때문에 자신감을 잃어서 직분을 그만 두려는 것 같습니다. 바울은 낙심한 아킵보에게 끝까지 감당하라고 권면합니다.

대개 주의 일을 맡은 자들이 끝까지 감당하지 못하는 몇 가지 이유가 있습니다. 외부의 심한 핍박이 있거나 교회 안에서 그를 괴롭히는 사람이 있거나 병들었거나 영적으로 낙심한 경우 그럴 수 있습니다. 또 아무리 주를 위해 섬겨도 열매가 없을 때 회의를 품게 됩니다. 이럴 때 경험이 많고 능력이 있는 종이 해주는 조언 한 마디는 큰 위로가 될 수 있습니다.

사도는 '나의 매인 것을 생각하라' 고 합니다. 이 말은 여러 가지 의미로 생각할 수 있습니다. 내가 더 심하게 당했으니 낙심하지 말라는 뜻도 있고 내가 감옥에 갇힌 것은 너희들의 신앙의 자유를 위한 것이니까 어떤 이단이 와도 굴복하지 말라는 뜻도 있습니다. 또 자기가 감옥에 갇힌 것 자체가 영적 전쟁을 보여주는 것이니까 방심하지 말고 정신을 차려서 최선을 다하라는 뜻도 있는 것 같습니다.

오늘 교회는 골로새 교회가 당한 지진보다 더 강도 높은 지진을 만났습니다. 한편으로는 이단들이 설치고 다른 한편으로는 세속주의가 판을 칩니다. 예수 믿는 자들이 점점 더 말하기 힘든 시대입니다. 골로새 교회를 향한 사도의 권면을 이 시대의 교회를 향한 예수님의 명령으로 알고 마음에 새기십시오. 이 말씀을 붙들고 끝까지 예수 그리스도를 따라 믿음으로 승리하는 여러분이 되시기 바랍니다.